TURKISH SELF–STUDY COURSE

Birsen Çankaya
Şükrü Meriç
Andy Hilton
Sevgi Hilton

BOOK ONE

FONO açıköğretim kurumu

ISTANBUL

For information:

FONO açıköğretim kurumu

Gündoğdu Cad. No: 49

34016 Merter – ISTANBUL

ISBN 975-471-117-8

Printed in Turkey

CONTENTS

temel
TÜRKÇE
k u r s u

DERS 1

KURS HAKKINDA / ABOUT THE COURSE

This Foundation Course covers the basics of Turkish, introducing modern, practical grammar rules for Turkish as it is currently used in a way which we hope you will enjoy. First, a few general points about the language.

Belonging to the Altay branch of the Ural-Altay, Turkish is a suffix-based language-that is, words and grammatical features are built up through the use of suffixes (endings added to words/root forms). Because of its suffixbased character it looks rather different from many Western languages, such as English, and may appear difficult. However, once you have mastered the rules of vowel harmony (a significant aspect of Turkish) and learnt the details of the suffixes, Turkish will be easy to learn.

In Turkish each letter has only one sound value (as opposed to English in which the same letter may be pronounced differently in different words.) This means that once the sound values are learnt, new words can be spoken without risk of pronunciation error.

Like many other languages, Turkish does not have a masculine/neuter/feminine gender system. Moreover, it doesn't have articles (a and the in English). Only extremely rarely are plurals irregular.

As in most languages adverbs are derived from adjectives, as regards to Turkish most adjectives are also used as adverbs.

There are no irregular verbs in Turkish, while very few verbs changes when forming tenses.

ABOUT THE LESSONS

The list below outlines the methods used and approach of this book.

1. Vocabulary is one of the most important aspects of language. New words are given at the beginning of each lesson, along with a picture and example sentence to help you learn the words in context.

2. Grammar points are given in clear language. Use of grammatical terminology is kept to a minimum and after each grammar point there are plenty of examples.

3. In addition to the use of pictures to illustrate words, pictures are also used to illustrate sentences and grammar points, thus aiding the learning process by broadening the teaching method from purely written explanation.

4. Words and phrases used frequently in everyday language (eg. greetings, typical questions and answers) are introduced through sections entitled 'Text' (dialogues or short reading passages).

5. From the tenth lesson onwards, every even-numbered lesson has a reading passage with pictures and questions, enabling you to check and practice what has been learnt as well as giving the satisfaction of reading short texts in Turkish.

6. An occasional summary of lesson subjects is given, by repeating subjects previously covered in detail to assist in their memorizing.

7. Practice is vital in language learning. Therefore, at the end of each lesson there are practice exercises with answers.

HOW TO STUDY?

To gain the maximum benefit from this book, we suggest you follow these guidelines:

1. Start each lesson at the beginning and follow it through.

2. Do not jump sections, even it you know the subject. Do not rush through lessons without properly taking in what is being taught. Go through each lesson thoroughly. Do not be demoralised if it is slow going. When the 96 lessons are completed, your relationship with this organisation need not end - we will be here to help.

3. Always do the practice at the end of each lesson. This will help you retain what has been taught and use what has been learnt. Do not write answers to practice questions in the book, so they can be used again for remedial practice if desired.

4. While studying, read the Turkish aloud - this will serve as practice.

5. Check over the words and grammar points of previous lessons now and then, say, twice a month.

6. The vocabulary given has been selected specifically as used frequently in spoken Turkish. One method to help learn vocabulary is to write new words on one side of a piece of paper/card, with an example sentence and English translation on the other. You can put these in your pocket to look at any time. This method has two advantages - that words are learnt as separate items (when we learn words in lists we tend to learn the list rather than the words), ant that the learning process is not restricted to set times/places.

7. Repeat what you have learnt as often as possible. This is important because with foreign languages it is so easy to forget what has been learnt.

8. Do not be disheartened by difficulties. Study hard and you will be rewarded.

TURKISH ALPHABET

The Turkish alphabet is composed of 29 Roman letters - 21 consonants and 8 vowels.

letter	pronunciation
A a	a
B b	be
C c	ce
Ç ç	çe
D d	de
E e	e
F f	fe
G g	ge
Ğ ğ	yumuşak g
H h	he
I ı	ı
İ i	i
J j	je
K k	ke, ka
L l	le
M m	me
N n	ne
O o	o
Ö ö	ö
P p	pe
R r	re
S s	se
Ş ş	şe
T t	te
U u	u
Ü ü	ü
V v	ve
Y y	ye
Z z	ze

Turkish is very easy to read as each vowel has a single sound value which never changes (ie. vowels are always pronounced in the same way.)

VOWELS

Turkish has eight vowels, each with just one sound value. The letter a, for example, is always pronounced the same, in every word in which it appears. The table below gives examples for each vowel sound in English, German and French. Remember, as these sounds never change you only need to learn them once, for which reason this subject will not be mentioned again. (In the English examples, southern British English pronunciation is used.)

letter	pronunciation			examples
	English	German	French	
A a	cup, blood ton, supper cousin	alle	--- --- ---	adam kadın kapak
E e	bed, ever measure said, many	hell Bäcker	--- --- ---	ev ekmek bel
I ı	cousin open, actor picture	bitten danken	--- --- ---	ılık ışık kız
İ i	big, did dinner, pig pretty	Minute	--- --- ---	İngiliz birinci iyi
O o	hot rocket fog	offen	--- --- ---	oto on soru
Ö ö	no English equivalent	Mörder Söller Förster	peu, neveu deux rocheux	göl önsöz görmek
U u	book, would butcher full, put	Butter		uzun su tuz

| Ü ü | no English equivalent | Glück, Müll fünf plündern | plume, cru salut musée | üzüm üst üç |

* Similar but not equal to the black letters.

^ imi

The symbol ^, may be placed over the vowels a, u, or ı, thus, â, û, î

It is little used in contemporary Turkish, and the difference between vowels with and without the symbol ^ is very slight.

If â follows a k or g (eg kâğıt, dükkân), it has the effect of softening these letters.

CONSONANTS

Like vowels, consonants have only a single sound value, regardless of the preceeding or following letters (ie the pronunciation of consonants does not change).

Turkish has 21 consonants.

harf	okunuşu			örnekler
	İngilizce	Almanca	Fransızca	
B b	as in English	wie im Deutschen	--- --- ---	bir baba kaba
C c	join, just gentle, bridge judge	Dschungel	--- --- ---	cam acı acaba
Ç ç	chair, chest watch, match concerto	Tscheche deutsch	--- --- ---	çay çocuk aç

7

D d	as in English	wie im Deutschen	--- --- ---	dam adam kadın
F f	as in English Deutschen	wie im	--- --- ---	fil ufak fındık
G g	**g**irl, **g**un for**g**et	wie im Deutschen	--- --- ---	gün genç organ
Ğ ğ	see below	siehe unten	---	---
H h	**h**at, **h**istoric be**h**ave per**h**aps	a**ch**, no**ch**	--- --- ---	hoş hasta cephe
J j	mea**s**ure, plea**s**ure gara**g**e, vi**s**ion	Gara**g**e Lo**g**e	**j**ournal --- ---	jeton müjde jelatin
K k	as in English	wie im Deutschen	--- --- ---	kapı kim akıl
L l	as in English	wie im Deutschen	--- --- ---	lamba elma al, kol
M m	as in English Deutschen	wie im	--- --- ---	masa memur hamam
N n	as in English	wie im Deutschen	--- ---	neden anlam
P p	as in English	wie im Deutschen	--- --- ---	para kapı sap
R r	as in English	Zungen-**r**	--- --- ---	resim aralık kar
S s	as in English	la**ss**en, rei**ß**en	---	su, sis

8

Ş ş	she, shut cautious official	schön, Tisch	--- --- ---	şu kaşık baş
T t	as in English	wie im Deutschen	--- --- ---	tarih tatil at
V v	vase, event invite view	Wasser Violine schwer	--- --- ---	ver hava varmak
Y y	as in English	jeder, Jaguar	--- --- ---	yas ayak ay
Z z	as in English	lesen, reisen sonne	--- --- ---	zor uzun az

Ğ ğ

Turkish words never start with ğ. In essence, ğ lengthens the preceeding vowel-sound.

$$doğru = dooru$$
$$yağ = yaa$$

These pronunciation rules may seem confusing at the beginning, but you will soon get used to them and once you have learnt the sound values of the letter you will be able to sight-read relatively easily, and without error. For pronunciation and fluency you are advised to use the cassettes which accompany this course.

PRACTICE 1

A

Read the words below letter by letter.

1. **Ankara**
2. **Atatürk**
3. **Türkçe**
4. **İstanbul**
5. **İngiltere**

6. **Londra**
7. **Zonguldak**
8. **Lüleburgaz**

B

Read the words below aloud. (Do not worry about their meaning, for the moment it is just important to learn how to pronounce the sounds.)

Vowels

1. **A :**   al, at, az; yap, sat, kap; damla, burda, orda
2. **E :**   el, et, ez; yem, sen, kep; bekle, demle, senle
3. **I :**   ılık, ısı, ışık, ısrar, ızgara, tıkırtı, dırdır
4. **İ :**   iz, it, im; tim, fil, bir; ikinci, dikine, sivri
5. **O :**   on, ot, ok; son, don, tok; sopa, sorun, futbol
6. **Ö :**   öz, öt, öv; gör, döv, çöp; öpücük, böğürtlen, önemli
7. **U :**   us, ur, un; sun, bul, duş; durum, uyku, bulut
8. **Ü :**   ün, üç, üs; dün, gün, yün; üzüm, sürüm, lütfen

Consonants

1. **B :**   bura, bıçak, bilgisayar, bilet
2. **C :**   cam, cuma, cumartesi, ucuz, pencere
3. **Ç :**   çay, çadır, açmak, peçete, içki
4. **D :**   dalga, ada, düz, adres, döviz
5. **F :**   fikir, farklı, afacan, büfe, mutfak
6. **G :**   getirmek, sigorta, Ege, gazete, otogar
7. **Ğ :**   eğlence, ciğer, çiğköfte, soğuk, şamfıstığı
8. **H :**   havlu, havale, kahve, siyah, anahtar
9. **J :**   jöle, jambon, buji, mesaj, masaj
10. **K :**   kebap, durak, balık, dükkân, ekmek
11. **L :**   limon, lüfer, bal, kalorifer, pul
12. **M :**   meyve, mektup, midye, klima, palamut
13. **N :**   nasıl, neden, kadın, sabun, şampanya
14. **P :**   para, pasaport, portakal, çinakop
15. **R :**   resim, renk, araba, büro, biber
16. **S :**   su, sepet, asker, sıcak, saat
17. **Ş :**   şeker, duş, kaşık, eşya, gişe
18. **T :**   tarak, tabak, otel, tuvalet, istasyon
19. **V :**   vişne, vermek, vagon, pilav, tavuk
20. **Y :**   yemek, yatak, yastık, kayıp, tereyağı
21. **Z :**   zarf, zeytin, deniz, benzin, gazoz

t e m e l
T Ü R K Ç E
k u r s u

DERS 2

VOCABULARY

In each new lesson you will be given a list the new words which are used. You should learn these words and their meaning. With each word is an example sentence and English translation. Read them carefully.

EV		HOUSE
Bir ev		A house
KİTAP		BOOK
Bir kitap		A book
ADAM		MAN
Bir adam		A man
SEPET		BASKET
Bir sepet		A basket
ÖĞRENCİ		STUDENT
Bir öğrenci		A student

ÖĞRETMEN		TEACHER
Bir öğretmen		A teacher
KALEM		PENCIL
Bir kalem		A pencil
DEFTER		NOTE-BOOK
Bir defter		A note-book
KAPI		DOOR
Bir kapı		A door
ODA		ROOM
Bir oda		A room
MASA		TABLE
Bir masa		A table
KEDİ		CAT
Bir kedi		A cat
OKUL		SCHOOL
Bir okul		A school
ÇOCUK		CHILD
Bir çocuk		A child

SALON		HALL
Bir salon		A hall
BİR		A, AN
Bir çocuk		A child
BU		THIS
Bu okul		This school
ŞU		THAT
Şu okul		That school
O		THAT
O masa		That table
-DIR (-D(T)İR, -D(T)UR, -D(T)ÜR)		IS
O bir okuldur.		That is a school.
GÖZ		EYE
Bir göz		An eye
SÖZLÜK		DICTIONARY
Bir sözlük		A dictionary
GÜL		ROSE
Bir gül		A rose

VOWEL HARMONY

Turkish is a suffix-based language. The root does not change but takes suffixes. The suffixes indicate things like verb tense, personal pronoun, plurals and negatives.

In this lesson we will look at the 'be-suffix'. The English verb 'to be' can be translated by the Turkish **olmak**. It can also be translated by a suffix, the 'be-suffix.' In the third-person singular (English is), the be-suffix may be **-d(t)ır, -d(t)ir, -d(t)ur, -d(t)ür**. Which of these is used follows certain rules the rules of vowel harmony.

Vowel harmony is one of the most important features of Turkish, unlike anything in English. It is the character of the eight Turkish vowels which establishes the rules, these eight vowels being divided into two basic groups:

Vowels :   **a, ı, o, u**

             e, i, ö, ü

The first group (**a, ı, o, u**), are back vowels, the second group (**e, i, ö, ü**) are front vowels. When adding suffixes to roots the vowels used in the suffixes are determined by tha last vowel of the root.

If the last vowel of the root is a front vowel, then all suffix vowels will also be front vowels, and vice versa.

In the word **masa** (table), for example, the last vowel, **a**, is a back vowel so all suffixes added to **masa** will use back vowels. Which of the four back or front vowels is used is also specified by rules, given in the table below.

	root	suffix	
After	**e** or **i**	**dir,**	
After	**a** or **ı**	**dır,**	
After	**ö** or **ü**	**dür,**	
After	**o** or **u**	**dur**	is used.

	root	suffix
masa	<u>a</u>	ı = **dır**
kapı	<u>ı</u>	ı = **dır**
salon	<u>o</u>	u = **dur**
okul	<u>u</u>	u = **dur**

In the above examples, because the root words have back vowels (as the last vowels), suffixes also use back vowels.

The word **ev** (house) has as its (last) vowel **e** which is a front vowel - so suffixes will also take front vowels.

	kök	ek
ev	<u>e</u>	i = **dir**
öğrenci	<u>i</u>	i = **dir**
göz	<u>ö</u>	ü = **dür**
gül	<u>ü</u>	ü = **dür**

Because in the above examples the (last) vowels are front vowels, their suffixes also have front vowels.

Using t instead of d in suffixes

When the root ends in **ç, f, h, k, p, s, ş** or **t** and the first suffix begins with **d**, this **d** is changed to **t**. The root word **kitap** ends with **p** so the **-dır** suffix becomes **-tır**.

kitaptır   **çocuktur**
sepettir   **sözlüktür**

SENTENCE STRUCTURE

Having looked at vowel harmony, let us see basic sentence structure.

Bu bir ev**dir**.
This **is** a house.

Bu   This
   bir   a
      ev   house
         dir.   is.

As shown above, English and Turkish have different sentence structures.

a) In both languages the subject comes at the beginning of the sentence.

Bu ...   This ...

b) Bir (a, one) may come before the noun and after the subject. In English, however, 'is' comes before the object, whereas in Turkish the verb (in this example **-dir**, the be-suffix) comes after.

Bu bir ... .   This ... a ... . This is a ... .

Bu bir ev ... .   This is a house.

c) Turkish sentences take **-dır, -dir, -dur, -dür** according to vowel harmony.

Bu bir evdir.	This is a house.
Bu bir öğrencidir.	This is a student.
Bu bir öğretmendir.	This is a teacher.
Bu bir kedidir.	This is a cat.
Bu bir gözdür.	This is an eye.
Bu bir güldür.	This is a rose.
Bu bir masadır.	This is a table.
Bu bir odadır.	This is a room.
Bu bir kapıdır.	This is a door.
Bu bir adamdır.	This is a man.
Bu bir salondur.	This is a hall.
Bu bir okuldur.	This is a school.
Bu bir kitaptır.	This is a book.
Bu bir sepettir.	This is a basket.
Bu bir çocuktur.	This is a child.
Bu bir sözlüktür.	This is a dictionary.
Bu bir adamdır.	This is a man.
Bu bir kitaptır.	This is a book.
Bu bir defterdir.	This is a note-book.
Bu bir sepettir.	This is a basket.
Bu bir salondur.	This is a hall.
Bu bir çocuktur.	This is a child.

16

Bu bir gözdür.
Bu bir sözlüktür.

This is an eye.
This is a dictionary.

BU, ŞU, O

In Turkish, to talk about nearby things, **bu** (this) is used, and for far away things **şu** or **o** (that) are used.

Bu bir defterdir.
This is a note-book.

Şu (O) bir kedidir.
That is a cat.

Bu bir okuldur.
This is a school.

Şu (O) bir kalemdir.
That is a pencil.

Bu bir öğrencidir.
Şu (O) bir sepettir.

This is a student.
That is a basket.

Bu bir kapıdır.
Şu (O) bir kitaptır.

This is a door.
That is a book.

Bu bir güldür.
Şu (O) bir gözdür.

This is a rose.
That is an eye.

17

SENTENCE PATTERN

In the table below are given sentences using the suffixes we have seen in this lesson.

Bu/Şu	bir	noun	be
Bu	bir	ev	dir.
Şu	bir	masa	dır.
Bu	bir	okul	dur.
Şu	bir	gül	dür.
Bu	bir	kitap	tır.
Şu	bir	sepet	tir.
Bu	bir	çocuk	tur.
Şu	bir	sözlük	tür.

PRACTICE 2

A

Fill the gaps.

1. Bu ... evdir.
2. ... bir kitaptır.
3. Şu bir öğrenci ...
4. Şu bir okul ...
5. ... bir kedi ...
6. ... ... adam ...

B

Write sentences beginning **bu** or **şu** as appropriate to describe the pictures.

Example:

Bu bir kitaptır.

1.

2.

3.

4.

5.

6.

C

Add the appropriate suffix (-d(t)ır, -d(t)ir, -d(t)ur, -d(t)ür)

1. Şu bir kalem ...
2. Bu bir çocuk ...
3. Şu bir masa ...
4. Bu bir okul ...
5. Şu bir sözlük ...

D

Make simple sentences using these words, as indicated.

salon   Bu bir salondur.

1. sepet
2. adam
3. göz
4. oda
5. kedi
6. masa
7. ev
8. sözlük

E

Translate into English.

1. Bu bir odadır.
2. Şu bir kalemdir.
3. Bu bir defterdir.
4. Şu bir okuldur.
5. Şu bir sözlüktür.
6. Bu bir evdir.
7. Bu bir öğrencidir.
8. Şu bir öğretmendir.

9. **Bu bir gözdür.**
10. **Şu bir adamdır.**

F

Translate into Turkish.

1. That is a pencil.
2. This is a room.
3. That is a door.
4. This is a hall.
5. That is a basket.
6. That is a cat.
7. This is a man.
8. That is a rose.
9. This is a dictionary.
10. That is an eye.

PRACTICE 2 - ANSWERS

A. 1. **Bu (bir) evdir.** 2. **(Bu Şu, O) bir bilgisayardır.** 3. **Şu bir öğrenci(dir).** 4. **Şu bir okul(dur).** 5. **(Bu Şu, O) bir kedi(dir).** 6. **(Bu Şu, O) (bir) adam(dır).**

B. 1. **Bu bir kapıdır.** 2. **Şu bir güldür.** 3. **Bu bir sözlüktür.** 4. **Bu bir evdir.** 5. **Şu bir kedidir.**

C. 1. **Şu bir kalemdir.** 2. **Bu bir çocuktur.** 3. **Şu bir masadır.** 4. **Bu bir okuldur.** 5. **Şu bir sözlüktür.**

D. 1. **Bu bir sepettir.** 2. **Bu bir adamdır.** 3. **Bu bir gözdür.** 4. **Bu bir odadır.** 5. **Bu bir kedidir.** 6. **Bu bir masadır.** 7. **Bu bir evdir.** 8. **Bu bir sözlüktür.**

E. 1. This is a room. 2. That is a pencil. 3. This is a note-book. 4. That is a school. 5. That is an iron. 6. This is a house. 7. This is a student. 8. That is a teacher. 9. This is an eye. 10. That is a man.

F. 1. **Şu bir kalemdir.** 2. **Bu bir odadır.** 3. **Şu bir kapıdır.** 4. **Bu bir salondur.** 5. **Şu bir telefondur.** 6. **Şu bir kedidir.** 7. **Bu bir adamdır.** 8. **Şu bir güldür.** 9. **Bu bir ütüdür.** 10. **Şu bir gözdür.**

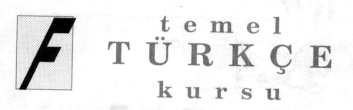

temel TÜRKÇE kursu

DERS 3

VOCABULARY

PENCERE Şu bir penceredir.		WINDOW That is a window.
BAHÇE Bu bir bahçedir.		GARDEN This is a garden.
KUŞ Bu bir kuştur.		BIRD This is a bird.
NE Şu nedir?		WHAT What is that?
DEĞİL O bir bahçe değildir.		NOT That is not a garden.

SANDALYE		CHAIR
Şu bir sandalyedir.		That is a chair.

KÖPEK		DOG
Bu bir köpektir.		This is a dog.

TELEVİZYON		TELEVISION
Şu bir televizyondur.		That is a television.

BARDAK		GLASS
O bir bardaktır.		That is a glass.

TABAK	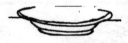	PLATE
Bu bir tabaktır.		This is a plate.

DEĞİL

To make a negative sentence in Turkish, the be-suffix is omitted from the object, and **değil** is added (perhaps with the be-suffix, eg **değildir.**)

positive	negative
Bu bir kedidir.	**Bu bir kedi değildir.**
This is a cat.	This is not a cat.
Bu bir evdir.	**Bu bir ev değildir.**
This is a house.	This is not a house.
Bu bir tabaktır.	**Bu bir tabak değildir.**
This is a plate.	This is not a plate.

22

Şu bir okuldur.	**Şu bir okul değildir.**
That is a school.	That is not a school.
Şu bir bahçedir.	**Şu bir bahçe değildir.**
That is a garden.	That is not a garden.
Şu bir kuştur.	**Şu bir kuş değildir.**
That is a bird.	That is not a bird.
O bir penceredir.	**O bir pencere değildir.**
It is a window.	It is not a window.
O bir televizyondur.	**O bir televizyon değildir.**
It is a television.	It is not a television.
O bir sözlüktür.	**O bir sözlük değildir.**
It is a dictionary.	It is not a dictionary.

In negative sentences **değil** rather than **değildir** is usually used.

Bu bir köpek değildir.	This is not a dog.
Bu bir köpek değil.	This is not a dog.
Şu bir masa dağildir.	That is not a table.
Şu bir masa değil.	That is not a table.
O bir bardak değildir.	It is not a glass.
O bir bardak değil.	It is not a glass.

negative sentence structure

Bu, Şu O	bir	noun	değil(dir)
Bu	bir	kalem	değil.
Şu	bir	sözlük	değil.
O	bir	ev	değil.
Bu	bir	bahçe	değil.
Şu	bir	öğretmen	değil.
O	bir	salon	değil.

23

BU NEDİR?

A simple question in Turkish is the one above, **Bu nedir?** (What is this?)

Bu	This		
	ne	what	
		dir?	is?

Bu nedir?   What is this?

Şu and **o** (that and it) may also be used.

Bu nedir?   What is this?
Şu nedir?   What is that?
O nedir?   What is it?

Now, let us look at how we can answer these questions.

Bu nedir?   **Bu bir kalemdir.**
What is this?   This is a pencil.

Bu nedir?   **Bu bir okuldur.**
What is this?   This is a school.

Şu nedir?   **Şu bir öğrencidir.**
What is that?   That is a student.

Şu nedir?   **Şu bir kedidir.**
What is that?   That is a cat.

O nedir?   **O bir sandalyedir.**
What is it?   It is a chair.

O nedir?   **O bir penceredir.**
What is it?   It is a window.

The most common answer to this type of questions is the one which begins with **o** (it).

Bu nedir?   **O bir penceredir.**
What is this?   It is a window.

Şu nedir?   **O bir evdir.**
What is that?   It is a house.

24

Bu nedir? What is this?	**O bir bahçedir.** It is a garden.
Şu nedir? What is that?	**O bir televizyondur.** It is a television.
Bu nedir?	**O bir odadır.**
Şu nedir?	**O bir masadır.**
Bu nedir?	**O bir salondur.**
Şu nedir?	**O bir defterdir.**
Bu nedir?	**O bir sandalyedir.**

QUESTIONS

In this section we look at questions formed with the be-suffix meaning is.

To make a question from a statement formed with the be-suffix, add one of the question markers **-mı, -mi, -mu, -mü** before the suffix, according to the rules of vowel harmony.

Bu bir masadır. This is a table.	**Bu bir masa-mı-dır?** Is this a table?
Bu bir odadır. This is a room.	**Bu bir oda mıdır?** Is this a room?
Bu bir kedidir. This is a cat.	**Bu bir kedi midir?** Is this a cat?

25

Bu bir okuldur.	Bu bir okul mudur?
This is a school.	Is this a school?

Şu bir köpektir.	Şu bir köpek midir?
That is a dog.	Is that a dog?

Şu bir sözlüktür.	Şu bir sözlük müdür?
That is a dictionary.	Is that a dictionary?

Şu bir çocuktur.	Şu bir çocuk mudur?
That is a child.	Is that a child?

O bir sandalyedir.	O bir sandalye midir?
It is a chair.	Is it a chair?

O bir kapıdır.	O bir kapı mıdır?
It is a door.	Is it a door?

O bir gözdür.	O bir göz müdür?
It is an eye.	Is it an eye?

questions table

Bu, Şu, O	bir	noun	question marker	be-suffix
Bu	bir	kalem	mi	dir?
Şu	bir	kapı	mı	dır?
O	bir	salon	mu	dur?
Bu	bir	sözlük	mü	dür?
Şu	bir	bahçe	mi	dir?
O	bir	kuş	mu	dur?

Now look at the positive, negative and question forms in the example sentences below.

positive	negative	question
Bu bir defterdir.	Bu bir defter değildir.	Bu bir defter midir?
Bu bir odadır.	Bu bir oda değildir.	Bu bir oda mıdır?
Şu bir bardaktır.	Şu bir bardak değildir.	Şu bir bardak mıdır?
Şu bir kuştur.	Şu bir kuş değildir.	Şu bir kuş mudur?
O bir çocuktur.	O bir çocuk değildir.	O bir çocuk mudur?
O bir sözlüktür.	O bir sözlük değildir.	O bir sözlük müdür?
Bu bir gözdür.	Bu bir göz değildir.	Bu bir göz müdür?

PRACTICE 3

A

Make these sentences negative.

1. Bu bir salondur.
2. Şu bir kitaptır.
3. Bu bir sandalyedir.
4. O bir kuştur.
5. Şu bir televizyondur.
6. Bu bir köpektir.

B

Make these sentences positive.

1. Bu bir adam değildir.
2. Şu bir sepet değildir.
3. Bu bir öğrenci değildir.
4. O bir defter değil.
5. Şu bir tabak değil.
6. O bir bahçe değil.
7. Bu bir kuş değil.
8. Şu bir gül değildir.

C

Fill the gaps.

1. Bu ... dir?
2. Bu ... ev ...
3. ... ne ...?
4. Şu ... dir?
5. Bu ... köpek ...
6. Şu ... ?

D

Answer the questions starting with **o** and using the word in brackets.

1. Bu nedir? (kapı)
2. Şu nedir? (pencere)
3. Bu nedir? (kitap)

4. Şu nedir? (bahçe)
5. Bu nedir? (köpek)
6. Bu nedir? (sandalye)
7. Şu nedir? (kuş)
8. Bu nedir? (tabak)

E

Change these statements into questions.

1. Bu bir kalemdir.
2. Şu bir sözlüktür.
3. O bir televizyondur.
4. Bu bir salondur.
5. O bir okuldur.
6. Şu bir defterdir.
7. O bir sepettir.
8. Bu bir kuştur.

PRACTICE 3 - ANSWERS

A. 1. Bu bir salon değildir./değil. 2. Şu bir kitap değildir. 3. Bu bir sandalye değildir. 4. O bir kuş değildir. 5. Şu bir televizyon değildir. 6. Bu bir köpek değildir.

B. 1. Bu bir adamdır. 2. Şu bir sepettir. 3. Bu bir öğrencidir. 4. O bir defterdir. 5. Şu bir tabaktır. 6. O bir bahçedir. 7. Bu bir kuştur. 8. Şu bir güldür.

C. 1. Bu nedir? 2. Bu bir evdir. 3. Bu/Şu nedir? 4. Şu nedir? 5. Bu bir köpektir. 6. Şu nedir?

D. 1. O kapıdır. 2. O penceredir. 3. O kitaptır. 4. O bahçedir. 5. O köpektir. 6. O sandalyedir. 7. O kuştur. 8. O tabaktır.

E. 1. Bu bir kalem midir? 2. Şu bir sözlük müdür? 3. O bir televizyon mudur? 4. Bu bir salon mudur? 5. O bir okul mudur? 6. Şu bir defter midir? 7. O bir sepet midir? 8. Bu bir kuş mudur?

t e m e l
TÜRKÇE
k u r s u

DERS 4

VOCABULARY

ÇANTA

Şu bir çantadır.

BAG

That is a bag.

ANAHTAR

Bu bir anahtar değildir.

KEY

This isn't a key.

ÇİÇEK

Şu bir çiçek midir?

FLOWER

Is that a flower?

AĞAÇ

O bir ağaç mıdır?

TREE

Is it a tree?

BURASI

Burası bir okuldur.

THIS (PLACE)

This (place) is a school.

ŞURASI  THAT (PLACE)

Şurası bir ev midir? Is that (place) a house?

ORASI  THAT (PLACE)

Orası bir bahçe değildir. That (place) isn't a garden.

NERESİ  WHICH PLACE

Postane neresidir? Which place is the post-office?

EVET YES

Evet, bu bir çiçektir. Yes, this is a flower.

HAYIR NO

Hayır, o bir çanta değildir. No, It isn't a bag.

PARK  PARK

Şurası bir parktır. That (place) is a park.

HASTANE  HOSPITAL

Burası bir hastane mi? Is this (place) a hospital?

POSTANE  POST-OFFICE

Orası bir postane değildir. That (place) isn't a post-office.

Omitting "Bir"

In the example sentences using the -dır suffix, it is not necessary to use **bir**.

Bu bir çantadır.	=	**Bu çantadır.**
Şu bir okuldur.	=	**Şu okuldur.**
O bir elmadır.	=	**O elmadır.**
Şu bir çiçek midir?	=	**Şu çiçek midir?**
Bu bir çanta mıdır?	=	**Bu çanta mıdır?**
O bir masa değildir.	=	**O masa değildir.**
Bu bir ev değildir.	=	**Bu ev değildir.**

BURASI, ŞURASI, ORASI

In Turkish, **burası**, **şurası** and **orası**, are used to talk about places. They can be translated as 'this' or 'that' (or perhaps 'it'), and are used when we are actually in the place, or pointing towards it. We don't have this idea in English, and to make it clear the word 'place' is given in brackets in the translations, although it would not normally be used. (Compare: This place is a school. / This is a school.)

BURASI

Burası is used for nearby places.

Burası bir okuldur.  This (place) is a school.

Burası bir bahçedir.	This (place) is a garden.
Burası bir evdir.	This (place) is a house.
Burası bir odadır.	This (place) is a room.
Burası İstanbuldur.	This (place) is Istanbul.
Burası Ankaradır.	This (place) is Ankara.
Burası bir hastanedir.	This (place) is a hospital.

ŞURASI, ORASI

Şurası and **orası** are used for places which are at a distance.

Şurası bir bahçedir.	That (place) is a garden.
Şurası bir okuldur.	That (place) is a school.

31

Şurası bir evdir.	That (place) is a house.
Şurası bir postanedir.	That (place) is a post-office.
Orası bir parktır.	That (place) is a park.
Orası bir odadır.	That (place) is a room.
Orası İzmirdir.	That (place) is İzmir.

Questions and negative sentences with **burası, şurası, orası**.

Burası bir okul mudur?	Is this (place) a school?
Burası bir postane midir?	Is this (place) a post-office?
Burası bir bahçe midir?	Is this (place) a garden?

Şurası bir hastane midir?	Is that (place) a hospital?
Şurası bir park mıdır?	Is that (place) a park?
Şurası İzmir midir?	Is that (place) İzmir?

Orası bir oda mıdır?	Is that (place) a room?
Orası bir salon mudur?	Is that (place) a hall?
Orası İstanbul mudur?	Is that (place) Istanbul?

Burası bir okul değildir.	This (place) isn't a school.
Burası bir bahçe değildir.	This (place) isn't a garden.

Şurası bir ev değildir.	That (place) isn't a house.
Şurası bir hastane değildir.	That (place) isn't a hospital.

Orası bir park değildir.	That (place) isn't a park.
Orası Ankara değildir.	That (place) isn't Ankara.

NERESİ?

Neresi is used to make questions - usually following **burası, şurası** or **orası** to ask for the names of places or what they are. In writing the **-dır** suffix is used at the end of these types of questions, but not in speaking.

Burası neresi(dir)?	What is this place?
Burası bir postanedir.	This (place) is a post-office.

Burası neresi(dir)?	What is this (place)?
Burası İstanbuldur.	This (place) is İstanbul.

32

Şurası neresidir?
Şurası bir parktır.

What is that (place)?
That (place) is a park.

Şurası neresidir?
Şurası bir hastanedir.

What is that (place)?
That (place) is a hospital.

Orası neresidir?
Orası bir okuldur.

What is that (place)?
That (place) is a school.

Orası neresidir?
Orası İzmirdir.

What is that (place)?
That (place) is İzmir.

Short Answers

In lesson 3, we saw positive sentences formed with **bu, şu** and **o**. Now we see these words used to make answers to questions.

question	answer
Bu bir kitap mıdır?	**Evet, bu bir kitaptır.**
Is this a book?	Yes, this (it) is a book.
Bu bir ev midir?	**Evet, bu bir evdir.**
Is this a house?	Yes, this (it) is a house.
Şu bir çanta mıdır?	**Evet, şu bir çantadır.**
Is that a bag?	Yes, that (it) is a bag.
Şu bir köpek midir?	**Evet, şu bir köpektir.**
Is that a dog?	Yes, that (it) is a dog.
O bir televizyon mudur?	**Evet, o bir televizyondur.**
Is it a television?	Yes, it is a television.
O bir çiçek midir?	**Evet, o bir çiçektir.**
Is it a flower?	Yes, it is a flower.

Burası bir salon mudur?
Is (this place) a hall?

Evet, burası bir salondur.
Yes, (this place) is a hall.

Orası bir okul mudur?
Is that (place) a school?

Evet, orası bir okuldur.
Yes, that (place) is a school.

Particularly in speaking, answers to this type of question are typically shortened (as in English). Unlike English, however, for short answers in Turkish the subject word **bu, şu, o** is left out, and not the noun. The **-dır** suffix (corresponding to 'is') is also omitted.

Bu bir ağaç mıdır?
Is this a tree?

Evet, ağaç(tır).
Yes, it is.

Bu bir anahtar mıdır?
Is this a key?

Evet, anahtar(dır).
Yes, it is.

Şu bir tabak mıdır?
Is that a plate?

Evet, tabak(tır).
Yes, it is.

Şu bir kuş mudur?
Is that a bird?

Evet, kuş(tur).
Yes, it is.

O bir köpek midir?
Is it a dog?

Evet, köpek(tir).
Yes, it is.

O bir sözlük müdür?
Is it a dictionary?

Evet, sözlük(tür).
Yes, it is.

Burası bir park mıdır?
Is this (place) a park?

Evet, park(tır).
Yes, it is.

Şurası bir bahçe midir?
Is that (place) a garden?

Evet, bahçe(dir).
Yes, it is.

As mentioned previously, both **bir** and the **-dır** suffix can be left out, and in fact this is usual in spoken Turkish.

Bu kedi mi?	**Evet, kedi.**
Is this a cat?	Yes, it is.
Şu ağaç mı?	**Evet, ağaç.**
Is that a tree?	Yes, it is.
O kalem mi?	**Evet, kalem.**
Is it a pencil?	Yes, it is.
Burası oda mı?	**Evet, oda.**
Is this (place) a room?	Yes, it is.
Orası hastane mi?	**Evet, hastane.**
Is that (place) a hospital?	Yes, it is.

For negative sentences, use **hayır** and **değil**.

Bu bir ev midir?	**Hayır, bu bir ev değildir.**
Is this a house?	No, this (it) isn't.
Şu bir çanta mıdır?	**Hayır, şu bir çanta değildir.**
Is that a bag?	No, that (it) isn't.
O bir sandalye midir?	**Hayır, o bir sandalye değildir.**
Is it a chair?	No, it isn't.
Burası bir postane midir?	**Hayır, burası bir postane değildir.**
Is this (place) a post-office?	No, it isn't.
Şurası bir park mıdır?	**Hayır, şurası bir park değildir.**
Is that (place) a park?	No, it isn't.

Study these short answers.

Bu bir pencere midir?	**Hayır, pencere değil(dir).**
Is this a window?	No, it isn't.
Bu bir kapı mıdır?	**Hayır, kapı değil(dir).**
Is this a door?	No, it isn't.

Şu bir göz müdür? Is that an eye?	**Hayır, göz değil(dir).** No, it isn't.
Şu bir bardak mıdır? Is that a glass?	**Hayır, bardak değil(dir).** No, it isn't.
O bir kuş mudur? Is it a bird?	**Hayır, kuş değil(dir).** No, it isn't.
O bir çanta mıdır? Is it a bag?	**Hayır, çanta değil(dir).** No, it isn't.
Burası bir okul mudur? Is this (place) a school?	**Hayır, okul değil(dir).** No, it isn't.
Orası bir ev midir? Is that (place) a house?	**Hayır, ev değil(dir).** No, it isn't.

Whereas the noun is repeated in positive short answers, in negative short answers it can be omitted. Again, we see the **-dır** suffix left out.

Bu ev mi? Is this a house?	**Hayır, değil.** No, it isn't.
Şu defter mi? Is that a note-book?	**Hayır, değil.** No, it isn't.
O çanta mı? Is it a bag?	**Hayır, değil.** No, it isn't.
Burası okul mu? Is this (place) a school?	**Hayır, değil.** No, it isn't.

When the answer is negative, a positive, correct answer usually follows.

Bu (bir) kedi mi(dir)? Is this a cat?		**Hayır, değil(dir). Bu (bir) köpek(tir).** No, it isn't. It is a dog.
Bu bir tabak mı? Is this a plate?		**Hayır, değil. Bu bir bardaktır.** No, it isn't. It is a glass.

Şu bir çanta mı?
Is that a bag?

Hayır, değil. Şu bir defter-dir.
No, it isn't. It is a note-book.

Şu bir kapı mı?
Is that a door?

Hayır, değil. Şu bir pence-redir.
No, it isn't. It is a window.

O bir ağaç mı?
Is it a tree?

Hayır, değil. O bir çiçektir.
No, it isn't. It is a flower.

Burası İstanbul mu?
Is this (place) Istanbul?

Hayır, değil. Burası Ankara'dır.
No, it isn't. This (place) is Ankara.

PRACTICE 4

A

Change this sentences to positive, negative or question forms, as indicated.

1. **Burası bir parktır. (negative)**
2. **Şurası bir evdir. (question)**
3. **Burası bir postane değildir. (question)**
4. **Orası bir okul mudur? (negative)**
5. **Burası Ankara mıdır? (positive)**
6. **Orası bir hastanedir. (question)**
7. **Burası İstanbul değildir. (positive)**
8. **Şurası bir bahçe midir? (negative)**

B

Make these statements into questions.

1. **O bir çantadır.**
2. **Bu bir bardaktır.**
3. **Şu bir çiçektir.**
4. **O bir tabaktır.**

37

5. O bir penceredir.
6. Bu bir kapıdır.
7. Şu bir sandalyedir.
8. Bu bir gözdür.

C

Make these sentences negative.

1. Bu bir anahtardır.
2. Şu bir kuştur.
3. O bir köpektir.
4. Şu bir evdir.
5. Bu bir adamdır.
6. O bir kedidir.
7. Şu bir sepettir.
8. Bu bir sözlüktür.

D

Give positive short answers.

1. Bu bir anahtar mıdır?
2. Şu bir bardak mıdır?
3. O bir televizyon mudur?
4. Burası bir park mıdır?
5. Orası bir ev midir?
6. Bu bir defter midir?

E

Give negative short answers.

1. Bu bir çanta mıdır?
2. Şu bir kapı mıdır?
3. O bir sepet midir?
4. Şu bir sözlük müdür?
5. Burası bir hastane midir?
6. Orası İzmir midir?

F

Give negative short answers and then the correct (positive) answers, using the pictures.

1. **Bu bir çanta mıdır?**

2. **Şu bir köpek midir?**

3. **O bir sepet midir?**

4. **Orası bir park mıdır?**

5. **Şurası bir okul mudur?**

G

Translate into English.

1. **Burası bir okuldur.**
2. **Şurası bir hastanedir.**
3. **Bu bir çantadır.**
4. **Evet, bu bir defterdir.**
5. **Hayır, burası okul değildir. Burası evdir.**
6. **Şu bir sözlüktür.**
7. **Şu nedir?**
8. **Orası neresidir?**
9. **Bu bir çocuk değildir.**
10. **Bu bir televizyon mudur?**

H

Translate into Turkish.

1. This is a man.
2. That isn't a key.
3. What is it?
4. Is it a chair?
5. That place is a post-office.
6. Yes, it is a door.
7. No, it isn't. It is a basket.
8. Is this (place) a hospital?
9. Is that a dog?
10. It isn't a window.

PRACTICE 4 - ANSWERS

A. 1. **Burası bir park değildir.** 2. **Şurası bir ev midir?** 3. **Burası bir postane midir?** 4. **Orası bir okul değildir.** 5. **Burası Ankara'dır.** 6. **Orası bir hastane midir?** 7. **Burası İstanbul'dur.** 8. **Şurası bir bahçe değildir.**

B. O bir çanta mıdır? 2. **Bu bir bardak mıdır?** 3. **Şu bir çiçek midir?** 4. **O bir tabak mıdır?** 5. **O bir pencere midir?** 6. **Bu bir kapı mıdır?** 7. **Şu bir sandalye midir?** 8. **Bu bir göz müdür?**

C. 1. **Bu bir anahtar değildir.** 2. **Şu bir kuş değildir.** 3. **O bir köpek değildir.** 4. **Şu bir ev değildir.** 5. **Bu bir adam değildir.** 6. **O bir kedi değildir.** 7. **Şu bir sepet değildir.** 8. **Bu bir sözlük değildir.**

D. 1. **Evet, anahtardır.** 2. **Evet, bardaktır.** 3. **Evet, televizyondur.** 4. **Evet, parktır.** 5. **Evet, evdir.** 6. **Evet, defterdir.**

E. 1. **Hayır, (çanta) değildir.** 2. **Hayır, (kapı) değildir.** 3. **Hayır, (sepet) değildir.** 4. **Hayır, (sözlük) değildir.** 5. **Hayır, (hastane) değildir.** 6. **Hayır, (İzmir) değildir.**

F. 1. **Hayır, çanta değildir. (Bu) bir anahtardır.** 2. **Hayır, köpek değildir. (Şu) bir kedidir.** 3. **Hayır, sepet değildir. (O) bir çantadır.** 4. **Hayır, park değildir. (Orası) bir postanedir.** 5. **Hayır, okul değildir. (Şurası) bir parktır.**

G. 1. This (place) is a school. 2. That place is a hospital. 3. This is a bag. 4. Yes, this is a note-book. 5. No, this place isn't a school. This (place) is a house. 6. That is a dictionary. 7. What is that? 8. What is that (place)? 9. This isn't a child. 10. Is this a television?

H. 1. **Bu bir adamdır.** 2. **Şu bir anahtar değildir.** 3. **O nedir?** 4. **O bir sandalye midir?** 5. **Orası bir postanedir.** 6. **Evet, o bir kapıdır.** 7. **Hayır, (o) değildir. O bir sepettir.** 8. **Burası bir hastane midir?** 9. **O bir köpek midir?** 10. **O bir pencere değildir.**

t e m e l
TÜRKÇE
k u r s u

DERS 5

VOCABULARY

OTOBÜS		BUS
Bu bir otobüs müdür?		Is this a bus?

TREN		TRAIN
Hayır, bu bir tren değildir. Arabadır.		No, this isn't a train. This is a car.

ARABA		CAR
Şu bir arabadır.		That is a car.

BUNLAR		THESE
Bunlar çocuktur.		These are children.

ŞUNLAR		THOSE
Şunlar portakal mı?		Are those oranges?

ONLAR		THEY
Onlar köpek değildir.		They aren't dogs.

YOKSA		OR
Bu bir çiçek midir yoksa ağaç mıdır?		Is this a flower or a tree?
ELMA		APPLE
Şu bir elmadır.		That is an apple.
PORTAKAL		ORANGE
Hayır, bu bir portakal değildir. Elmadır.		No, this isn't an orange. This is an apple.
OTEL		HOTEL
Orası otel midir?		Is that place a hotel?
LOKANTA		RESTAURANT
Burası bir lokantadır.		This place is a restaurant.
GEMİ		SHIP
Şu bir gemi değildir.		That isn't a ship.
RESİM		PICTURE
O bir resim midir?		Is it a picture?
ŞOFÖR		DRIVER
Bu bir şoför müdür?		Is this a driver?
DOKTOR		DOCTOR
O bir doktor değildir.		He isn't a doctor.
POLİS		POLICEMAN
Bu bir polis değildir.		This isn't a policeman.

PLURAL

Nouns are made plural by adding the plural suffixes **-lar** or **-ler**, according to the rules of vowel harmony (if the last vowel of the noun word is **a, ı, o** or **u** add **-lar**, if it is **e, i, ö** or **ü** add **-ler**).

kitap	**kitaplar**	book	books
çanta	**çantalar**	bag	bags
araba	**arabalar**	car	cars
kapı	**kapılar**	door	doors
salon	**salonlar**	hall	halls
televizyon	**televizyonlar**	television	televisions
kuş	**kuşlar**	bird	birds
okul	**okullar**	school	schools

ev	**evler**	house	houses
defter	**defterler**	note-book	note-books
kedi	**kediler**	cat	cats
polis	**polisler**	policeman	policemen
göz	**gözler**	eye	eyes
şoför	**şoförler**	driver	drivers
sözlük	**sözlükler**	dictionary	dictionaries
gül	**güller**	rose	roses

bir araba
a car

arabalar
cars

bir otel
a hotel

oteller
hotels

bir çocuk a child		**çocuklar** children	
bir otobüs a bus		**otobüsler** buses	

As **bir** refers to singularity, it is not used with plurals.

BUNLAR, ŞUNLAR, ONLAR

You have already seen **bu**, **şu** and **o**, now the forms **bunlar**, **şunlar** and **onlar** are introduced.

bu this	**bunlar** these
şu that	**şunlar** those
o it	**onlar** they

As you can see, in order to make plurals with **bu**, **şu** and **o**, the letter **n** is added before the plural suffix **-lar**.

bu - n - lar

şu - n - lar

o - n - lar

To make **Bu bir evdir** plural, **bu** changes to **bunlar**, **ev** to **evler**, and **bir** is omitted.

44

Bu bir evdir. = Bunlar evlerdir.

This is a house. = These are houses.

Combining the plural and be-suffixes **-lerdir, -lardır**, is considered not to sound go-od, and the plural suffix preceeding the be-suffix is usually omitted - adding a plu-ral suffix to **bu (bunlar)**, for example, is enough.

Bu bir kedidir.
This is a cat.

Bunlar kedidir.
These are cats.

Şu bir anahtardır.
That is a key.

Şunlar anahtardır.
Those are keys.

O bir otobüstür.
It is a bus.

Onlar otobüstür.
They are buses.

Bu bir sepettir.
This is a basket.

Bunlar sepettir.
These are baskets.

Bu bir çiçektir.
This is a flower.

Bunlar çiçektir.
These are flowers.

Şu bir gemidir.
That is a ship.

Şunlar gemidir.
Those are ships.

Şu bir televizyondur.
That is a television.

Şunlar televizyondur.
Those are televisions.

O bir elmadır.
It is an apple.

Onlar elmadır.
They are apples.

O bir resimdir.
It is a picture.

Onlar resimdir.
They are pictures.

We can see from the above sentences that whereas in English the plural suffix (the letter s) is always used (added to the noun to make it plural), in Turkish the plural can be indicated just by **bunlar/şunlar/onlar**. Note also that the be-suffix may be used but does not change - the English equivalent, 'is', becomes 'are' for plurals.

Bunlar (Şunlar, Onlar) Nedir?

Having seen question forms with **bu/şu/o**, we now look out questions with these in the plural.

Bunlar nedir?	What are these?
Şunlar nedir?	What are those?
Onlar nedir?	What are they?

Bu nedir?	**Bu bir kedidir.**
What is this?	This is a cat.

Bunlar nedir?	**Bunlar kedidir.**
What are these?	These are cats.

Answers usually use **o/onlar** rather than **bu/bunlar**.

Bu nedir?	**O bir evdir.**
What is this?	It is a house.

Bunlar nedir?	**Onlar evdir.**
What are these?	They are houses.

Şu nedir?
What is that?

O bir tabaktır.
It is a plate.

Şunlar nedir?
What are those?

Onlar tabaktır.
They are plates.

O nedir?
What is it?

O bir bardaktır.
It is a glass.

Onlar nedir?
What are they?

Onlar bardaktır.
They are glasses.

Bunlar nedir?
What are these?

Onlar kapıdır.
They are doors.

Şunlar nedir?
What are those?

Onlar masadır.
They are tables.

Onlar nedir?
What are they?

Onlar elmadır.
They are apples.

Bunlar nedir?
What are these?

Onlar televizyondur.
They are televisions.

Şunlar nedir?
What are those?

Onlar sözlüktür.
They are dictionaries.

YOKSA

Yoksa (= or) is used when we want to ask which of the alternatives in a question is correct. **Yoksa** joins two complete sentences. (Note that the question marker is repeated, but **bu/şu/o** is not.)

47

Bu bir otobüs müdür yoksa bir tren midir?	Is this a bus or a train?
Şu bir öğretmen midir yoksa bir öğrenci midir?	Is that a teacher or a student?
O bir okul mudur yoksa bir ev midir?	Is it a school or a house?
Bu bir portakal mıdır yoksa bir elma mıdır?	Is this an orange or an apple?

As mentioned previously, **bir** and the be-suffix are usually omitted in spoken Turkish.

Bu otobüs mü yoksa tren mi?	Is this a bus or a train?
Şu öğretmen mi yoksa öğrenci mi?	Is that a teacher or a student?
O okul mu yoksa ev mi?	Is it a school or a house?
Bu portakal mı yoksa elma mı?	Is this an orange or an apple?

As these questions cannot be answered by just 'yes' or 'no', a full sentence answer is necessary.

Bu bir çanta mıdır yoksa bir sepet midir? Is this a bag or a basket?	**O bir çantadır.** It is a bag.
Şu bir köpek midir yoksa bir kedi midir? Is that a dog or a cat?	**O bir kedidir.** It is a cat.
O bir pencere midir yoksa bir kapı mıdır? Is it a window or a door?	**O bir penceredir.** It is a window.
O bir sözlük müdür yoksa bir defter midir? Is it a dictionary or a note-book?	**O bir defterdir.** It is a note-book.

48

PRACTICE 5

A

Make these words plural.

adam, çocuk, masa, sandalye, anahtar, çiçek, bahçe, park, tren, otobüs, kedi, köpek, resim, pencere, kapı, doktor, öğrenci, öğretmen, çanta

B

Make these sentences plural.

1. **Bu bir defterdir.**
2. **Şu bir çantadır.**
3. **O bir parktır.**
4. **Bu bir resimdir.**
5. **Şu bir öğretmendir.**
6. **O bir sözlüktür.**
7. **Bu bir arabadır.**
8. **Şu bir portakaldır.**

C

Answer these questions using the word in brackets.

1. **Bu nedir? (tren)**
2. **Şunlar nedir? (köpek)**
3. **Bunlar nedir? (ağaç)**
4. **Onlar nedir? (çiçek)**
5. **Şunlar nedir? (kapı)**
6. **Onlar nedir? (bardak)**
7. **Şunlar nedir? (sepet)**
8. **Bunlar nedir? (araba)**
9. **Onlar nedir? (sözlük)**
10. **Bunlar nedir? (pencere)**

D

Join the sentences using **yoksa**.

Example : **Bu bir evdir. Bu bir okuldur.**
     Bu bir ev midir yoksa bir okul mudur?

1. Bu bir kedidir. Bu bir köpektir.
2. Şu bir tabaktır. Şu bir bardaktır.
3. O bir televizyondur. O bir resimdir.
4. Bu bir otobüstür. Bu bir arabadır.
5. Şu bir polistir. Şu bir şofördür.
6. O bir çantadır. O bir sepettir.
7. Bu bir evdir. Bu bir okuldur.
8. O bir öğretmendir. O bir öğrencidir.

E

Translate into English.

1. Bunlar kalemdir.
2. Bunlar penceredir.
3. Şunlar portakaldır.
4. Şunlar çantadır.
5. Onlar sözlüktür.
6. Bunlar sandalyedir.
7. Onlar masadır.
8. Şunlar arabadır.

PRACTICE 5 - ANSWERS

A. adamlar, çocuklar, masalar, sandalyeler, anahtarlar, çiçekler, bahçeler, parklar, trenler, otobüsler, kediler, köpekler, resimler, pencereler, kapılar, doktorlar, öğrenciler, öğretmenler, çantalar

B. 1. Bunlar defterdir. 2. Şunlar çantadır. 3. Onlar parktır. 4. Bunlar resimdir. 5. Şunlar öğretmendir. 6. Onlar sözlüktür. 7. Bunlar arabadır. 8. Şunlar portakaldır.

C. 1. Bu bir trendir. 2. Onlar köpektir. 3. Onlar ağaçtır. 4. Onlar çiçektir. 5. Onlar kapıdır. 6. Onlar bardaktır. 7. Onlar sepettir. 8. Onlar arabadır. 9. Onlar sözlüktür. 10. Onlar penceredir.

D. 1. Bu bir kedi midir yoksa bir köpek midir? 2. Şu bir tabak mıdır yoksa bir bardak mıdır? 3. O bir televizyon mudur yoksa bir resim midir? 4. Bu bir otobüs müdür yoksa bir araba mıdır? 5. Şu bir polis midir yoksa bir şoför müdür? 6. O bir çanta mıdır yoksa bir sepet midir? 7. Bu bir ev midir yoksa bir okul mudur? 8. O bir öğretmen midir yoksa bir öğrenci midir?

E. 1. These are pencils. 2. These are windows. 3. Those are oranges. 4. Those are bags. 5. They are dictionaries. 6. These are chairs. 7. They are tables. 8. Those are cars.

t e m e l
T Ü R K Ç E
k u r s u

VOCABULARY

KIZ		**GIRL**
Şu bir kız mıdır?		Is that a girl?
OĞLAN		**BOY**
Bunlar oğlandır.		These are boys.
ÇATAL		**FORK**
Bu bir çatal değildir.		This isn't a fork.
BIÇAK		**KNIFE**
Şu bir çatal mıdır yoksa bir bıçak mıdır?		Is that a fork or a knife?
KAŞIK		**SPOON**
Onlar kaşıktır.		They are spoons.

FİNCAN **Şu bir fincandır.**		CUP That is a cup.
TOP **O bir top mudur?**		BALL Is it a ball?
AT **Şu bir at değildir.**		HORSE That isn't a horse.
KÖPRÜ **Burası bir köprüdür.**		BRIDGE This place is a bridge.
ŞİŞE **Bu bir şişe midir yoksa bir fincan mıdır?**		BOTTLE Is this a bottle or a cup?

Negative Sentences with Plurals

In the previous lessons we saw how in sentences with the be-suffix **-dır**, **değil** is placed before it to make the negative.

Bu bir tabaktır.
This is a plate.

Bu bir tabak değildir.
This isn't a plate.

O bir kuştur.
It is a bird.

O bir kuş değildir.
It isn't a bird.

Sentences with plurals are made similarly.

52

Bunlar tabaktır.
These are plates.

Bunlar tabak değildir.
These aren't plates.

Onlar kuştur.
They are birds.

Onlar kuş değildir.
They aren't birds.

Şunlar çataldır.
Those are forks.

Şunlar çatal değildir.
Those aren't forks.

Bunlar bıçak değildir.
Şunlar şişe değildir.
Onlar at değildir.

These aren't knives.
Those aren't bottles.
They aren't horses.

Bunlar köpek değildir.
Şunlar top değildir.
Onlar öğretmen değildir.
Bunlar portakal değildir.
Şunlar çanta değildir.
Onlar kapı değildir.

These aren't dogs.
Those aren't balls.
They aren't teachers.
These aren't oranges.
Those aren't bags.
They aren't doors.

Question Forms with Plurals

Bu bir tabaktır.
This is a plate.

Bu bir tabak mıdır?
Is this a plate?

O bir kuştur.
It is a bird.

O bir kuş mudur?
Is it a bird?

Questions are made with plurals in the same way.

Bunlar tabaktır.
These are plates.

Bunlar tabak mıdır?
Are these plates?

Onlar kuştur.
They are birds.

Onlar kuş mudur?
Are they birds?

Şunlar çataldır.
Those are forks.

Şunlar çatal mıdır?
Are those forks?

Bunlar elma mıdır?	Are these apples?
Şunlar defter midir?	Are those note-books?
Onlar kaşık mıdır?	Are they spoons?
Şunlar çiçek midir?	Are those flowers?
Onlar kedi midir?	Are they cats?
Bunlar anahtar mıdır?	Are these keys?
Onlar sandalye midir?	Are they chairs?
Bunlar televizyon mudur?	Are these televisions?
Şunlar pencere midir?	Are those windows?

Let us look at short answers to these types of questions.

Bunlar araba mıdır?
Are these cars?

Evet, arabadır. (Evet, onlar arabadır.)
Yes, they are. (Yes, they are cars.)

Onlar öğrenci midir?
Are they students?

Evet, öğrencidir.
Yes, they are.

Bunlar resim midir?

Are these pictures?

Hayır, değildir. (Hayır, onlar resim değildir.)
No, they aren't. (No, they aren't pictures.)

Şunlar top mudur?
Are those balls?

Hayır, değildir.
No, they aren't.

Bunlar sepet midir?
Are these baskets?

Evet, sepettir.
Yes, they are.

Onlar ağaç mıdır?
Are they trees?

Evet, ağaçtır.
Yes, they are.

Şunlar pencere midir?
Are those windows?

Hayır, değildir.
No, they aren't.

Onlar anahtar mıdır?
Are they keys?

Hayır, değildir.
No, they aren't.

Bunlar sandalye midir?
Are these chairs?

Hayır, değildir. Onlar sepettir.
No, they aren't. They are baskets.

Şunlar çatal mıdır?
Are those forks?

Hayır, değildir. Onlar kaşıktır.
No, they aren't. They are spoons.

Onlar defter midir?
Are they note-books?

Hayır, değildir. Onlar kitaptır.
No, they aren't. They are books.

Bunlar araba mıdır yoksa otobüs müdür?
Are these cars or buses?

Onlar arabadır.
They are cars.

Onlar köpek midir yoksa kedi midir?
Are they dogs or cats?

Onlar köpektir.
They are dogs.

Onlar fincan mıdır yoksa şişe midir?
Are they cups or bottles?

Onlar şişedir.
They are bottles.

VE

Ve is a conjunction connecting two or more parallel sentence elements.

kitap ve defter   book and note-book
kedi ve köpek   cat and dog
otobüs ve tren   bus and train

kaşık ve bıçak	spoon and knife

evler ve okullar	houses and schools
oteller ve lokantalar	hotels and restaurants
öğretmenler ve öğrenciler	teachers and students
parklar ve bahçeler	parks and gardens

Bu bir evdir ve şu bir okuldur.	This is a house and that is a school.
O bir köprüdür ve bu bir trendir.	It is a bridge and this is a train.
Bunlar penceredir ve şunlar kapıdır.	These are windows and those are doors.
Onlar çantadır ve şunlar anahtardır.	They are bags and those are keys.

Burası bir okuldur ve şurası bir evdir.	This place is a school and that place is a house.
Burası İstanbul'dur ve şurası Ankara'dır.	This place is Istanbul and that place is Ankara.

PRACTICE 6

A

Using the pictures below, make appropriate sentences using **Bu ... -dır.** or **Bunlar ... -dır.**

Example :  Bu kaşıktır.

 Bunlar kaşıktır.

1.

56

2.

3.

4.

5.

6.

7.

8.

9.

10.

B

Make these sentences negative.

    1. **Bunlar çantadır.**
    2. **Onlar anahtardır.**
    3. **Şunlar gemidir.**
    4. **Onlar köprüdür.**
    5. **Bunlar şişedir.**
    6. **Onlar attır.**

C

Change these statements into questions.

    1. **Bunlar resimdir.**
    2. **Onlar tabaktır.**
    3. **Şunlar lokantadır.**
    4. **Onlar toptur.**
    5. **Şunlar televizyondur.**
    6. **Bunlar sandalyedir.**

D

Give short answers in the positive and negative.

1. **Onlar kaşık mıdır?**
2. **Bunlar at mıdır?**
3. **Şunlar portakal mıdır?**
4. **Onlar çiçek midir?**
5. **Bunlar ağaç mıdır?**

E

Give short answers in the negative followed by the (positive) correction, using the word in brackets.

Example : **Bunlar ev midir? (okul)**
Hayır, değildir. Onlar okuldur.

1. **Bunlar defter midir? (sözlük)**
2. **Onlar çiçek midir? (ağaç)**
3. **Bunlar kalem midir? (anahtar)**
4. **Şunlar masa mıdır? (sandalye)**
5. **Onlar pencere midir? (kapı)**

F

Fill the gaps.

1. **Şunlar kaşık ..... ?**
2. **O ..... at ..... ?**
3. **Bu bir masa değil ..... .**
4. **Onlar ..... ?**
5. **Bu bir çiçek midir ..... bir ağaç mıdır?**
6. **Onlar sözlük ..... ?**
7. **Bu ..... kız mıdır ..... bir oğlan mıdır?**
8. **O ... kitap .... defter ..... ?**

G

Translate into English.

1. **Onlar attır.**
2. **Bu bir köprü değildir.**
3. **Şunlar top mudur?**
4. **Onlar çatal değildir.**
5. **Bunlar şişe midir? Hayır, değildir. Onlar fincandır.**
6. **Onlar bıçak mıdır? Evet, bıçaktır.**

7. **Bu bir sandalye midir yoksa bir masa mıdır?**
8. **Onlar ütü müdür?**
9. **Burası bir hastanedir ve orası bir postanedir.**
10. **Bunlar polis midir yoksa şoför müdür?**

H

Translate into Turkish.

1. These are apples.
2. Those aren't children.
3. Are they baskets?
4. Are these bottles? No, they aren't. They are glasses.
5. Are they horses? Yes, they are.
6. This is a hall and it is a room.
7. They aren't policemen.
8. Are these dictionaries?
9. Is this a cup or a glass?
10. Are they flowers or trees?

PRACTICE 6 - ANSWERS

A. 1. **Bu televizyondur.** 2. **Bu lokantadır.** 3. **Bunlar attır.** 4. **Bunlar tabaktır.** 5. **Bunlar çiçektir.** 6. **Bu köprüdür.** 7. **Bunlar resimdir.** 8. **Bu şişedir.** 9. **Bunlar toptur.** 10. **Bu gemidir.**

B. 1. **Bunlar çanta değildir.** 2. **Onlar anahtar değildir.** 3. **Şunlar gemi değildir.** 4. **Onlar köprü değildir.** 5. **Bunlar şişe değildir.** 6. **Onlar at değildir.**

C. 1. **Bunlar resim midir?** 2. **Onlar tabak mıdır?** 3. **Şunlar lokanta mıdır?** 4. **Onlar top mudur?** 5. **Şunlar televizyon mudur?** 6. **Bunlar sandalye midir?**

D. 1. **Evet, kaşıktır./Hayır, değildir.** 2. **Evet, attır./Hayır, değildir.** 3. **Evet, portakaldır./Hayır, değildir.** 4. **Evet, çiçektir./Hayır, değildir.** 5. **Evet, ağaçtır./Hayır, değildir.**

E. 1. **Hayır, değildir. Onlar sözlüktür.** 2. **Hayır, değildir. Onlar ağaçtır.** 3. **Hayır, değildir. Onlar anahtardır.** 4. **Hayır, değildir. Onlar sandalyedir.** 5. **Hayır, değildir. Onlar kapıdır.**

F. 1. mıdır 2. bir, mıdır 3. dir 4. nedir 5. yoksa 6. müdür 7. bir, yoksa 8. bir, mıdır, yoksa, bir, midir

G. 1. They are horses. 2. This isn't a bridge. 3. Are those balls? 4. They aren't forks. 5. Are these bottles? No, they aren't. They are cups. 6. Are they knives? Yes, they are. 7. Is this a chair or a table? 8. Are they irons? 9. This place is a hospital and that place is a post-office. 10. Are these policemen or drivers?

H. 1. **Bunlar elmadır.** 2. **Şunlar çocuk değildir.** 3. **Onlar sepet midir?** 4. **Bunlar şişe midir? Hayır, değildir. Onlar bardaktır.** 5. **Onlar at mı? Evet, attır.** 6. **Bu bir salondur ve o bir odadır.** 7. **Onlar polis değildir.** 8. **Bunlar sözlük müdür?** 9. **Bu bir fincan mıdır yoksa bir bardak mıdır?** 10. **Onlar çiçek midir yoksa ağaç mıdır?**

t e m e l
T Ü R K Ç E
k u r s u

DERS 7

VOCABULARY

BÜYÜK

Bu büyük bir odadır.

BIG

This is a big room.

KÜÇÜK

Bu bardak küçüktür.

SMALL, LITTLE

This glass is small.

UZUN

Şunlar uzun kalemdir.

LONG

Those are long pencils.

KISA

O kısa mıdır yoksa
uzun mudur?

SHORT

Is it short or long?

YENİ

O yeni bir evdir.

NEW

It is a new house.

ESKİ

Şu eski bir televizyon mudur?

OLD

Is that an old television?

TEMİZ

Burası temiz bir odadır.

CLEAN

This place is a clean room.

PİS

Şu pis bir köpektir.

DIRTY

That is a dirty dog.

PAHALI

O pahalı bir araba değildir.

EXPENSIVE

It isn't an expensive car.

UCUZ

Bu çanta ucuz mudur
yoksa pahalı mıdır?

CHEAP

Is this bag cheap or expensive?

KADIN

Bu kadın güzel değildir.

WOMAN

This woman isn't beautiful.

ERKEK

Bu bir erkek midir yoksa
kadın mıdır?

MAN

Is this a man or a woman?

GÜZEL

O kız güzel midir?

BEAUTIFUL, NICE

Is that girl beautiful?

ÇİRKİN

Şu adam güzel midir yoksa
çirkin midir?

UGLY

Is that man beautiful or
ugly?

62

ADJECTIVES

In Turkish, as in English, adjectives go before nouns, describing their size, shape, colour, etc. (eg big - **büyük**, long - **uzun**)

büyük	big
masa	table
büyük masa	the big table
büyük bir masa	a big table
eski	old
ev	house
eski ev	the old house
eski bir ev	an old house
güzel	beautiful
kız	girl
güzel kız	the beautiful girl
güzel bir kız	a beautiful girl

As you can see from the above examples, **bir** comes between the adjective and noun (unlike English).

küçük bir kedi	a small cat
çirkin bir kadın	an ugly woman
kısa bir kalem	a short pencil
yeni bir araba	a new car
pahalı bir çanta	an expensive car
ucuz bir kitap	a cheap book
Bu bir okuldur.	This is a school.
Bu eski bir okuldur.	This is an old school.
Bu yeni bir okuldur.	This is a new school.
Bunlar yeni okuldur.	These are new schools.
O bir odadır.	It is a room.
O küçük bir odadır.	It is a small room.
O büyük bir odadır.	It is a big room.
Onlar büyük odadır.	They are big rooms.
Bunlar arabadır.	These are cars.

Bunlar pahalı arabadır.	These are expensive cars.
Onlar odadır.	They are rooms.
Onlar temiz odadır.	They are clean rooms.
O nedir?	What is it?
O küçük bir kuştur.	It is a small bird.
Şunlar nedir?	What are those?
Onlar pis kaşıktır.	They are dirty spoons.
Bu bir odadır.	This is a room.
Bu küçük bir odadır.	This is a small room.
Bu küçük bir oda değildir.	This isn't a small room.
Bu küçük bir oda mıdır?	Is this a small room?
Bu küçük bir oda mıdır	Is this a small room or
yoksa büyük bir oda mıdır?	a big room?
Orası bir lokantadır.	That place is a restaurant.
Orası temiz bir lokantadır.	That place is a clean restaurant.
Orası temiz bir lokanta mıdır?	Is that place a clean restaurant?
Hayır, değildir. Orası pis	No, it isn't. That place is a dirty
bir lokantadır.	restaurant.

Look carefully at these two sentences.

Bu eski bir hastanedir.	This is an old hospital.
Bu hastane eskidir.	This hospital is old.

As in English, in Turkish sentences it is possible for adjectives to come at the end. In the first sentence, **bu** is used as a demonstrative (as the subject of the sentence), and precedes the adjective (**eski**). In the second sentence, **bu** is used as a determiner (answering the question, 'which?' - 'Which hospital?' 'This hospital.'), in which case it precedes the noun (**hastane**), and the adjective (**eski**) is placed at the end of the sentence (with the be-suffix).

Şu büyük bir parktır.	That is a big park.
Şu park büyüktür.	That park is big.

Şu küçük bir postanedir.	That is a small post-office.
Şu postane küçüktür.	That post-office is small.

Look carefully at these sentences.

Bunlar yeni defterdir.	These are new note-books.
Bu defterler yenidir.	These note-books are new.

64

In Turkish, when the demonstrative is plural, the noun need to be. For example, in the sentence **Bunlar yeni defterlerdir, defter** can be used without the plural suffix **-ler**. In English this is not so ('notebooks' with the plural s' must be used).

Used adjectively, the demonstrative remains in the singular (**bu/şu/o**) and it is the noun which takes the plural suffix. The demonstrative pronoun **bunlar** in the first sentence above becomes the adjectival pronoun **bu** in the second sentence, with the noun **defter** used in the plural (**defterler**).

Bunlar uzun kalemdir.	These are long pencils.
Bu kalemler uzundur.	These pencils are long.
Şunlar kısa ağaçtır.	Those are short trees.
Şu ağaçlar kısadır.	Those trees are short.
Bunlar büyük tabaktır.	These are big plates.
Bu tabaklar büyüktür.	These plates are big.
Şunlar küçük kaşıktır.	Those are small spoons.
Şu kaşıklar küçüktür.	Those spoons are small.
Bunlar ucuz televizyondur.	These are cheap televisions.
Bunlar ucuz televizyon mudur?	Are these cheap televisions?
Bunlar ucuz televizyon değildir.	These aren't cheap televisions.
Bu televizyonlar ucuzdur.	These televisions are cheap.
Bu televizyonlar ucuz mudur?	Are these televisions cheap?
Bu televizyonlar ucuz değildir.	These televisions aren't cheap.
Şunlar pahalı çantadır.	Those are expensive bags.
Şunlar pahalı çanta mıdır?	Are those expensive bags?
Şunlar pahalı çanta değildir.	Those aren't expensive bags.
Şu çantalar pahalıdır.	Those bags are expensive.
Şu çantalar pahalı mıdır?	Are those bags expensive?
Şu çantalar pahalı değildir.	Those bags aren't expensive.

Bu ucuz bir sözlüktür.	This is a cheap dictionary.
Bu ucuz bir sözlük müdür?	Is this a cheap dictionary?
Evet, ucuzdur. / Hayır, değildir.	Yes, it is. / No, it isn't.
Pahalıdır. (Bu pahalı bir sözlüktür.)	It is expensive. (This is an expensive dictionary.)

Bu sözlük ucuzdur.	This dictionary is cheap.
Bu sözlük ucuz mudur?	Is this dictionary cheap?
Evet, ucuzdur. / Hayır, değildir.	Yes, it is. / No, it isn't.
Pahalıdır. (Bu sözlük pahalıdır.)	It is expensive. (This dictionary is expensive.)

Bunlar yeni arabadır.	These are new cars.
Bunlar yeni araba mıdır?	Are these new cars?
Evet, yenidir. / Hayır, değildir.	Yes, they are. / No, they aren't.
Eskidir. (Bunlar eski arabadır.)	They are old. (These are old cars.)

Bu arabalar yenidir.	These cars are new.
Bu arabalar yeni midir?	Are these cars new?
Evet, yenidir. / Hayır, değildir.	Yes, they are. / No, they aren't.
Eskidir. (Bu arabalar eskidir.)	They are old. (These cars are old.)

NUMBERS

Words for numbers from 0 to 10 are listed below.

0 sıfır	zero
1 bir	one
2 iki	two
3 üç	three
4 dört	four
5 beş	five
6 altı	six
7 yedi	seven
8 sekiz	eight
9 dokuz	nine
10 on	ten

bir kalem	one pencil
iki elma	two apples

66

üç ev	three houses
dört araba	four cars
beş çocuk	five children
altı adam	six men
yedi kız	seven girls
sekiz portakal	eight oranges
dokuz kaşık	nine spoons
on masa	ten tables

Unlike English, in Turkish the noun following a number is not used in the plural.

two apples	iki elma	(not iki elmalar)
five children	beş çocuk	(not beş çocuklar)
seven girls	yedi kız	(not yedi kızlar)

Numbers Used with Adjectives

Like English, in Turkish adjectives come between the number and the noun.

iki elma	two apples
iki küçük elma	two small apples
yedi kız	seven girls
yedi güzel kız	seven beautiful girls
üç ev	three houses
üç yeni ev	three new houses
beş masa	five tables
beş uzun masa	five long tables

PRACTICE 7

A

Put the adjectives at the end of the sentence.

1. **Bu güzel bir kızdır.**
2. **Şu pis bir çataldır.**
3. **O eski bir çantadır.**
4. **Onlar yeni evdir.**
5. **Şunlar pahalı arabadır.**
6. **Bunlar büyük portakaldır.**
7. **O küçük bir kedi değildir.**
8. **Bu ucuz bir kitap mıdır?**

B

Put the adjective in brackets into the sentence.

1. **Bu bir evdir. (yeni)**
2. **Şu bir çantadır. (büyük)**
3. **O bir ev midir? (küçük)**
4. **Bunlar bardaktır. (temiz)**
5. **Şunlar oda mıdır? (pis)**
6. **Bu bir hastane değildir. (eski)**
7. **Onlar televizyondur. (ucuz)**
8. **O bir araba değildir. (pahalı)**

C

Write these numbers as words.

3, 5, 6, 8, 4, 10

D

Make these sentences positive, negative or questions, as indicated.

1. Bu küçük bir masadır. (olumsuz)
2. Şu güzel bir kadın mıdır? (olumlu)
3. Onlar eski sandalyedir. (soru)
4. Bu sepet büyük değildir. (soru)
5. Şunlar pis odadır. (olumsuz)
6. O kedi küçüktür. (soru)
7. Şu kitaplar yeni midir? (olumsuz)
8. Bu otobüs uzun değildir. (soru)

E

Translate into English.

1. Dört bardak
2. Altı temiz çatal
3. Sekiz pahalı araba
4. Bu kitaplar yenidir.
5. Şunlar yeni evdir.
6. Şu eski bir gemidir.
7. Onlar pis şişe midir?
8. Bunlar temiz masa değildir.
9. Bu büyük bir okul mudur?
10. Şu resimler eskidir.
11. Şu küçük bir çantadır.
12. O kadın güzel midir?
13. Onlar kısa ağaç değildir.

F

Translate into Turkish.

1. That pencil is long.
2. Are these small birds?
3. They aren't expensive dictionaries.
4. Is this a cheap note-book?
5. This is a long bus.
6. Those baskets aren't big.
7. These are old pictures.
8. Are these windows dirty?

9. That is a big dog.
10. It isn't a short pencil.
11. three girls
12. six cheap books
13. five clean plates

PRACTICE 7 - ANSWERS

A. 1. **Bu kız güzeldir.** 2. **Şu çatal pistir.** 3. **O çanta eskidir.** 4. **O evler yenidir.** 5. **Şu araba-lar pahalıdır.** 6. **Bu portakallar büyüktür.** 7. **O kedi küçük değildir.** 8. **Bu kitap ucuz mu-dur?**

B. 1. **Bu yeni bir evdir.** 2. **Şu büyük bir çantadır.** 3. **O küçük bir ev midir?** 4. **Bunlar te-miz bardaktır.** 5. **Şunlar pis oda mıdır?** 6. **Bu eski bir hastane değildir.** 7. **Onlar ucuz te-levizyondur.** 8. **O pahalı bir araba değildir.**

C. üç, beş, altı, sekiz, dört, on

D. 1. **Bu küçük bir masa değildir.** 2. **Şu güzel bir kadındır.** 3. **Onlar eski sandalye mi-dir?** 4. **Bu sepet büyük müdür?** 5. **Şunlar pis oda değildir.** 6. **O kedi küçük müdür?** 7. **Şu kitaplar yeni değildir.** 8. **Bu otobüs uzun mudur?**

E. 1. Four glasses. 2. Six clean forks 3. Eight expensive cars 4. These books are new. 5. Those are new houses. 6. That is an old ship. 7. Are they dirty bottles? 8. These aren't cle-an tables. 9. Is this a big school? 10. Those pictures are old. 11. That is a small bag. 12. Is that woman beautiful? 13. They aren't short trees.

F. 1. **Şu kalem uzundur.** 2. **Bunlar küçük kuşlar mıdır?** 3. **Onlar pahalı sözlük değildir.** 4. **Bu ucuz bir defter midir?** 5. **Bu uzun bir otobüstür.** 6. **Şu sepetler büyük değildir.** 7. **Bunlar eski resimdir.** 8. **Bu pencereler kirli midir?** 9. **Şu büyük bir köpektir.** 10. **O kısa bir kalem değildir.** 11. **Üç kız** 12. **Altı ucuz kitap** 13. **Beş temiz tabak**

temel
TÜRKÇE
kursu

DERS 8

VOCABULARY

BURADA		HERE
Yeni defter buradadır.		The new note-book is here.

ŞURADA		THERE
Adamlar şuradadır.		The men are there.

ORADA		THERE
Büyük köpek oradadır.		The big dog is there.

NEREDE		WHERE
Öğretmenler nerededir?		Where are the teachers?

71

VAR

Burada bir sepet vardır.

THERE IS/ARE

There is a basket here.

YOK

Orada bir ev yoktur.

THERE ISN'T/AREN'T

There isn't a house there.

KUTU

Bu küçük bir kutudur.

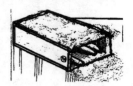

BOX

This is a small box.

ZOR

O ders zor mudur?

DIFFICULT

Is that lesson difficult?

KOLAY

Bu ders kolaydır.

EASY

This lesson is easy.

DERS

Bu zor bir derstir.

LESSON

This is a difficult lesson.

FABRİKA

Fabrika nerededir?

FACTORY

Where is the factory?

İŞÇİ

İşçiler oradadır.

WORKER

The workers are there.

BURADA ŞURADA ORADA

Burada is an adverb of place, used to refer to something which is near (English, 'here').

Kadın buradadır.	The woman is here.
Güzel kadın buradadır.	The beautiful woman is here.
Okul buradadır.	The school is here.
Büyük okul buradadır.	The big school is here.
Araba buradadır.	The car is here.
Ucuz araba buradadır.	The cheap car is here.
Çantalar buradadır.	The bags are here.
Yeni çantalar buradadır.	The new bags are here.
Bardaklar buradadır.	The glasses are here.
Temiz bardaklar buradadır.	The clean glasses are here.

Şurada and **orada** are used for things at a distance. In English we would use 'there' for both.

Top şuradadır.	The ball is there.
Küçük top şuradadır.	The small ball is there.
Otobüs şuradadır.	The bus is there.
Uzun otobüs şuradadır.	The long bus is there.
Kızlar şuradadır.	The girls are there.
Güzel kızlar şuradadır.	The beautiful girls are there.
Kitap oradadır.	The book is there.
Eski kitap oradadır.	The old book is there.
Televizyon oradadır.	The television is there.
Yeni televizyon oradadır.	The new television is there.
Gemiler oradadır.	The ships are there.
Büyük gemiler oradadır.	The big ships are there.

NEREDE

The question word **nerede** (= where) is similar in use to **ne** we lernt proviously.

O nedir?	What is it?
O nerededir?	Where is it?

Bu nerededir?	Where is this?
Şu nerededir?	Where is that?
Bunlar nerededir?	Where are these?
Şunlar nerededir?	Where are those?
Onlar nerededir?	Where are they?

Öğretmen nerededir?	Where is the teacher?
Şişe nerededir?	Where is the bottle?
Tren nerededir?	Where is the train?
Sepet nerededir?	Where is the basket?

Kediler nerededir?	Where are the cats?
Ağaçlar nerededir?	Where are the trees?
İşçiler nerededir?	Where are the workers?
Güller nerededir?	Where are the roses?

Büyük ev nerededir?	Where is the big house?
Pis oda nerededir?	Where is the dirty room?
Ucuz kitaplar nerededir?	Where are the cheap books?
Eski resimler nerededir?	Where are the old pictures?
Yeni sözlük nerededir?	Where is the new dictionary?

object	where	be-suffix
Adam	**nerede**	**dir?**
Top	**nerede**	**dir?**
Kutu	**nerede**	**dir?**
Kitaplar	**nerede**	**dir?**
İşçiler	**nerede**	**dir?**

Sentences in Negative and Question Forms

Kutu burada mıdır?	Is the box here?
Büyük çanta burada mıdır?	Is the big bag here?
Kedi şurada mıdır?	Is the cat there?
Pahalı araba şurada mıdır?	Is the expensive car there?
Top orada mıdır?	Is the ball there?
Pis bardak orada mıdır?	Is the dirty glass there?
Resimler orada mıdır?	Are the pictures there?
Eski resimler orada mıdır?	Are the old pictures there?
Kutu burada değildir.	The box isn't here.
Büyük çanta burada değildir.	The big bag isn't here.
Kedi şurada değildir.	The cat isn't there.
Pahalı araba şurada değildir.	The expensive car isn't there.
Top orada değildir.	The ball isn't there.
Pis bardak şurada değildir.	The dirty glass isn't there.
Resimler orada değildir.	The pictures aren't there.
Eski resimler orada değildir.	The old pictures aren't there.
Kutu burada mıdır?	Is the box here?
Evet, buradadır.	Yes, it is.
Hayır, değildir.	No, it isn't.
Kutu nerededir?	Where is the box?
(Kutu) şuradadır.	(The box) is there. / It is there.
Kedi şurada mıdır?	Is the cat there?
Evet, şuradadır.	Yes, it is.
Hayır, değildir.	No, it isn't.
Kedi nerededir?	Where is the cat?
(Kedi) buradadır.	(The cat) is here. / It is here.

Yeni anahtarlar burada mıdır?	Are the new keys here?
Evet, buradadır.	Yes, they are.
Hayır, değildir.	No, they aren't.
Yeni anahtarlar nerededir?	Where are the new keys?
(Yeni anahtarlar) oradadır.	(The new keys) are there. / They are there.

In the sentences above, words in brackets could be left out.

> Kedi nerededir?
> Kedi buradadır.

In the sentence above, the question may be answered without repeating **kedi**.

> Kedi nerededir?
> Buradadır.

Again, the be-suffix (**-dır**) may be omitted.

Kutu buradadır.	The box is here.
Kutu burada.	The box is here.

Kutu burada mıdır?	Is the box here?
Kutu burada mı?	Is the box here?

Kutu burada değildir.	The box isn't here.
Kutu burada değil.	The box isn't here.

Kutu nerededir?	Where is the box?
Kutu nerede?	Where is the box?

VAR YOK

Var and yok are used to say whether something exists or is in a certain place, or not.

...... var.	There is ......
...... bir kalem var.	There is a pencil......

Burada bir kalem var.	There is a pencil here.
Burada bir oğlan var.	There is a boy here.
Burada bir otobüs var.	There is a bus here.
Şurada bir kız var.	There is a girl there.
Şurada bir işçi var.	There is a worker there.
Şurada bir kutu var.	There is a box there.
Orada bir fabrika var.	There is a factory there.
Orada bir pencere var.	There is a window there.
Orada bir sandalye var.	There is a chair there.

Var and **yok** are used for both singular and plural nouns. They do not change.

Burada kalemler var.	There are pencils here.
Burada otobüsler var.	There are busses here.
Şurada kızlar var.	There are girls there.
Şurada işçiler var.	There are workers there.
Orada fabrikalar var.	There are factories there.
Orada sandalyeler var.	There are chairs there.
Burada üç adam var.	There are three men here.
Şurada on tabak var.	There are ten plates there.
Orada altı kedi var.	There are six cats there.

PRACTICE 8

A

Answer these questions using the words in brackets.

1. **Köpek nerededir? (burada)**
2. **Yeni okul nerededir? (burada)**
3. **Sandalyeler nerededir? (şurada)**
4. **Şu nedir? (pencere)**
5. **Onlar nedir? (ağaç)**
6. **Küçük çocuklar nerededir? (orada)**
7. **Bu bir araba mıdır yoksa bir otobüs müdür? (otobüs)**
8. **Eski çantalar nerededir? (orada)**
9. **Onlar ağaç mıdır yoksa çiçek midir? (ağaç)**
10. **Şu bir ev midir? (Evet)**

B

Put these sentences into positive, negative or question form, as indicated.

1. **Küçük kedi buradadır. (olumsuz)**
2. **Eski arabalar burada değildir. (olumlu)**
3. **İşçiler şuradadır. (soru)**
4. **Yeni evler orada değildir. (soru)**
5. **Güller burada mıdır? (olumlu)**
6. **Büyük toplar orada mıdır? (olumsuz)**
7. **Gemiler oradadır. (olumsuz)**
8. **Şu temiz bir odadır. (soru)**

C

Using the pictures, make sentences using **var**.

Example :

Burada bir kız var.

1.

2.

3.

4.

5.

78

D

Put the adjectives in brackets into these sentences.

1. Ev nerededir? (küçük)
2. Arabalar buradadır. (yeni)
3. Bu bir toptur. (büyük)
4. Orada bir ev var. (eski)
5. Onlar derstir. (zor)
6. Tabaklar nerededir? (temiz)
7. Şurada masalar var. (uzun)
8. Kadın buradadır. (güzel)

E

Translate into English.

1. Orada bir adam var.
2. Küçük kedi nerededir?
3. Burada üç öğrenci var.
4. Öğretmen ve öğrenciler şuradadır.
5. Pahalı çanta buradadır.
6. Eski resim burada mıdır? Hayır, değildir. O nerededir?
   (O) şuradadır.
7. Yeni otobüs burada değildir.
8. Şurada dört büyük köpek var.

F

Translate into Turkish.

1. There are two keys here.
2. The long trees are there.
3. Is the ugly child here?
4. Where are the new boxes?
5. The hospital and the factory are old.
6. There is a dirty glass here.
7. The new dictionaries aren't there.
8. There are five small rooms here.

PRACTICE 8 - ANSWERS

A. 1. Köpek buradadır. 2. Yeni okul buradadır. 3. Sandalyeler şuradadır. 4. O bir penceredir. 5. Onlar ağaçtır. 6. Küçük çocuklar oradadır. 7. O bir otobüstür. 8. Eski çantalar oradadır. 9. Onlar ağaçtır. 10. Evet, evdir.

B. 1. Küçük kedi burada değildir. 2. Eski arabalar buradadır. 3. İşçiler şurada mı? 4. Yeni evler orada mı? 5. Güller burada değildir. 6. Büyük toplar orada değildir. 7. Gemiler orada değildir. 8. Şu temiz bir oda mıdır?

C. 1. Burada iki çocuk var. 2. Burada üç elma var. 3. Burada beş kalem var. 4. Burada dört kaşık var. 5. Burada bir fabrika var.

D. 1. Küçük ev nerededir? 2. Yeni arabalar buradadır. 3. Bu büyük bir toptur. 4. Orada eski bir ev var. 5. Onlar zor derstir. 6. Temiz tabaklar nerededir? 7. Şurada uzun masalar var. 8. Güzel kadın buradadır.

E. 1. There is a man there. 2. Where is the small cat? 3. There are three students here. 4. The teachers and the students are there. 5. The expensive bag is here. 6. Is the old picture here? No, it isn't. Where is it? It is there. 7. The new bus isn't here. 8. There are three big dogs there.

F. 1. Burada iki anahtar var. 2. Uzun ağaçlar oradadır. 3. Çirkin çocuk burada mıdır? 4. Yeni kutular nerededir? 5. Hastane ve fabrika eskidir. 6. Burada pis bir bardak var. 7. Yeni sözlükler orada değildir. 8. Burada beş küçük oda var.

temel
TÜRKÇE
kursu

DERS
9

VOCABULARY

UÇAK

Burada eski bir uçak var.

AEROPLANE

There is an old aeroplane.

TAKSİ

Taksi nerededir?

TAXI

Where is the taxi?

PEYNİR

Peynir buradadır.

CHEESE

The cheese is here.

YUMURTA

Orada sekiz yumurta var.

EGG

There are eight eggs there.

BUZDOLABI

Buzdolabı orada değildir.

REFRIGERATOR

The refrigerator isn't there.

RADYO

Yeni radyo buradadır.

RADIO

The new radio is here.

TELEFON		TELEPHONE
Telefon nerededir?		Where is the telephone?

SİNEMA		CINEMA
Bu büyük bir sinemadır.		This is a big cinema.

YATAK		BED
Bu yatak temizdir.		This bed is clean.

ELBİSE		DRESS
Şu elbise pahalı mıdır?		Is that dress expensive?

VAR MI?

Now we will look at **var** used in questions.

...... **var.**	There is ......
...... **var mı?**	Is there ......

Burada bir top var.	There is a ball here.
Burada bir top var mı?	Is there a ball here?

Burada bir çiçek var mı?	Is there a flower here?
Şurada bir elbise var mı?	Is there a dress there?
Orada bir radyo var mı?	Is there a radio there?
Burada bir yatak var mı?	Is there a bed here?
Şurada bir hastane var mı?	Is there a hospital there?
Orada bir anahtar var mı?	Is there a key there?

Burada öğrenciler var mı?	Are there students here?
Orada işçiler var mı?	Are there workers there?
Şurada yumurtalar var mı?	Are there eggs there?
Orada taksiler var mı?	Are there taxis there?

Orada iki doktor var mı?	Are there two doctors there?
Burada üç kız var mı?	Are there three girls here?
Şurada beş çatal ve bıçak var mı?	Are there five forks and knives there?

YOK

Yok is the opposite of **var**, telling us that things aren't in a certain place or do not exist.

...... **var.**	There is ......
...... **yok.**	There isn't ......

Burada bir top yok.	There isn't a ball here.

Burada bir çiçek yok.	There isn't a flower here.
Şurada bir elbise yok.	There isn't a dress there.
Orada bir radyo yok.	There isn't a radio there.
Burada bir yatak yok.	There isn't a bed here.
Şurada bir hastane yok.	There isn't a hospital there.
Orada bir anahtar yok.	There isn't a key there.

Burada öğrenciler yok.	There aren't students here.
Orada işçiler yok.	There aren't workers there.
Şurada yumurtalar yok.	There aren't eggs there.
Orada taksiler yok.	There aren't taxis there.

Orada iki doktor yok.	There aren't two doctors there.
Burada üç kız yok.	There aren't three girls here.
Şurada beş çatal ve bıçak yok.	There aren't five forks and knives there.

To make negative questions with **yok**, the question marker is **mu** (following vowel harmony).

Burada bir çiçek yok mu?	Isn't there a flower here?
Şurada bir elbise yok mu?	Isn't there a dress there?
Orada bir radyo yok mu?	Isn't there a radio there?

Burada öğrenciler yok mu?	Aren't there students here?
Orada işçiler yok mu?	Aren't there workers there?
Şurada yumurtalar yok mu?	Aren't there eggs there?

Orada iki doktor yok mu?	Aren't there two doctors there?
Burada üç kız yok mu?	Aren't there three girls here?

Short Answers

Burada bir top var mı?	Is there a ball here?
Evet, var. (Evet, burada bir top var.)	Yes there is. (Yes, there is a ball here.)
Hayır, yok. (Hayır, burada bir top yok.)	No, there isn't. (No, there isn't a ball here.)
Şurada bir elbise var mı?	Is there a dress there?
Evet, var.	Yes, there is.
Hayır, yok.	No, there isn't.
Orada bir radyo var mı?	Is there a radio there?
Evet var.	Yes, there is.
Hayır, yok.	No, there isn't.
Burada öğrenciler var mı?	Are there any students here?
Evet, var.	Yes, there are.
Hayır, yok.	No, there aren't.
Orada taksiler var mı?	Are there any taxis there?
Evet, var.	Yes, there are.
Hayır, yok.	No, there aren't.
Şurada iki doktor var mı?	Are there two doctors there?
Evet, var.	Yes, there are.
Hayır, yok.	No, there aren't.

NOUN CASES

The Locative

Turkish has five noun cases, each made by adding a particular suffix. In this lesson we shall look at one of these (the rest will be introduced later).

To make the locative case we add the locational suffix **-de/-da**, according to vowel harmony (**-de** when the last vowel is **e, i, ö, ü**, **-da** when it is **a, ı, o, u**).

The locative is used to give information about the position of something or someone. English equivalents are the prepositions 'in, on, at'. Study these examples.

Let us take the word **masa** as an example. The last vowel being **a**, **-da** is used. For the word **ev**, on the other hand, as the last vowel is **e** the locational suffix is **de**.

masa	a		table
masada			on the table
kapı	ı		door
kapıda			at the door
salon	o		hall
salonda			in the hall
okul	u		school
okulda			in the school
Ankarada			in Ankara
İstanbulda			in Istanbul
ev	e		house
evde			in the house
taksi	i		taxi
takside			in the taxi
göz	ö		eye
gözde			in the eye
ütü	ü		iron
ütüde			on the iron
İzmirde			in Izmir
televizyonda			on television
gemide			on the ship
bahçede			in the garden
odada			in the room
çantada			in the bag
kutuda			in the box
pencerede			at the window
radyoda			on the radio
sinemada			at the cinema
hastanede			at/in hospital
postanede			at the post-office
defterde			in the note-book

If the word ends in **ç, f, h, k, p, s, ş, t**, **-te/-ta** is used instead of **-de/-da**.

ağaç	**ç**	tree
ağaçta		in the tree
uçak	**k**	aeroplane
uçakta		on the aeroplane
kitap	**p**	book
kitapta		in the book
otobüs	**s**	bus
otobüste		on the bus
sepet	**t**	basket
sepette		in the basket
sözlükte		in the dictionary
bardakta		in the glass
yatakta		in bed
tabakta		on the plate

We can make sentences using **var** and **yok** with nouns in the locative.

Look at these sentences.

Evde bir adam var.	There is a man in the house.
Masada bir tabak var.	There is a plate on the table.
Bahçede bir kedi var.	There is a cat in the garden.
Çantada bir kalem var.	There is a pencil in the bag.
Hastanede doktorlar var.	There are doctors in the hospital.
Okulda öğrenciler var.	There are students in the school.
Odada yataklar var.	There are beds in the room.
Sepette portakallar var.	There are oranges in the basket.
Otobüste bir oğlan var.	There is a boy on the bus.
Kitapta bir ders var.	There is a lesson in the book.
Odada iki masa var.	There are two tables in the room.
Masada üç şişe var.	There are three bottles on the table.
Okulda dört öğretmen var.	There are four teachers in the school.
Pencerede küçük bir kuş var.	There is a small bird at the window.
Sinemada güzel bir kadın var.	There is a beautiful woman at the cinema.

86

Parkta büyük bir ağaç var.	There is a big tree in the park.
Kitapta kolay bir ders var.	There is an easy lesson in the book.

Now, some examples with questions.

Bahçede bir köpek var mı?	Is there a dog in the garden?
Masada bir şişe var mı?	Is there a bottle on the table?

Odada çocuklar var mı?	Are there children in the room?
Bahçede çiçekler var mı?	Are there flowers in the garden?

Çantada üç kalem var mı?	Are there three pencils in the bag?
Evde dört oda var mı?	Are there four rooms in the house?

Bahçede pahalı bir araba var mı?	Is there an expensive car in the garden?
Masada temiz bir tabak var mı?	Is there a clean plate on the table?

Here are some examples using negative sentences.

Bahçede bir köpek yok.	There isn't a dog in the garden.
Masada bir şişe yok.	There isn't a bottle on the table.

Odada çocuklar yok.	There aren't children in the room.
Bahçede çiçekler yok.	There aren't flowers in the garden.

Çantada üç kalem yok.	There aren't three pencils in the bag.
Evde dört oda yok.	There aren't four rooms in the house.

Bahçede pahalı bir araba yok.	There isn't an expensive car in the garden.
Masada temiz bir tabak yok.	There isn't a clean plate on the table.

Locational suffixes may be used in sentences with the be-suffix (although, as previously mentioned, the third person form -dir is not usually used in speaking).

Köpek bahçededir.	The dog is in the garden.
Adam arabadadır.	The man is in the car.
Anahtar çantadadır.	The key is in the bag.

Çiçekler bahçededir.	The flowers are in the garden.
Kitaplar okuldadır.	The books are in the school.
Portakallar sepettedir.	The oranges are in the basket.

Ucuz çantalar fabrikadadır.	The cheap bags are in the factory.
Eski kalemler çantadadır.	The old pencils are in the bag.
Yeni araba parktadır.	The new car is in the park.

Here are the same sentences in the negative.

Köpek bahçede değildir.	The dog isn't in the garden.
Adam arabada değildir.	The man isn't in the car.
Anahtar çantada değildir.	The key isn't in the bag.

Çiçekler bahçede değildir.	The flowers aren't in the garden.
Kitaplar okulda değildir.	The books aren't in the school.
Portakallar sepette değildir.	The oranges aren't in the basket.

Ucuz çantalar fabrikada değildir.	The cheap bags aren't in the factory.
Eski kalemler çantada değildir.	The old pencils aren't in the bag.
Yeni araba parkta değildir.	The new car isn't in the park.

Question forms

Köpek bahçede midir?	Is the dog in the garden?
Adam arabada mıdır?	Is the man in the car?
Anahtar çantada mıdır?	Is the key in the bag?

Çiçekler bahçede midir?	Are the flowers in the garden?
Kitaplar okulda mıdır?	Are the books in the school?
Portakallar sepette midir?	Are the oranges in the basket?

Ucuz çantalar fabrikada mıdır?	Are the cheap bags in the factory?
Eski kalemler çantada mıdır?	Are the old pencils in the bag?
Yeni arabalar parkta mıdır?	Are the new cars in the park?

PRACTICE 9

A

Make these into questions.

1. **Evde bir kadın var.**
2. **Bahçede üç küçük kuş var.**
3. **Kedi evdedir.**
4. **Temiz bardaklar masadadır.**
5. **Arabada iki çocuk var.**

B

Make these into negatives.

1. **Masada tabaklar var.**
2. **Parkta büyük bir köpek var.**
3. **Anahtarlar çantadadır.**
4. **İşçiler fabrikadadır.**
5. **Bahçede küçük bir kız var.**

88

C

Give short answers in the positive or negative as indicated.

1. Okulda dört öğretmen var mı? (olumlu)
2. Kutuda kalemler var mı? (olumsuz)
3. İşçiler otobüste midir? (olumlu)
4. Kuşlar ağaçta mıdır? (olumsuz)
5. Orada telefon var mı? (olumlu)

D

Fill the gaps.

1. Telefon masa..... .
2. Çocuk sinema... ...?
3. Salon..... resimler var.
4. Oda... sandalye var ...?
5. Kuş ağaç..... değildir.
6. Taksi... şoför var ...?
7. Öğretmen otobüs..... .

E

Look at the example and make three sentences for each pair of words.

Example: **kutu – kalem --->** Kutuda kalem var. Kutuda kalem yok. Kutuda kalem var mı?

1. masa - tabak
2. araba - doktor
3. ev - telefon
4. ağaç - kedi
5. okul - öğretmenler
6. oda - yatak
7. salon - televizyon
8. hastane - doktorlar

F

Translate the following sentences into English.

1. Odada iki kadın var.
2. Bahçede pahalı bir araba var.
3. Masada üç tabak ve üç kaşık var.
4. Eski kitap okulda mı?
5. O hastane İstanbulda değildir.

6. **Çantada kitaplar var mı?**
7. **Resimler salonda mı? Evet, salondadır.**
8. **Adamlar oteldedir.**

G

Translate the following sentences into Turkish.

1. There are two dictionaries in the bag.
2. The big bottles are on the table.
3. The students aren't in the garden.
4. Is there a man on the bus?
5. Is the dog on the chair?
6. There aren't five oranges in the basket.
7. Is the cheese on the table? No, it isn't.
8. Is the doctor on the plane?

PRACTICE 9 - ANSWERS

A. 1. **Evde bir kadın var mı?** 2. **Bahçede üç küçük kuş var mı?** 3. **Kedi evde midir?** 4. **Temiz bardaklar masada mıdır?** 5. **Arabada iki çocuk var mı?**

B. 1. **Masada tabaklar yok.** 2. **Parkta büyük bir köpek yok.** 3. **Anahtarlar çantada değildir.** 4. **İşçiler fabrikada değildir.** 5. **Bahçede küçük bir kız yok.**

C. 1. **Evet, var.** 2. **Hayır, yok.** 3. **Evet, otobüstedir.** 4. **Hayır, değildir.** 5. **Evet, var.**

D. 1. **dadır** 2. **da mı?** 3. **da** 4. **da, mı** 5. **ta** 6. **de, mı** 7. **tedir**

E. 1. **Masada tabak var. Masada tabak yok. Masada tabak var mı?** 2. **Arabada doktor var. Arabada doktor yok. Arabada doktor var mı?** 3. **Evde telefon var. Evde telefon yok. Evde telefon var mı?** 4. **Ağaçta kedi var. Ağaçta kedi yok. Ağaçta kedi var mı?** 5. **Okulda öğretmenler var. Okulda öğretmenler yok. Okulda öğretmenler var mı?** 6. **Odada yatak var. Odada yatak yok. Odada yatak var mı?** 7. **Salonda televizyon var. Salonda televizyon yok. Salonda televizyon var mı?** 8. **Hastanede doktorlar var. Hastanede doktorlar yok. Hastanede doktorlar var mı?**

F. 1. There are two women in the room. 2. There is an expensive car in the garden. 3. There are three plates and three spoons on the table. 4. Is the old book in the school? 5. That hospital isn't in Istanbul. 6. Are there books in the bag? 7. Are the pictures in the hall? Yes, they are. 8. The men are in the hotel.

G. 1. **Çantada iki sözlük var.** 2. **Büyük şişeler masadadır.** 3. **Öğrenciler bahçede değildir.** 4. **Otobüste bir adam var mı?** 5. **Köpek sandalyenin üstünde mi?** 6. **Sepette beş portakal yok.** 7. **Peynir masanın üstünde mi? Hayır, değildir.** 8. **Doktor uçakta mı?**

temel TÜRKÇE kursu

DERS 10

VOCABULARY

DUVAR

Duvarda eski bir resim var.

WALL

There is an old picture on the wall

TAVAN

Tavanda bir lamba var mı?

CEILING

Is there a lamp on the ceiling?

YER

Çanta yerde midir yoksa masada mıdır?

FLOOR, GROUND, PLACE

Is the bag on the floor or on the table?

MUTFAK

Mutfak nerededir?

KITCHEN

Where is the kitchen?

BANYO

Burada büyük bir banyo var.

BATHROOM

There is a big bathroom here.

BİLGİSAYAR

Orada bir bilgisayar var mı?

COMPUTER

Is there a computer there?

KOLTUK

Büyük koltuklar salondadır.

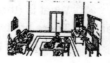

ARMCHAIR

The big armchair is in the hall.

91

KİM		WHO
Bu adam kimdir?		Who is this man?

DOLAP		CUPBOARD
Dolapta yeni elbiseler var.		There are new dresses in the cupboard.

LAMBA		LAMP
Odada lamba yok.		There isn't a lamp in the room.

DÜKKÂN		SHOP
Dükkânda iki işçi var.		There are two workers in the shop.

PARA		MONEY
Çantada para var mı?		Is there any money in the bag?

KÂĞIT		PAPER
Kâğıtlar nerededir?		Where is the paper?

NE - NELER

We have seen sentences using the question word **ne** (what).

Bu nedir?	What is this?
Bu bir kutudur.	This is a box.
Şu nedir?	What is that?
Şu bir fincandır.	That is a cup.

Now we look at sentences which combine **ne** and **var**.

Evde ne var?	What is (there) in the house?
Evde bir buzdolabı var.	There is a fridge in the house.
Masada ne var?	What is (there) on the table?
Masada iki tabak ve üç bardak var.	There are two plates and three glasses on the table.

Dükkânda ne var?	What is (there) in the shop?
Dükkânda telefon ve masa var.	There is a telephone and a table in the shop.
Bahçede ne var?	What is (there) in the garden?
Bahçede çiçekler var.	There are flowers in the garden.
Duvarda ne var?	What is (there) on the wall?
Duvarda eski bir resim var?	There is an old picture on the wall.
Çantada ne var?	What is (there) in the bag?
Çantada para var.	There is some money in the bag.

If you think that a question using **ne** will have an answer in the plural, add the plural suffix **-ler** to **ne**.

Bahçede ne var?	What is there in the garden?
Bahçede çiçek var.	There is a flower in the garden.
Bahçede neler var?	What are there in the garden?
Bahçede çiçekler var.	There are flowers in the garden.
Çantada neler var?	What are there in the bag?
Çantada anahtarlar ve kalemler var.	There are keys and pencils in the bag.
Odada neler var?	What are there in the room?
Odada yataklar var.	There are beds in the room.

KİM - KİMLER

Kim is another question word, in English 'who'.

Evde kim var?	Who is there in the house?
Evde bir adam var.	There is a man in the house.
Bahçede kim var?	Who is there in the garden?
Bahçede güzel bir kadın var.	There is a beautiful woman in the garden.
Okulda kim var?	Who is there in the school?
Okulda bir öğretmen var.	There is a teacher in the school.
Fabrikada kim var?	Who is there in the factory?
Fabrikada bir işçi var.	There is a worker in the factory.
Hastanede kim var?	Who is there in the hospital?
Hastanede bir doktor var.	There is a doctor in the hospital.

As we saw with the question **ne**, again add **-ler** if the expected answer is plural.

Hastanede kim var?
Hastanede doktor/doktorlar var.

Hastanede kimler var?	Who are there in the hospital?
Hastanede doktorlar var.	There are doctors in the hospital.

Parkta kimler var?	Who are there in the park?
Parkta çocuklar var.	There are children in the park.

Evde kimler var?	Who are there in the house?
Evde kadınlar var.	There are women in the house.

As in English, short answers can be given without repeating the place.

Odada ne var?	What is there in the room?
Bir yatak var.	(There is) a bed.

To the above question it is not necessary to use **odada** in the answer.

Ağaçta ne var?	What is there in the three?
Kuş var.	(There is) a bird.

Masada neler var?	What is (there) on the table?
Tabaklar var.	There are plates.

Köprüde neler var?	What is (there) on the bridge?
Taksi ve otobüsler var.	There are taxis and buses.

Salonda kim var?	Who is there in the hall?
Bir adam var.	There is a man.

Arabada kim var?	Who is there in the car?
Bir kız var.	There is a girl.

Okulda kimler var?	Who is there in school?
Öğrenciler var.	There are students.

Otobüste kimler var?	Who are there on the bus?
Öğretmenler var.	There are teachers.

The question word **kim** can be used with demonstratives, as in these examples.

Bu kim(dir)?	Who is this?
Şu kim(dir)?	Who is that?
O kim(dir)?	Who is it?

Answers will specify the name.

Bu kim?	Who is this?
Bu Sumru.	This is Sumru.
Şu kim?	Who is that?
Şu Ali.	This is Ali.
O kim?	Who is it?
O Kenan.	It is Kenan.

Such questions can be asked using **bu/şu/o** adjectivally.

Bu adam kim(dir)?	Who is this man?
Bu kadın kim(dir)?	Who is this woman?
Bu çocuk kim(dir)?	Who is this child?
Şu adam kim?	Who is that man?
Şu doktor kim?	Who is that doctor?
Şu öğrenci kim?	Who is that student?
O adam kim?	Who is that man?
O kadın kim?	Who is that woman?
O öğretmen kim?	Who is that teacher?

Here are answers to this type of question.

Bu adam kimdir?	Who is this man?
Bu adam Ahmettir.	This is Ahmet.
Bu kadın kimdir?	Who is that woman?
Bu kadın Ayşedir.	That woman is Ayşe.
Şu doktor kimdir?	Who is that doctor?
Şu doktor Hasandır.	That doctor is Hasan.
O kız kimdir?	Who is that girl?
O kız Şükrandır.	That girl is Şükran.

In speaking it is usual to use shortened forms, as in these examples.

Bu adam kimdir?	or, instead	**Bu adam kim?**
Bu adam Ahmettir.	or, instead	**Ahmet.**
Şu doktor kimdir?	or, instead	**Şu doktor kim?**
Şu doktor Hasandır.	or, instead	**Hasan.**

95

NEREDE

We saw the question word **nerede** previously. Here we see it used with the grammar introduced in this lesson.

Yeni araba nerededir?	Where is the new car?
Yeni araba buradadır.	The new car is here.
Okul nerededir?	Where is the school?
Okul şuradadır.	The school is there.
Telefon nerededir?	Where is the telephone?
Telefon oradadır.	The telephone is there.

Answers to the question **nerede** use the locational suffix.

Yeni kitaplar nerededir?	Where are the new books?
Yeni kitaplar çantadadır.	The new books are in the bag.
Bilgisayar nerededir?	Where is the computer?
Bilgisayar masadadır.	The computer is on the table.
Dolap nerededir?	Where is the cupboard?
Dolap odadadır.	The cupboard is in the room.
Yeni araba nerededir?	Where is the new car?
Yeni araba bahçededir.	The new car is in the garden.
Ucuz elbiseler nerededir?	Where are the cheap dresses?
Ucuz elbiseler dükkândadır.	The cheap dresses are in the shop.
Kızlar nerededir?	Where are the girls?
Kızlar sinemadadır.	The girls are in the cinema.

In answers, rather than repeat the subject, **o/onlar** can be used, or nothing at all, as shown below.

Bardak nerededir?	instead	**Bardak nerede?**
Bardak masanın üstündedir.	instead	**O masanın üstündedir.**
	or only	**Masanın üstündedir.**
Eski araba nerededir?	instead	**Eski araba nerede?**
Eski araba parktadır.	instead	**O parktadır.**
	or only	**Parktadır.**

96

Notes

From this lesson onwards, reading passages with questions and answers containing newly introduced grammar points will be given at the end of every other lesson.

It will be preceded by a section with new vocabulary. Study these carefully.

de   da

Da, de (according to vowel harmony) is used to mean 'too, also'. It is unaffected by question or negative form (although in the negative 'either' is a better translation.)

Odada sandalye de var.	There is also a chair in the room.
Masada defter de var mı?	Is there also a notebook on the table?
Dükkânda bilgisayar da var mı?	Is there also a computer in the shop?
Çantada anahtar da yok.	There isn't a key in the bag, either.
Kedi de buradadır.	The cat is here, too.
Kız da bahçededir.	The girl is in the garden, too.

READING PASSAGES

Bu nedir? Bir masadır. Büyük bir masadır. O odadadır. Masada ne var? Üç tabak, üç çatal ve üç kaşık var. Bardak da var mı? Evet, var.

What is this? It is a table. It is a big table. It is in the room. What are there on the table. There are three plates, three forks and three spoons. Is there a glass, too? Yes, there is.

Burası neresidir? Bir dükkândır. Küçük bir dükkândır. Dükkânda neler var? Uzun bir masa, sandalyeler ve dolap var. Duvarda bir resim de var. Resim eski mi yoksa yeni mi? O yeni. Eski değil. Masada ne var? Bir bilgisayar, radyo ve kâğıtlar var. Kalem de var mı? Hayır, yok.

What is this place? It is a shop. It is a small shop. What are there in the shop? There is a long table, chairs and a cupboard. There is also a picture on the wall. Is the picture old or new? It is new. It isn't old. What is there on the table? There is a computer, a radio and some paper. Is there a pencil, too? No, there isn't.

Questions and Answers to the Reading Passage

Bu nedir?
What is this?

O bir masadır.
It is a table.

Masa büyük müdür yoksa küçük müdür?	**Büyüktür.**
Is the table big or small?	It is big.
Masa nerededir?	**Odadadır.**
Where is the table?	It is in the room.
Masada ne var?	**Üç tabak, üç çatal ve üç kaşık var.**
What are there on the table?	There are three plates, three forks and three spoons.
Bardak da var mı?	**Evet, var.**
Is there a glass, too?	Yes, there is.
Dükkân küçük müdür yoksa büyük müdür?	**Küçüktür.**
Is the shop big or small?	It is small.
Dükkânda masa var mı?	**Evet, var.**
Is there a table in the shop?	Yes, there is.
Dolap da var mı?	**Evet, var.**
Is there a cupboard, too?	Yes, there is.
Resim nerededir?	**O duvardadır.**
Where is the picture?	It is on the wall.
Resim eski midir yoksa yeni midir?	**Yenidir.**
Is the picture old or new?	It is new.
Masada ne var?	**Bilgisayar, radyo ve kâğıtlar var.**
What is there on the table?	There are a computer, a radio and some paper.

PRACTICE 10

A

Answer using the word in brackets.

1. **Kediler nerede? (bahçe)**
2. **Öğrenciler nerede? (okul)**
3. **Bardak ve tabaklar nerede? (masa)**
4. **Elbiseler nerede? (dolap)**
5. **Çiçek ve ağaçlar nerede? (park)**

B

Make questions from these sentences using **ne** and **kim**.

1. **Masada elma var.**

2. Bahçede iki kedi var.
3. Evde bir televizyon var.
4. Fabrikada bir adam var.
5. Okulda bir öğrenci var.
6. Otobüste bir çocuk var.
7. Çantada bir kalem ve bir anahtar var.
8. Defterde zor bir ders var.
9. Hastanede bir doktor var.
10. Dükkânda iki işçi var.

C

Make questions and answers, as shown.

Example: **masa (defter) --> Masada ne var?   Masada defter var.**
ev (adam) --> Evde kim var?   Evde adam var.

1. **araba (çanta)**
2. **ev (çocuk)**
3. **oda (öğretmen)**
4. **masa (bardak)**
5. **dükkân (bilgisayar)**
6. **sinema (kız)**
7. **duvar (resim)**
8. **tavan (lamba)**
9. **banyo (Ahmet)**
10. **taksi (kadın)**

D

Make these into negatives.

1. **Kutuda on kalem var.**
2. **Kadın banyodadır.**
3. **Yerde çanta ve top var.**
4. **Sandalyede bir kız var.**
5. **Yumurtalar masadadır.**

E

Translate into English.

1. **Masada neler var? Bardaklar var.**
2. **Kız nerededir? Kız okuldadır.**
3. **Bahçede kimler var? Çocuklar var.**
4. **Bu zor bir ders midir? Hayır, kolaydır.**
5. **Sepette elma ve portakallar var.**
6. **Resim nerededir? Resim duvardadır.**

7. **Tavanda ne var? Lamba var.**
8. **Dükkânda bir radyo ve bir bilgisayar var.**
9. **Mutfakta ne var? Buzdolabı var.**
10. **Çantada anahtar da var mı?**

F

Translate into Turkish.

1. Are there two dogs in the garden?
2. There isn't that doctor in the hospital.
3. What is there in the park? There is a car in the park.
4. There is also a television in the room.
5. Who are there in the hall? There are five teachers in the hall.
6. Where is the long pencil? It is on the floor.
7. The cheap dresses are in the shop.
8. Is there a clean plate on the table?

PRACTICE 10 - ANSWERS

A. 1. Kediler bahçededir. 2. Öğrenciler okuldadır. 3. Bardak ve tabaklar masadadır. 4. Elbiseler dolaptadır. 5. Çiçek ve ağaçlar parktadır.

B. 1. Masada ne var? 2. Bahçede ne var? 3. Evde ne var? 4. Fabrikada kim var? 5. Okulda kim var? 6. Otobüste kim var? 7. Çantada ne var? 8. Defterde ne var? 9. Hastanede kim var? 10. Dükkânda kim var?

C. 1. Arabada ne var? Arabada çanta var. 2. Evde kim var? Evde çocuk var. 3. Odada kim var? Odada öğretmen var. 4. Masada ne var? Masada bardak var. 5. Dükkânda ne var? Dükkânda bilgisayar var. 6. Sinemada kim var? Sinemada kız var. 7. Duvarda ne var? Duvarda resim var. 8. Tavanda ne var? Tavanda lamba var. 9. Banyoda kim var? Banyoda Ahmet var. 10. Takside kim var? Takside kadın var.

D. 1. Kutuda on kalem yok. 2. Kadın banyoda değildir. 3. Yerde çanta ve top yok. 4. Sandalyede bir kız yok. 5. Yumurtalar masada değildir.

E. 1. What are there on the table? There are glasses on the table. 2. Where is the girl? The girl is at school. 3. Who are there in the garden? There are the children in the garden. 4. Is this a difficult lesson? No, it isn't. It is easy. 5. There are apples and oranges in the basket. 6. Where is the picture? The picture is on the wall. 7. What is there on the ceiling? There is the lamp on the ceiling. 8. There are a radio and a computer in the shop. 9. What is there in the kitchen? There is a refrigerator in the kitchen. 10. Is there a key in the bag, too?

F. 1. Bahçede iki köpek var mı? 2. Hastanede o doktor yok. 3. Parkta ne var? Parkta bir araba var. 4. Odada bir televizyon da var. 5. Salonda kimler var? Salonda beş öğretmen var. 6. Uzun kalem neрededir? O yerdedir. 7. Ucuz elbiseler dükkândadır. 8. Masada temiz bir tabak var mı?

FONO açıköğretim kurumu

temel TÜRKÇE kursu

DERS 11

VOCABULARY

BEN

Ben bir öğretmenim.

I

I am a teacher.

SEN

Sen bir doktorsun.

YOU

You are a doctor.

BİZ

Biz mühendisiz.

WE

We are engineers.

SİZ

Siz memursunuz.

YOU

You are officials.

AMA, FAKAT

Bu ev büyük ama pahalıdır.

BUT

This house is big but expensive.

MÜHENDİS

Mühendis buradadır.

ENGINEER

The engineer is here.

MEMUR

Zafer bir memurdur.

EMPLOYEE

Zafer is an employee.

DİŞÇİ

Dişçi takside mi?

DENTIST

Is the dentist in the taxi?

İŞADAMI

İşadamı İstanbuldadır.

BUSINESSMAN

The businessman is in Istanbul.

HEMŞİRE

Hemşireler hastanede mi?

NURSE

Are the nurses in the hospital?

SÜTÇÜ

Biz sütçüyüz.

MILKMAN

We are milkman.

SABUN

Banyoda sabun var mı?

SOAP

Is there a soap in the bathroom?

HALI

Yerde büyük bir halı var.

CARPET

There is a big carpet on the floor.

GENÇ

O hemşire genç midir yoksa yaşlı mıdır?

YOUNG

Is that nurse young or old?

YAŞLI

Yaşlı kadın parktadır.

OLD

The old woman is in the park.

102

PERSONAL PRONOUNS

In Turkish there are six personal pronouns, used to stand for people or things. They are listed here with English translations.

BEN	I
SEN	YOU
O	HE, SHE, IT
BİZ	WE
SİZ	YOU
ONLAR	THEY

Two points should be made clear here.

A) We have seen **o** used as a demonstrative and adjectival pronoun.

O bir kitaptır.
O kitap masadadır.

O is also used as a personal pronoun. Whereas English has three words (he, she, it) used to talk about males, females and non-living/non-human things, in Turkish there is only the single word **o**.

B) The English 'you' has two Turkish equivalents, **sen** and **siz**. **Sen** is the singular and informal (used between friends and family or when talking to children). **Siz** is the plural, used also for formality.

PERSONAL SUFFIXES

After personal pronouns a noun or adjective comes. These nouns and adjectives take personal suffixes, which, as you can see, are the same as the be-suffix.

Ben	-(y)ım, -(y)im, -(y)um, -(y)üm
Sen	-sın, -sin, -sun, -sün
O	-dır, -dir, -dur, -dür
Biz	-(y)ız, -(y)iz, -(y)uz, -(y)üz
Siz	-sınız, -siniz, -sunuz, -sünüz
Onlar	-dır, -dir, -dur, -dür

Usage of these suffixes follows the rules of vowel harmony.

BEN (I)

Ben bir işadamıyım.	I am a businessman.
Ben bir öğretmenim.	I am a teacher.
Ben bir doktorum.	I am a doctor.
Ben bir sütçüyüm.	I am a milkman.
Ben Kemalim.	I am Kemal.

The pronoun **ben** takes the suffix **-ım, -im, -um, -üm** according to vowel harmony. As two vowels do not go together in Turkish, when the word ends in a vowel, the buffer **y** is used.

The word **işadamı** ends with a vowel, so when the first person suffix is used a buffer **y** is necessary.

Ben bir işadamı-y-ım.	I am a businessman.
Ben bir öğrenci-y-im.	I am a student.
Ben bir sütçü-y-üm.	I am a milkman.
Ben bir hemşire-y-im.	I am a nurse.
Ben bir dişçi-y-im.	I am a dentist.

SEN (YOU)

The second person singular suffix takes **-sın, -sin, -sun, -sün**, according to vowel harmony.

Sen bir işadamısın.	You are a businessman.
Sen bir öğretmensin.	You are a teacher.
Sen bir doktorsun.	You are a doctor.
Sen bir sütçüsün.	You are a milkman.
Sen bir öğrencisin.	You are a student.
Sen bir hemşiresin.	You are a nurse.
Sen bir dişçisin.	You are a dentist.
Sen bir şoförsün.	You are a driver.
Sen Kemalsin.	You are Kemal.

O (HE, SHE, IT)

For **o**, use **-dır, -dir, -dur, -dür**. For words ending in **ç, f, h, k, p, s, ş, t**, the **d** in the suffix becomes **t**.

O bir işadamıdır.	He is a businessman.
O bir öğretmendir.	He is a teacher.
O bir doktordur.	She is a doctor.
O bir sütçüdür.	She is a milkman.
O Kemaldir.	He is Kemal.
O bir öğrencidir.	She is a student.
O bir hemşiredir.	She is a nurse.
O bir dişçidir.	She is a dentist.
O bir şofördür.	She is a driver.
O bir mühendistir.	He is an engineer.
O bir köpektir.	It is a dog.
O bir polistir.	He is a policeman.

In speaking, **o** is usually used without the personal suffix.

O bir işadamı.	He is a businessman.
O bir öğretmen.	He is a teacher.
O bir doktor.	She is a doctor.
O bir dişçi.	She is a dentist.
O bir mühendis.	He is an engineer.
O bir polis.	He is a policeman.

BİZ (WE)

Biz takes **-ız, -iz, -uz, -üz**, again with buffer **y** as necessary.

Biz işadamıyız.	We are businessmen.
Biz öğretmeniz.	We are teachers.
Biz doktoruz.	We are doctors.
Biz sütçüyüz.	We are milkmen.
Biz öğrenciyiz.	We are students.
Biz hemşireyiz.	We are nurses.
Biz dişçiyiz.	We are dentists.

SİZ (YOU)

Siz takes **-sınız, -siniz, -sunuz, -sünüz.**

Siz işadamısınız.	You are nurses.
Siz öğretmensiniz.	You are teachers.
Siz doktorsunuz.	You are doctors.
Siz sütçüsünüz.	You are milkmen.
Siz öğrencisiniz.	You are students.
Siz hemşiresiniz.	You are nurses.
Siz dişçisiniz.	You are dentists.
Siz şoförsünüz.	You are drivers.

ONLAR (THEY)

Onlar uses the same suffixes as **o (-dır, -dir, -dur, -dür)**. Depending on the relevant rules, **-ler/-lar** may be added, as shown in the sentences below.

Onlar işadamıdır(lar).	They are businessmen.
Onlar öğretmendir(ler).	They are teachers.
Onlar doktordur(lar).	They are doctors.
Onlar sütçüdür(ler).	They are milkmen.
Onlar öğrencidir(ler).	They are students.
Onlar hemşiredir(ler).	They are nurses.
Onlar dişçidir(ler).	They are dentists.
Onlar şofördür(ler).	They are drivers.
Onlar mühendistir(ler).	They are engineers.
Onlar polistir(ler).	They are policemen.
Onlar köpektir(ler).	They are dogs.

The personal suffix may be omitted.

Onlar işadamı.	They are businessmen.
Onlar öğrenci.	They are students.
Onlar doktor.	They are doctors.
Onlar dişçi.	They are dentists.
Onlar mühendis.	They are engineers.
Onlar polis.	They are policemen.

In spoken Turkish, person pronouns (and the word **bir**) are typically omitted, as this information is given through the use of personal suffixes. Compare the following pairs of sentences.

Ben bir öğretmenim.	I am a teacher.
Öğretmenim.	I am a teacher.

106

Ben bir işadamıyım.	I am a businessman.
İşadamıyım.	I am a businessman.
Ben bir doktorum.	I am a doctor.
Doktorum.	I am a doctor.
Sen bir öğrencisin.	You are a student.
Öğrencisin.	You are a student.
Sen bir mühendissin.	You are an engineer.
Mühendissin.	You are an engineer.
Sen bir hemşiresin.	You are a nurse.
Hemşiresin.	You are a nurse.
O bir polistir.	He is a policeman.
Polistir.	He is a policeman.
O bir köpektir.	It is a dog.
Köpektir.	It is a dog.
O bir şofördür.	He is a driver.
Şofördür.	He is a driver.
Biz öğretmeniz.	We are teachers.
Öğretmeniz.	We are teachers.
Biz hemşireyiz.	We are nurses.
Hemşireyiz.	We are nurses.
Biz doktoruz.	We are doctors.
Doktoruz.	We are doctors.
Siz öğrencisiniz.	You are students.
Öğrencisiniz.	You are students.
Siz işadamısınız.	You are businessmen.
İşadamısınız.	You are businessmen.
Siz mühendissiniz.	You are engineers.
Mühendissiniz.	You are engineers.

When **onlar** is left out, the plural suffix **-dırlar, -dirler, -durlar, -dürler** is used, to specify plurality. When **onlar** is used, **-ler/-lar** use is optional.

O polistir.	**Onlar polistir.**
Polistir.	**Polistirler.**
Onlar dişçidir(ler).	**Onlar sütçüdür(ler).**
Dişçidirler.	**Sütçüdürler.**

We have seen personal suffixes added to nouns, but they are also used with adjectives.

Ben yaşlıyım.	I am old.
Ben güzelim.	I am beautiful.
Ben gençim.	I am young.
Ben çirkinim.	I am ugly.
Sen yaşlısın.	You are old.
Sen güzelsin.	You are beautiful.
Sen gençsin.	You are young.
Sen çirkinsin.	You are ugly.
O yaşlıdır.	He is old.
O güzeldir.	He is beautiful.
O gençtir.	He is young.
O çirkindir.	He is ugly.
Biz yaşlıyız.	We are old.
Biz güzeliz.	We are beautiful.
Biz genciz.	We are young.
Biz çirkiniz.	We are ugly.
Siz yaşlıyız.	You are old.
Siz güzelsiniz.	You are beautiful.
Siz gençsiniz.	You are young.
Siz çirkinsiniz.	You are ugly.
Onlar yaşlıdır.	They are old.
Onlar güzeldir.	They are beautiful.
Onlar gençtir.	They are young.
Onlar çirkindir.	They are ugly.

Both adjectives and nouns can be used.

Ben genç bir öğretmenim.	I am a young teacher.
Ben çirkin bir adamım.	I am an ugly man.
Ben güzel bir kadınım.	I am a beautiful woman.
Sen yaşlı bir öğretmensin.	You are an old teacher.
Sen güzel bir kadınsın.	You are a beautiful woman.
Sen genç bir hemşiresin.	You are a young nurse.
O güzel bir kadındır.	She is a beautiful woman.
O yaşlı bir adamdır.	He is an old man.
O genç bir dişçidir.	He is a young dentist.
Biz yaşlı doktoruz.	We are old doctors.
Biz güzel çocuklarız.	We are beautiful children.
Biz genç işadamıyız.	We are young businessmen.

Siz genç doktorsunuz.	You are young doctors.
Siz yaşlı adamlarsınız.	You are old men.
Siz güzel kadınsınız.	You are beautiful women.

Onlar genç doktordur.	They are young doctors.
Onlar çirkin adamdır.	They are ugly men.
Onlar güzel hemşiredir.	They are beautiful nurses.

Personal suffixes can be added to the locational suffix **-de/-da**.

Ben evdeyim.	I am at home.
Sen bahçedesin.	You are in the garden.
O parktadır.	He is in the park.
Biz okuldayız.	We are in the school.
Siz otobüstesiniz.	You are on the bus.
Onlar sinemadadır.	They are in the cinema.

Use of Personal Pronouns instead of Nouns

Personal pronouns can take the place of nouns when the person or thing referred to is known, perhaps already mentioned.

| Mehmet bir doktordur. | Mehmet is a doctor. |
| O bir doktordur. | He is a doctor. |

| Nejla bir öğrencidir. | Nejla is a student. |
| O bir öğrencidir. | She is a student. |

| Oda büyüktür. | The room is big. |
| O büyüktür. | It is big. |

| Çocuklar okuldadır. | The children are in the school. |
| Onlar okuldadır. | They are in the school. |

| Nevin ve Nilgün doktordur. | Nevin and Nilgün are doctors. |
| Onlar doktordur. | They are doctors. |

| Sen ve ben evdeyiz. | You and I are in the house. |
| Biz evdeyiz. | We are in the house. |

| Ali ve sen gençsiniz. | Ali and you are young. |
| Siz gençsiniz. | You are young. |

| Otobüsler köprüdedir. | The buses are on the bridge. |
| Onlar köprüdedir. | They are on the bridge. |

| Serdar bir işadamıdır. | Serdar is a businessman. |
| O genç bir işadamıdır. | He is a young businessman. |

| Nevin bir doktordur. | Nevin is a doctor. |
| O yaşlı bir doktordur. | She is an old doctor. |

109

Çantalar dükkândadır.	The bags are in the shop.
Onlar ucuz çantadır.	They are cheap bags.
Ali ve sen öğretmensiniz.	Ali and you are teachers.
Siz genç öğretmensiniz.	You are young teachers.

AMA, FAKAT

Ama, fakat (= but) are conjunctions joining sentences together.

Ev büyüktür.	The house is big.
Ev pahalıdır.	The house is expensive.

These two sentences can be joined using **ama/fakat**. In this process the first sentence loses its suffix **-dır** and the second loses its subject.

Ev büyük ama (fakat) pahalıdır.	The house is big but expensive.
Kadın güzeldir.	The woman is beautiful.
Kadın yaşlıdır.	The woman is old.
Kadın güzel ama (fakat) yaşlıdır.	The woman is beautiful but old.
Bardaklar büyüktür.	The glasses are big.
Bardaklar pistir.	The glasses are dirty.
Bardaklar büyük ama (fakat) pistir.	The glasses are big but dirty.

Some Useful Expressions

Günaydın.	Good morning.
İyi akşamlar.	Good evening.
İyi geceler.	Good night.

There is no Turkish equivalent to the English 'good afternoon'. Use **iyi günler** instead.

İyi günler.	Good day(s).

İyi günler can be used at any time of day, and as an expression of farewell.

Merhaba.	Hello, Hi.

Merhaba is used as a greeting, at any time.

110

A

Make sentences using the personal pronoun given.

1. ben - doktor
2. sen - mühendis
3. biz - öğrenci
4. siz - yaşlı
5. o - memur
6. onlar - dişçi
7. sen ve ben - öğretmen
8. ben - işçi
9. onlar - büyük
10. siz - şoför
11. biz - sütçü
12. o - genç
13. sen - hemşire
14. ben - işadamı
15. biz - mühendis

B

Replace the noun with an appropriate personal pronoun.

1. Çocuklar bahçededir.
2. Mehmet genç bir mühendistir.
3. Zeynep ve İnci güzel kızdır.
4. Ali ve ben evdeyiz.
5. Metin ve sen gençsiniz.
6. Ev büyüktür.
7. Arabalar ucuzdur.
8. Servet ve ben hemşireyiz.

C

Make sentences, replacing the personal pronoun with a personal suffix.

Example : **Sen - öğrenci ---> Öğrencisin.**

1. Ben - genç bir hemşire
2. Sen - güzel bir kadın
3. O - pahalı bir bilgisayar
4. Siz - mühendis
5. Biz - işadamı

D

Make single sentences out of the pairs given using **ama**.

1. Araba büyüktür. Araba pahalıdır.

2. **Kadın güzeldir. Kadın yaşlıdır.**
3. **Tabaklar büyüktür. Tabaklar pistir.**
4. **Resimler eskidir. Resimler pahalıdır.**

E

Translate into English.

1. **Ayşe güzel bir hemşiredir.**
2. **Biz öğrenciyiz.**
3. **Genç adam doktordur.**
4. **Sen yaşlı bir mühendissin.**
5. **Onlar pahalı arabadır.**
6. **Bu ev büyük ama pahalıdır.**
7. **Siz dişçisiniz.**
8. **Ben uçaktayım.**

F

Translate into Turkish.

1. This man is a policeman.
2. You are a milkman.
3. We are old drivers.
4. Cemile and I are in that car.
5. This picture is old but expensive.
6. I am a businessman.
7. Young woman is in the shop.
8. You are in the bathroom.

PRACTICE 11 - ANSWERS

A. 1. **Ben doktorum.** 2. **Sen mühendissin.** 3. **Biz öğrenciyiz.** 4. **Siz yaşlısınız.** 5. **O memurdur.** 6. **Onlar dişçidir(ler).** 7. **Sen ve ben öğretmeniz.** 8. **Ben işçiyim.** 9. **Onlar büyüktür(-ler).** 10. **Siz şoförsünüz.** 11. **Biz sütçüyüz.** 12. **O gençtir.** 13. **Sen hemşiresin.** 14. **Ben işadamıyım.** 15. **Biz mühendisiz.**

B. 1. **Onlar bahçededir(ler).** 2. **O genç bir mühendistir.** 3. **Onlar güzel kızdır(lar).** 4. **Biz evdeyiz.** 5. **Siz gençsiniz.** 6. **O büyüktür.** 7. **Onlar ucuzdur(lar).** 8. **Biz hemşireyiz.**

C. 1. **Genç bir hemşireyim.** 2. **Güzel bir kadınsın.** 3. **O pahalı bir bilgisayardır.** 4. **Mühendissiniz.** 5. **İşadamıyız.**

D. 1. **Araba büyük ama pahalıdır.** 2. **Kadın güzel ama yaşlıdır.** 3. **Tabaklar büyük ama pistir.** 4. **Resimler eski ama pahalıdır.**

E. 1. Ayşe is a beautiful nurse. 2. We are students. 3. The young man is a doctor. 4. You are an old engineer. 5. They are expensive cars. 6. This house is big but expensive. 7. You are dentists. 8. I am on the plane.

F. 1. **Bu adam bir polistir.** 2. **Sen bir sütçüsün.** 3. **Biz yaşlı şoförüz.** 4. **Cemile ve ben şu arabadayız.** 5. **Bu resim eski ama pahalıdır.** 6. **Ben bir işadamıyım.** 7. **Genç kadın dükkândadır.** 8. **Siz banyodasınız.**

FONO açıköğretim kurumu

 temel
TÜRKÇE
kursu

VOCABULARY

ZENGİN

O kadın zengindir.

RICH

That woman is rich.

FAKİR

Şu adam fakir midir
yoksa zengin midir?

POOR

Is that man poor or rich?

AVUKAT

Avukat evdedir.

LAWYER

The lawyer is at home.

ASKER

Bahçede askerler var.

SOLDIER

There are soldiers in the garden.

SEKRETER

Dükkânda bir sekreter var.

SECRETARY

There is a secretary in the shop.

SOKAK

Arabalar sokaktadır.

STREET

The cars are in the street.

İYİ

O iyi bir çocuktur.

GOOD, WELL, FINE

She is a good child.

KÖTÜ

O kötü bir adamdır.

BAD

He is a bad man.

113

YORGUN Yaşlı adam yorgundur.		**TIRED** The old man is tired.
AYAKKABI Büyük ayakkabılar nerededir?		**SHOE** Where are the big shoes?
GÖMLEK Şu gömlekler pahalı mıdır?		**SHIRT** Are those shirts expensive?
CEKET Bu ceket eskidir.		**JACKET** This jacket is old.
ŞİMDİ Doktor şimdi hastanededir.		**NOW** The doctor is in the hospital now.

Question Form of Sentences with Personal Suffixes

The question marker **-mı/-mi/-mu/-mü** comes between the word and personal suffix.

To make a question from the statement **Ben zenginim**, insert the question marker **-mi** and add the buffer **y** before the personal suffix.

Ben yaşlı - mı - y - ım?	Am I old?
Ben zengin - mi - y - im?	Am I rich?
Ben yorgun - mu - y - um?	Am I tired?
Ben şoför - mü - y - üm?	Am I a driver?
Ben hemşire miyim?	Am I a nurse?
Ben işçi miyim?	Am I a worker?
Ben memur muyum?	Am I an employee?
Ben sütçü müyüm?	Am I a milkman?
Ben güzel miyim?	Am I beautiful?
Ben yorgun muyum?	Am I tired?
Ben yaşlı mıyım?	Am I old?
Ben evde miyim?	Am I at home?
Ben hastanede miyim?	Am I in the hospital?
Ben odada mıyım?	Am I in the room?

This structure is used to make questions with the other personal suffixes.

Sen yaşlı - mı - sın?	Are you old?
Sen zengin - mi - sin?	Are you rich?
Sen yorgun - mu - sun?	Are you tired?
Sen şoför - mü - sün?	Are you a driver?

Sen hemşire misin?	Are you a nurse?
Sen memur musun?	Are you an employee?
Sen güzel misin?	Are you beautiful?
Sen yorgun musun?	Are you tired?
Sen evde misin?	Are you at home?
Sen odada mısın?	Are you in the room?

O yaşlı - mı - dır?	Is he old?
O zengin - mi - dir?	Is he rich?
O yorgun - mu - dur?	Is he tired?
O şoför - mü - dür?	Is he a driver?

O hemşire midir?	Is he a nurse?
O memur mudur?	Is he an employee?
O güzel midir?	Is he beautiful?
O yorgun mudur?	Is he tired?
O evde midir?	Is he at home?
O odada mıdır?	Is he in the room?

The suffix **dır** is usually omitted.

O yaşlı mı?	Is he old?
O hemşire mi?	Is he a nurse?
O yorgun mu?	Is he tired?

Biz yaşlı - mı - yız?	Are we old?
Biz zengin - mi - yiz?	Are we rich?
Biz yorgun - mu - yuz?	Are we tired?
Biz şoför - mü - yüz?	Are we drivers?

Biz hemşire miyiz?	Are we nurses?
Biz memur muyuz?	Are we employees?
Biz güzel miyiz?	Are we beautiful?
Biz yorgun muyuz?	Are we tired?
Biz evde miyiz?	Are we at home?
Biz odada mıyız?	Are we in the room?

Siz yaşlı - mı - sınız?	Are you old?
Siz zengin - mi - siniz?	Are you rich?
Siz yorgun - mu - sunuz?	Are you tired?
Siz şoför - mü - sünüz?	Are you drivers?

Siz hemşire misiniz?	Are you nurses?
Siz memur musunuz?	Are you employees?
Siz güzel misiniz?	Are you beautiful?
Siz yorgun musunuz?	Are you tired?
Siz odada mısınız?	Are you in the room?
Onlar yaşlı - mı - dır?	Are they old?
Onlar zengin - mi - dir?	Are they rich?
Onlar yorgun - mu - dur?	Are they tired?
Onlar şoför - mü - dür?	Are they drivers?
Onlar hemşire midir?	Are they nurses?
Onlar memur mudur?	Are they employees?
Onlar güzel midir?	Are they beautiful?
Onlar yorgun mudur?	Are they tired?
Onlar evde midir?	Are they at home?
Onlar odada mıdır?	Are they in the room?

NEGATIVE FORM

To put sentences using personal suffixes into the negative, use **değil** after the noun or adjective and add the personal suffix to **değil**.

Ben yaşlı değilim.	I am not old.
Ben zengin değilim.	I am not rich.
Ben genç değilim.	I am not young.
Ben doktor değilim.	I am not a doctor.
Ben memur değilim.	I am not an employee.
Ben hemşire değilim.	I am not a nurse.
Ben evde değilim.	I am not at home.
Ben sinemada değilim.	I am not in the cinema.
Sen yaşlı değilsin.	You are not old.
Sen zengin değilsin.	You are not rich.
Sen genç değilsin.	You are not young.
Sen doktor değilsin.	You are not a doctor.
Sen memur değilsin.	You are not an employee.
Sen hemşire değilsin.	You are not a nurse.
Sen evde değilsin.	You are not at home.
Sen sinemada değilsin.	You are not in the cinema.
O yaşlı değil(dir).	She is not old.
O zengin değil(dir).	She is not rich.
O genç değil(dir).	She is not young.
O doktor değil(dir).	She is not a doctor.
O memur değil(dir).	She is not an employee.
O hemşire değil(dir).	She is not a nurse.
O evde değil(dir).	She is not at home.
O sinemada değil(dir).	She is not in the cinema.

Biz yaşlı değiliz.	We are not old.
Biz zengin değiliz.	We are not rich.
Biz genç değiliz.	We are not young.
Biz doktor değiliz.	We are not doctors.
Biz memur değiliz.	We are not employees.
Biz hemşire değiliz.	We are not nurses.
Biz evde değiliz.	We are not at home.
Biz sinemada değiliz.	We are not in the cinema.
Siz yaşlı değilsiniz.	You are not old.
Siz zengin değilsiniz.	You are not rich.
Siz genç değilsiniz.	You are not young.
Siz doktor değilsiniz.	You are not doctors.
Siz memur değilsiniz.	You are not employees.
Siz hemşire değilsiniz.	You are not nurses.
Siz evde değilsiniz.	You are not at home.
Siz sinemada değilsiniz.	You are not in the cinema.
Onlar yaşlı değil(dir).	They are not old.
Onlar zengin değil(dir).	They are not rich.
Onlar genç değil(dir).	They are not young.
Onlar doktor değil(dir).	They are not doctors.
Onlar memur değil(dir).	They are not employees.
Onlar hemşire değil(dir).	They are not nurses.
Onlar evde değil(dir).	They are not at home.
Onlar sinemada değil(dir).	They are not in the cinema.

Useful Expressions

Nasılsınız?	How are you?

Typical responses to this question are:

İyiyim, teşekkür ederim.	I am fine, thank you.
Teşekkür ederim, iyiyim.	I am fine, thank you.
İyiyim, sağ olun.	I am fine, thank you.
İdare eder.	I am OK.

Nasılsın is, of course, used with people you can address as **sen**.

A response question is typical, beginning **sen** or **siz**.

Siz nasılsınız?	(And) how are you?
Sen nasılsın?	(And) how are you?

Answer:

Ben de iyiyim, teşekkür ederim.	I too am well, thank you.

Here are some responses expressing appreciation.

Teşekkür ederim.	Thank you.
Çok teşekkür ederim.	Thank you very much.
Teşekkürler.	Thanks.
Çok teşekkürler.	Many thanks.
Sağ olun.	Thank you.
Sağ ol.	Thank you.

Responses:

Bir şey değil.	It is nothing. (Not at all.)
Rica ederim.	Not at all.

Responses can be given by joining these: **Rica ederim, bir şey değil.**

DIALOGUE

ASLI : **Merhaba Hasan.**	Hello Hasan.
HASAN: **Merhaba Aslı.**	Hello Aslı.
ASLI : **Nasılsın?**	How are you?
HASAN: **İyiyim, teşekkür ederim.**	I am fine, thank you.
Sen nasılsın?	And how are you?
ASLI : **Ben de iyiyim.**	I too am well.
HASAN: **Öğretmen nerede?**	Where is the teacher?
ASLI : **Odada.**	She is in the room.
HASAN: **İyi günler.**	Good days. (Goodbye.)
ASLI : **İyi günler.**	Good days. (Goodbye.)

JUNRİ: **Günaydın.**	Good morning.
GÜLAY: **Günaydın.**	Good morning.
JUNRİ: **Banyo nerede?**	Where is the bathroom?
GÜLAY: **Şurada.**	Over there.
JUNRİ: **Banyoda sabun var mı?**	Is there any soap in the bathroom?
GÜLAY: **Evet, var.**	Yes, there is.
JUNRİ: **Mutfak nerede?**	Where is the kitchen?
GÜLAY: **Orada.**	Over there.
JUNRİ: **Mutfakta buzdolabı var mı?**	Is there a refrigerator in the kitchen?
GÜLAY: **Evet, var.**	Yes, there is.
JUNRİ: **Masa var mı?**	Is there a table?
GÜLAY: **Evet, var.**	Yes, there is.
JUNRİ: **Masada peynir var mı?**	Is there any cheese on the table?
GÜLAY: **Hayır, yok.**	No, there isn't.

ÖMER: **Bahçede kim var?**	Who is there in the garden?
IŞIK: **Çocuklar var.**	There are children.
ÖMER: **Kediler de var mı?**	Are there cats, too?
IŞIK: **Evet, var.**	Yes, there are.
ÖMER: **Evde kim var?**	Who is there in the house?
IŞIK: **Ayşe var.**	(There is) Ayşe.
ÖMER: **O öğretmen mi?**	Is she a teacher?

IŞIK: Hayır, değil.	No, she isn't.
ÖMER: Hemşire mi?	Is she a nurse?
IŞIK: Evet, hemşire.	Yes, she is.
ÖMER: O şimdi nerede?	Where is she now?
IŞIK: Hastanede.	She is in the hospital.
ÖMER: Hastane nerede?	Where is the hospital?
IŞIK: Bakırköyde.	It is in Bakırköy.

PRACTICE 12

A

Make sentences using personal pronouns with **işadamı** and **yaşlı**, as below.

Example : **doktor**

1. **Ben doktorum.**
2. **Sen doktorsun.**
3. **O doktordur.**
4. **Biz doktoruz.**
5. **Siz doktorsunuz.**
6. **Onlar doktordur.**

B

Change into questions.

1. **Ben hemşireyim.**
2. **Onlar öğrencidir.**
3. **Ahmet iyi bir doktordur.**
4. **Sen yaşlı bir öğretmensin.**
5. **Biz şimdi evdeyiz.**
6. **Siz iyi bir şoförsünüz.**
7. **O güzel bir kızdır.**
8. **Biz şimdi yorgunuz.**

C

Make these negative.

1. **Biz yaşlı kadınız.**
2. **O küçük bir evdir.**
3. **Ben şimdi okuldayım.**
4. **Sen iyi bir çocuksun.**
5. **Biz sinemadayız.**
6. **Adamlar uçaktadır.**
7. **Siz kötü bir dişçisiniz.**

D

Rewrite using the pronoun given in brackets.

1. **O bir mühendistir. (ben)**
2. **Sen genç bir kadınsın. (o)**
3. **Biz orada değiliz. (siz)**
4. **Ben bir hemşire değilim. (sen)**

119

5. Onlar sinemada mıdır? (biz)
6. Siz iyi dişçi misiniz? (onlar)
7. Ben yaşlı bir sekreter değilim. (siz)
8. O çirkin bir kadındır. (sen)

E

Translate into English.

1. Ben bir mühendis değilim.
2. O iyi bir öğretmendir.
3. Sen genç bir kadınsın.
4. O eski bir cekettir.
5. Biz askeriz.
6. Siz şimdi neredesiniz? Biz şimdi dükkândayız.
7. Biz yorgun değiliz.
8. Onlar hastanede mi? Hayır, değil. Onlar doktor değildir.

F

Translate into Turkish.

1. We are not nurses.
2. Are they good engineers?
3. She is a bad secretary.
4. I am not at home now.
5. Are you tired?
6. You are bad workers.
7. They aren't on the bus.
8. I am an old businessman.

PRACTICE 12 - ANSWERS

A. 1. Ben işadamıyım. Sen işadamısın. O işadamıdır. Biz işadamıyız. Siz işadamısınız. Onlar işadamıdır. Ben yaşlıyım. Sen yaşlısın. O yaşlıdır. Biz yaşlıyız. Siz yaşlısınız. Onlar yaşlıdır.

B. 1. Ben hemşire miyim? 2. Onlar öğrenci midir? 3. Ahmet iyi bir doktor mudur? 4. Sen yaşlı bir öğretmen misin? 5. Biz şimdi evde miyiz? 6. Siz iyi bir şoför müsünüz? 7. O güzel bir kız mıdır? 8. Biz şimdi yorgun muyuz?

C. 1. Biz yaşlı kadın değiliz. 2. O küçük bir ev değildir. 3. Ben şimdi okulda değilim. 4. Sen iyi bir çocuk değilsin. 5. Biz sinemada değiliz. 6. Adamlar uçakta değildir. 7. Siz kötü bir dişçi değilsiniz.

D. 1. Ben bir mühendisim. 2. O genç bir kadındır. 3. Siz orada değilsiniz. 4. Sen bir hemşire değilsin. 5. Biz sinemada mıyız? 6. Onlar iyi dişçi midir? 7. Siz yaşlı bir sekreter değilsiniz. 8. Sen çirkin bir kadınsın.

E. 1. I am not an engineer. 2. She is a good teacher. 3. You are a young woman. 4. It is an old jacket. 5. We are soldiers. 6. Where are you now? We are in the shop now. 7. We aren't tired. 8. Are they in the hospital? No, they aren't. They aren't doctors.

F. 1. Biz hemşire değiliz. 2. Onlar iyi mühendis midir? 3. O kötü bir sekreterdir. 4. Şimdi evde değilim. 5. Sen yorgun musun? 6. Siz kötü işçisiniz. 7. Onlar otobüste değildir. 8. Ben yaşlı bir işadamıyım.

t e m e l
T Ü R K Ç E
k u r s u

DERS 13

VOCABULARY

HAVA Şimdi hava sıcaktır.		WEATHER The weather is hot now.
SICAK Bu oda sıcaktır.		HOT This room is hot.
SOĞUK Orada hava soğuk mudur?		COLD Is it cold there?
SABAH Bu sabah hava kötüdür.		MORNING It is bad this morning.
AKŞAM Bu akşam evde misiniz?		EVENING Are you at home this evening?
İÇİNDE Çantanın içinde ne var?		IN What is there in the bag?

121

ÜSTÜNDE		ON
Masanın üstünde tabaklar var.		There are plates on the table.
YANINDA		NEAR
Araba evin yanındadır.		The car is near the house.
OTOBÜS DURAĞI, DURAK		BUS-STOP
Otobüs durağı nerededir?		Where is the bus-stop?
MARKET, SÜPERMARKET		SUPERMARKET
Markette neler var?		What are there in the market?
ECZANE		CHEMIST'S
Eczane sinemanın yanındadır.		The chemist's is near the cinema.
DENİZ		SEA
Çocuklar şimdi denizdedir.		The children are in the sea now.

İÇİNDE

The word **içinde** (= in) is a preposition. The word before **içinde** names the thing which something or someone is in. To this word, to connect it to **içinde**, is added the suffix **(-n)ın**. The **n** is used as buffer if the word ends in a vowel, and alternatives are **(-n)in, (-n)un, (-n)ün**.

For example, the word **çanta** ends with a vowel, so it takes **-nın**.

çantanın içinde in the bag
buzdolabının içinde in the fridge
eczanenin içinde in the chemist's

bahçenin içinde in the garden
banyonun içinde in the bathroom
kutunun içinde in the box

Park ends with a consonant, and takes **-ın**.

parkın içinde in the park
çatalın içinde in the fork
defterin içinde in the note-book
evin içinde in the room

salonun içinde in the hall
okulun içinde in the school
otobüsün içinde on the bus
gözün içinde in the eye

There are some exceptions. If the word ends with **ç**, **k** or **p**, these letters change to **c**, **ğ** or **b** respectively. However, if the word has only one syllable or has a consonant immediately before the **ç, k, p**, these letters do not change.

ağaç - ağacın
kaşık - kaşığın
sözlük - sözlüğün
uçak - uçağın

bardak - bardağın
mutfak - mutfağın
kitap - kitabın

Let us compare the words **park** and **top**. The word **park** has a consonant before the **k**, so the **k** does not change. Nor does the **p** in **top** change, because **top** has only one syllable.

park - parkın   **top - topun**

Okulun içinde öğrenciler var.	There are students in the school.
Evin içinde çocuklar var.	There are children in the house.
Defterin içinde bir kalem var.	There is a pencil in the notebook.
Otobüsün içinde bir kadın var.	There is a woman in the bus.
Otelin içinde yataklar var.	There are beds in the hotel.
Bahçenin içinde bir kedi var.	There is a cat in the garden.
Lokantanın içinde masalar yok.	There aren't tables in the restaurant.
Hastanenin içinde bir doktor var.	There is a doctor in the hospital.
Sinemanın içinde adamlar var mı?	Are there men in the cinema?
Banyonun içinde bir sabun var.	There is a soap in the bathroom.
Mutfağın içinde buzdolabı ve masa var.	There are a refrigerator and a table in the kitchen.
Bardağın içinde ne var?	What is there in the glass?
Kitabın içinde kalem var.	There is a pencil in the book.
Uçağın içinde o kadın yok.	There isn't that woman in the plane.

Sentences can be made uusing teh suffix **-dir** with **içinde**.

Portakallar sepetin içindedir.	The oranges are in the basket.
Çocuklar odanın içinde midir?	Are the children in the room?
Kedi bahçenin içinde değildir.	The cat isn't in the garden.
Kalem defterin içindedir.	The pencil is in the note-book.
Masalar lokantanın içinde değildir.	The tables aren't in the restaurant.
Sabun banyonun içinde midir?	Is the soap in the bathroom?
O kadın uçağın içindedir.	That woman is in the plane.
Para kitabın içinde değildir.	The money isn't in the book.
Buzdolabı mutfağın içinde midir?	Is the refrigerator in the kitchen?

ÜSTÜNDE

The preposition **üstünde** (= on) has the same characteristics as described for **için-de**.

masanın üstünde	on the table
buzdolabının üstünde	on the refrigerator
sandalyenin üstünde	on the chair
geminin üstünde	on the ship
kutunun üstünde	on the box
radyonun üstünde	on the radio
köprünün üstünde	on the bridge
çatalın üstünde	on the fork
atın üstünde	on the horse
defterin üstünde	on the note-book
evin üstünde	on the house
balonun üstünde	on the baloon
televizyonun üstünde	on the televion
otobüsün üstünde	on the bus
gülün üstünde	on the rose
ağacın üstünde	on the tree
tabağın üstünde	on the plate
uçağın üstünde	on the plane
sözlüğün üstünde	on the dictionary
yatağın üstünde	on the bed
kitabın üstünde	on the book

Masanın üstünde bardaklar var.	There are glasses on the table.
Arabanın üstünde büyük çantalar var.	There are big bags on the car.
Sandalyenin üstünde bir anahtar var.	There is a key on the chair.
Köprünün üstünde bir taksi yok.	There isn't a taxi on the bridge.
Halının üstünde çocuklar var mı?	Are there children on the carpet?
Defterin üstünde sözlük var.	There is a dictionary in the note-book.
Evin üstünde küçük köpekler var.	There are small dogs on the house.
Televizyonun üstünde bardak var mı?	Is there a glass on the television?
Otobüsün üstünde bir kedi yok.	There isn't a cat on the bus.
Atın üstünde bir adam var.	There is a man on the horse.
Ağacın üstünde bir kedi var mı?	Is there a cat on the tree?
Yatağın üstünde elbiseler var.	There are dresses on the bed.
Sözlüğün üstünde bir defter var.	There is a note-book on the dictionary.
Kitabın üstünde uzun bir kalem var.	There is a long pencil on the book.
Köpeğin üstünde ne var?	What is there on the dog?

Let us review this subject using some of the words previously introduced.

masada	on the table
evde	in the house
arabada	in the car
takside	in the taxi
köprüde	on the bridge
sandalyede	on the chair
okulda	in the school
odada	in the room

The same ideas can be expressed using prepositions.

masada - masanın üstünde	on the table
evde - evin içinde	in the house
arabada - arabanın içinde	in the car
takside - taksinin içinde	in the taxi
köprüde - köprünün üstünde	on the bridge
sandalyede - sandalyenin üstünde	on the chair
okulda - okulun içinde	in the school
odada - odanın içinde	in the room

The locational suffix -de/-da might mean either on or in, depending on context. Üstünde and içinde are used to specify which of this is intended, if necessary.

If there is no reason to make this distinction explicit, the locational suffix is usually used, masada, for example, rather than masanın üstünde, evde rather than evin içinde.

Bardaklar masanın üstündedir.	The glasses are on the table.
Sözlük defterin üstündedir.	The dictionary is on the note-book.
Küçük köpekler evin üstünde değildir.	The small dogs aren't on the house.
Kedi otobüsün üstünde midir?	Is the cat on the bus?
Büyük çantalar arabanın üstündedir.	The big bags are on the car.
Anahtar sandalyenin üstünde değildir.	The key isn't on the chair.
Kalem kitabın üstünde midir?	Is the pencil on the book?
Bardak televizyonun üstündedir.	The glass is on the television.
Elbiseler yatağın üstündedir.	The dresses are on the bed.
Taksi köprünün üstünde midir?	Is the taxi on the bridge?
Güzel kadın atın üstündedir.	The beautiful woman is on the horse.
Çocuklar halının üstünde değildir.	The children aren't on the carpet.

YANINDA

Another preposition, yanında (= near) differs from üstünde and içinde in that these can be expressed using the -de/-da suffix whereas there is no such suffix equivalent for yanında.

kapının yanında	near the door

lokantanın yanında	near the restaurant
hastanenin yanında	near the hospital
pencerenin yanında	near the window
kutunun yanında	near the box
radyonun yanında	near the radio
köprünün yanında	near the bridge
fincanın yanında	near the cup
kızın yanında	near the girl
evin yanında	near the house
resimin yanında	near the picture
okulun yanında	near the school
televizyonun yanında	near the television
otobüsün yanında	near the bus
şoförün yanında	near the driver
ağacın yanında	near the tree
sözlüğün yanında	near the dictionary
yatağın yanında	near the bed
uçağın yanında	near the plane
köpeğin yanında	near the dog
kitabın yanında	near the book

Kapının yanında bir sandalye var.	There is a chair near the door.
Lokantanın yanında bir sinema var.	There is a cinema near the restaurant.
Pencerenin yanında büyük bir masa var.	There is a big table near the window.
Köprünün yanında park var mı?	Is there a park near the bridge?
Radyonun yanında televizyon yok.	There isn't a television near the radio.
Kızın yanında bir kedi var mı?	Is there a cat near the girl?
Evin yanında bir bahçe yok.	There isn't a garden near the house.
Otobüsün yanında şoför var.	There is a driver near the bus.
Otelin yanında bir eczane var.	There is a chemist's near the hotel.
Ağacın yanında çocuklar var.	There are the children near the tree.
Sözlüğün yanında defter var mı?	Is there a note-book near the dictionary?
Yatağın yanında dolap yok.	There isn't a cupboard near the bed.
Köpeğin yanında bir kedi var.	There is a cat near the dog.
Kitabın yanında bir kalem var.	There is a pencil near the book.
Sandalye kapının yanındadır.	The chair is near the door.
Sinema lokantanın yanında mıdır?	Is the cinema near the restaurant?
Büyük masa pencerenin yanındadır.	The big table is near the window.
Park köprünün yanında değildir.	The park isn't near the bridge.
Kedi kızın yanındadır.	The cat is near the girl.
Şoför otobüsün yanında değildir.	The driver isn't near the bus.
Eczane otelin yanında mıdır?	Is the chemist's near the hotel?
Bahçe evin yanındadır.	The garden is near the house.

126

Çocuklar ağacın yanında değildir.	The children aren't near the tree.
Dolap yatağın yanındadır.	The cupboard is near the bed.
Kedi köpeğin yanındadır.	The cat is near the dog.
Kalem kitabın yanında mıdır?	Is the pencil near the book?

NUMBERS

We have seen the numbers 0-10.

sıfır	zero
bir	one
iki	two
üç	three
dört	four
beş	five
altı	six
yedi	seven
sekiz	eight
dokuz	nine
on	ten

Now, we see numbers up to 100.

on	ten
on bir	eleven
on iki	twelve
on üç	thirteen
on dört	fourteen
on beş	fifteen
on altı	sixteen
on yedi	seventeen
on sekiz	eighteen
on dokuz	nineteen
yirmi	twenty

yirmi bir	twenty one
yirmi iki	twenty two
yirmi üç	twenty three
yirmi dört	twenty four
yirmi beş	twenty five
yirmi altı	twenty six
yirmi yedi	twenty seven
yirmi sekiz	twenty eight
yirmi dokuz	twenty nine
otuz	thirty

kırk	forty
elli	fifty
altmış	sixty
yetmiş	seventy
seksen	eighty
doksan	ninety
yüz	hundred

yedi çocuk	seven children
on iki kalem	twelve pencils
on beş öğrenci	fifteen students
yirmi iki oda	twenty two rooms
yirmi sekiz öğretmen	twenty eight teachers
otuz üç işçi	thirty three workmen
kırk beş ev	forty five houses
altmış beş çanta	sixty five bags
seksen iki kedi	eighty two cats
doksan dört kapı	ninety four doors

The word **tane** is often used after the number.

yedi tane çocuk	seven children
on iki tane kalem	twelve pencils
on beş tane öğrenci	fifteen students
kırk beş tane ev	forty five houses
altmış beş tane çanta	sixty five bags
seksen iki tane kedi	eighty two cats
doksan dört tane kapı	ninety four doors

Evde yedi tane çocuk var.	There are seven children in the house.
Evde yedi çocuk var.	There are seven children in the house.

The two sentences above have the same basic meaning.

Çantada on iki tane kalem var.	There are twelve pencils in the bag.
Okulda on beş tane öğrenci var.	There are fifteen students in the school.
Burada kırk beş tane ev var.	There are forty five houses here.
Fabrikada altmış beş tane çanta var.	There are sixty five bags in the factory.
Parkta seksen iki tane kedi var.	There are eighty two cats in the park.
Orada doksan dört tane kapı var.	There are ninety four doors there.

DIALOGUE

ADNAN : Merhaba.	Hello.
YILDIZ: Merhaba Adnan.	Hello Adnan.
ADNAN : Nasılsın?	How are you?
YILDIZ: Sağ ol, iyiyim. Sen nasılsın?	Fine, thanks. And you?
ADNAN : Ben de iyiyim.	I too am well.
YILDIZ: Bu sabah deniz soğuk mu?	Is the sea cold this morning?
ADNAN : Hayır değil, ama hava soğuk.	No it isn't, but the weather is cold.
YILDIZ: Evet. Bu akşam otelde misin?	Yes. Are you at the hotel this evening?
ADNAN : Hayır, değilim. Evdeyim.	No, I am not. I am at home.
YILDIZ: Ev nerede?	Where is the house?
ADNAN : Lokantanın yanında.	It's near the restaurant.
YILDIZ: İyi günler.	Have a nice day. Goodbye.
ADNAN : İyi günler.	Have a nice day. Bye.

A

Answer these questions using the words in brackets.

1. Kalem nerededir? (masanın üstünde)
2. Çocuk nerededir? (arabanın içinde)
3. Bardaklar nerededir? (dolabın içinde)
4. Okul nerededir? (fabrikanın yanında)
5. Köpek nerededir? (evin üstünde)
6. Sandalyeler nerededir? (salonun içinde)
7. Şoför nerededir? (otobüsün yanında)
8. Elbiseler nerededir? (yatağın üstünde)

B

Add the appropriate suffix.

1. ev - içinde
2. kapı - yanında
3. top - üstünde
4. salon - içinde
5. köprü - üstünde
6. tabak - içinde
7. ağaç - yanında
8. buzdolabı - üstünde
9. kitap - üstünde
10. at - yanında

C

Rewrite as in the example.

Example : **Odanın içinde yatak var.**
           Odada yatak var.

1. Evin içinde polisler var.
2. Köprünün üstünde arabalar var.
3. Arabanın içinde çanta var.
4. Buzdolabının içinde peynir var.
5. Kutunun içinde kitaplar var.

D

Rewrite with appropriate prepositions as in the example.

Example : **Odada yatak var.**   --->   **Odanın içinde yatak var.**

1. Yatakta elbiseler var.

2. **Bahçede kediler var.**
3. **Okulda öğretmenler var.**
4. **Masada bilgisayar ve radyo var.**
5. **Sepette portakal ve elma var.**

E

Rewrite as in the example.

Example : **Odanın içinde yatak var.**
Yatak odanın içindedir.

1. **Fabrikanın içinde işçiler var.**
2. **Evin yanında park var.**
3. **Sandalyenin üstünde kitaplar var.**
4. **Ağacın üstünde kedi var.**
5. **Hastanenin yanında eczane var.**

F

Write these numbers as words.

6 - 9 - 16 - 24 - 35 - 48 - 53 - 61 - 72 - 89 - 93

PRACTICE 13 - ANSWERS

A. 1. Kalem masanın üstündedir. 2. Çocuk arabanın içindedir. 3. Bardaklar dolabın içindedir. 4. Okul fabrikanın yanındadır. 5. Köpek evin üstündedir. 6. Sandalyeler salonun içindedir. 7. Şoför otobüsün yanındadır. 8. Elbiseler yatağın üstündedir.

B. 1. evin içinde 2. kapının yanında 3. topun üstünde 4. salonun içinde 5. köprünün üstünde 6. tabağın içinde 7. ağacın yanında 8. buzdolabının üstünde 9. kitabın üstünde 10. atın yanında

C. 1. Evde polisler var. 2. Köprüde arabalar var. 3. Arabada çanta var. 4. Buzdolabında peynir var. 5. Kutuda kitaplar var.

D. 1. Yatağın üstünde elbiseler var. 2. Bahçenin içinde kediler var. 3. Okulun içinde öğretmenler var. 4. Masanın üstünde bilgisayar ve radyo var. 5. Sepetin içinde portakal ve elma var.

E. 1. İşçiler fabrikanın içindedir. 2. Park evin yanındadır. 3. Kitaplar sandalyenin üstündedir. 4. Kedi ağacın üstündedir. 5. Eczane hastanenin yanındadır.

F. altı - dokuz - on altı - yirmi dört - otuz beş - kırk sekiz - elli üç - altmış bir - yetmiş iki - seksen dokuz - doksan üç

temel TÜRKÇE kursu

DERS 14

VOCABULARY

ALTINDA

Ağacın altında bir adam var.

UNDER

There is a man under the tree.

ARKASINDA

Polis evin arkasındadır.

BEHIND

The policeman is behind the house.

ÖNÜNDE

Öğrenciler okulun önünde midir?

IN FRONT OF

Are the students in front of the school?

RENK

Elbise ne renktir?

COLOUR

What colour is the dress?

MAVİ

O top mavidir.

BLUE

That ball is blue.

SİYAH

Araba siyah mıdır?

BLACK

Is the car black?

YEŞİL

Yeşil elbise nerededir?

GREEN

Where is the green dress?

131

BEYAZ		WHITE
Kediler beyazdır.		The cats are white.

KIRMIZI		RED
Kırmızı çanta sandalyenin üstündedir.		The red bag is on the chair.

SARI		YELLOW
Sarı kutu buradadır.		The yellow box is here.

NASIL		HOW
Bugün nasılsınız?		How are you today?

KAHVERENGİ		BROWN
Kahverengi ev sinemanın yanındadır.		The brown house is near the cinema.

BUGÜN		TODAY
Ben bugün evdeyim.		I am at home today.

Short Answers to Questions with Personal Pronouns

Answers to question **Sen bir öğretmen misin?** might be;

Evet, ben bir öğretmenim.   or   **Hayır, ben bir öğretmen değilim.**

short answers would be;

Evet, öğretmenim.   or   **Hayır, değilim.**

Look at these examples.

O bir doktor mudur?	**Evet, doktordur.**
Is he a doctor?	Yes, he is.
O hastanede midir?	**Hayır, değildir.**
Is she in the hospital?	No, she isn't.
Sen bahçede misin?	**Evet, bahçedeyim.**
Are you in the garden?	Yes, I am.
Sen bir avukat mısın?	**Hayır, değilim.**
Are you a lawyer?	No, I am not.
Siz işçi misiniz?	**Evet, işçiyiz.**
Are you workmen?	Yes, we are.

Siz lokantada mısınız?	**Hayır, değiliz.**
Are you in the restaurant?	No, we aren't.
Onlar hemşire midir?	**Evet, hemşiredir.**
Are they nurses?	Yes, they are.
Onlar sinemada mıdır?	**Hayır, değildir.**
Are they in the cinema?	No, they aren't.
Ben bir öğretmen miyim?	**Evet, öğretmensin.**
Am I a teacher?	Yes, you are.
Biz öğrenci miyiz?	**Hayır, değiliz.**
Are we students?	No, we aren't.
Köpek bahçede midir?	**Evet, bahçededir.**
Is the dog in the garden?	Yes, it is.
Sen bir işçi misin?	**Hayır, değilim. Ben işadamıyım.**
Are you a workman?	No, I am not. I am a businessman.
Siz mühendis misiniz?	**Hayır, değiliz. Biz doktoruz.**
Are you engineers?	No, we aren't. We are doctors.

COLOURS

Words for colours like **beyaz, sarı, mavi** (white/yellow/blue) can be used as adjectives or nouns used as adjectives they come before the word they describe.

sarı elbise yellow dress
kırmızı çanta red bag
beyaz top white ball
mavi deniz blue sea

yeşil ağaç green tree
siyah sandalye black chair
kahverengi halı brown carpet

Sarı elbise buradadır.	The yellow dress is here.
Kırmızı çantalar dükkândadır.	The red bags are in the shop.
Beyaz top odadadır.	The white ball is in the room.
Yeşil ağaç bahçededir.	The green tree is in the garden.
Kahverengi halı nerededir?	Where is the brown carpet?

Used as nouns, the suffix **-dır** is added.

Elbise sarıdır.	The dress is yellow.
Top beyazdır.	The ball is white.
Ağaç yeşildir.	The tree is green.
Deniz mavidir.	The sea is blue.
Sandalye siyahtır.	The chair is black.
Halı kahverengi midir?	Is the carpet brown?
Çantalar kırmızı değildir.	Are the bags red?

Ne Renk

The question **ne renk** (= what colour) is used to find out the colour of something.

Çanta ne renktir?	**Çanta beyazdır.**
What colour is the bag?	The bag is white.
Arabalar ne renktir?	**Arabalar mavidir.**
What colour are the cars?	The cars are blue.

Kalem ne renktir?
What colour is the pencil?

Kalem kahverengidir.
The pencil is brown.

Elmalar ne renktir?
What colour are the apples?

Elmalar kırmızıdır.
The apples are red.

In both questions and answers, the suffix **-dır** may be omitted.

Çanta ne renk?
Beyaz.

Kutu ne renk?
Siyah.

NASIL

As in English, the question word **nasıl** (= how) has various uses.

Sen nasılsın?	How are you?
Siz nasılsınız?	How are you?
O nasıl?	How is she?
Çocuklar nasıl?	How are the children?
Fatma nasıl?	How is Fatma?
Hemşire nasıl?	How is the nurse?
Ev nasıl?	How is the house?
Bu araba nasıl?	How is this car?
Şu elbise nasıl?	How is that dress?
Hava nasıl?	How is the weather? (What is the weather like?)

Here are answers to these questions.

Ben iyiyim.	I am fine.
Biz iyiyiz.	We are fine.
O iyidir.	She is fine.
Çocuklar kötüdür.	The children are bad.
Fatma iyidir.	Fatma is well.
Hemşire iyidir.	The nurse is well.
Ev büyüktür.	The house is big.
Bu araba eskidir.	This car is old.
Şu elbise uzundur.	That dress is long.
Hava sıcaktır.	The weather is hot.

ARKASINDA

Another preposition, **arkasında** (= behind) follows the same rules given for previous prepositions.

kapının arkasında	behind the door	**parkın arkasında**	behind the park
öğrencinin arkasında	behind the student	**evin arkasında**	behind the house
kutunun arkasında	behind the box	**okulun arkasında**	behind the school
köprünün arkasında	behind the bridge	**otobüsün arkasında**	behind the bus

ağacın arkasında	behind the tree	**yatağın arkasında**	behind the bed
bardağın arkasında	behind the glass	**çocuğun arkasında**	behind the child

Kapının arkasında bir adam var.	There is a man behind the door.
Kedinin arkasında bir köpek var.	There is a dog behind the cat.
Kutunun arkasında top var mı?	Is there a ball behind the box?
Köprünün arkasında bir ev var.	There is a house behind the bridge.
Hastanenin arkasında eczane var.	There is a chemist's behind the hospital.

Parkın arkasında bir hastane yok.	There isn't a hospital behind the park.
Evin arkasında bahçe var mı?	Is there a garden behind the house?
Doktorun arkasında hemşireler var.	There are nurses behind the doctor.
Otobüsün arkasında bir taksi var.	There is a taxi behind the bus.

Ağacın arkasında ev var mı?	Is there a house behind the tree?
Bardağın arkasında şişe var.	There is a bottle behind the glass.
Yatağın arkasında bir dolap var.	There is a cupboard behind the bed.
Sözlüğün arkasında defter yok.	There isn't a note-book behind the dictionary.

Adam kapının arkasındadır.	The man is behind the door.
İşçiler fabrikanın arkasındadır.	The workers are behind the factory.
Top kutunun arkasında değildir.	The ball isn't behind the box.
Ev köprünün arkasında mıdır?	Is the house behind the bridge?

Hastane parkın arkasındadır.	The hospital is behind the park.
Bahçe evin arkasında değildir.	The garden isn't behind the house.
Hemşireler doktorun arkasında mıdır?	Are the nurses behind the doctor?
Taksi otobüsün arkasındadır.	The taxi is behind the bus.

Ev ağacın arkasındadır.	The house is behind the tree.
Bardak şişenin arkasında değildir.	The glass isn't behind the bottle.
Dolap yatağın arkasındadır.	The cupboard is behind the bed.
Defter sözlüğün arkasında mıdır?	Is the note-book behind the dictionary?

ALTINDA

Altında (= under) is another preposition.

buzdolabının altında	under the fridge
pencerenin altında	under the window
kutunun altında	under the box
köprünün altında	under the bridge
fincanın altında	under the cup
sepetin altında	under the basket
televizyonun altında	under the television
otobüsün altında	under the bus

ağacın altında	under the tree
bardağın altında	under the glass
yatağın altında	under the bed
kitabın altında	under the book

| Çantanın altında bir kitap var. | There is a book under the bag. |
| Buzdolabının altında kalem var mı? | Is there a pencil under the refrigerator? |

135

Kutunun altında anahtar yok.	There isn't a key under the box.
Kedinin altında küçük bir kutu var.	There is a small box under the cat.
Köprünün altında gemi yok.	There isn't a ship under the bridge.
Fincanın altında tabak var.	There is a plate under the cup.
Sepetin altında halı yok.	There isn't a carpet under the basket.
Televizyonun altında masa var mı?	Is there a table under the television?
Otobüsün altında küçük bir köpek var.	There is a small dog under the bus.
Ağacın altında çocuklar var.	There are children under the tree.
Yatağın altında kedi yok.	There isn't a cat under the bed.
Sözlüğün altında bir kalem var.	There is a pen under the dictionary.
Kitabın altında kalem var mı?	Is there a pencil under the book?
Kitap çantanın altındadır.	The book is under the bag.
Kalem buzdolabının altında mıdır?	Is the pencil under the refrigerator?
Anahtar kutunun altında değildir.	The key isn't under the box.
Gemi köprünün altındadır.	The ship is under the bridge.
Tabak fincanın altındadır.	The plate is under the cup.
Halı sepetin altında değildir.	The carpet isn't under the basket.
Masa televizyonun altında mıdır?	Is the table under the television?
Küçük köpek otobüsün altındadır.	The small dog is under the bus.
Çocuklar ağacın altındadır.	The children are under the tree.
Kedi yatağın altında değildir.	The cat isn't under the bed.
Defter sözlüğün altındadır.	The note-book is under the dictionary.
Kalem kitabın altında mıdır?	Is the pencil under the book?

ÖNÜNDE

Önünde (= in front of) is another preposition.

lokantanın önünde	in front of the restaurant
pencerenin önünde	in front of the window
kutunun önünde	in front of the box
köprünün önünde	in front of the bridge
adamın önünde	in front of the man
öğretmenin önünde	in front of the teacher
okulun önünde	in front of the school
şoförün önünde	in front of the driver
ağacın önünde	in front of the tree
bardağın önünde	in front of the glass
uçağın önünde	in front of the plane
kitabın önünde	in front of the book
Kapının önünde bir adam var.	There is a man in front of the door.
Sandalyenin önünde çanta yok.	There isn't a bag in front of the chair.
Lokantanın önünde kırmızı bir araba var.	There is a red car in front of the restaurant.

136

Radyonun önünde şişe var mı?	Is there a bottle in front of the radio?
Köprünün önünde arabalar yok.	There aren't (any) cars in front of the bridge.
Adamın önünde bir çocuk var.	There is a child in front of the man.
Öğretmenin önünde öğrenci var mı?	Is there a student in front of the teacher?
Okulun önünde iki kadın var.	There are two women in front of the school.
Otobüsün önünde kedi yok.	There isn't a cat in front of the bus.
Uçağın önünde arabalar var.	There are cars in front of the plane.
Bardağın önünde kaşık yok.	There isn't a spoon in front of the glass.
Kitabın önünde sözlük var mı?	Is there a dictionary in front of the book?
Yatağın önünde dolap var.	There is a cupboard in front of the bed.
Adam kapının önündedir.	The man is in front of the door.
Çanta sandalyenin önünde değildir.	The bag isn't in front of the chair.
Kırmızı araba lokantanın önündedir.	The red car is in front of the restaurant.
Şişe radyonun önünde midir?	Is the bottle in front of the radio?
Çocuk adamın önündedir.	The child is in front of the man.
Öğrenci öğretmenin önünde midir?	Is the student in front of the teacher?
Kedi otobüsün önünde değildir.	The cat isn't in front of the bus.
O televizyonun önündedir.	He is in front of the television.
Arabalar uçağın önündedir.	The cars are in front of the plane.
Kaşık bardağın önündedir.	The spoon is in front of the glass.
Sözlük kitabın önünde midir?	Is the dictionary in front of the book?
Dolap yatağın önünde değildir.	The cupboard isn't in front of the bed.

BİR SOKAK

A STREET

Burası Çamlık Sokak. Eski bir sokaktır. Büyük ve eski evler var. Yeni evler de var.

This place is Çamlık Sokak. It is an old street. There are big and old houses. There are also new houses.

Sokakta bir araba var. Bir adam ve bir çocuk arabanın içindedir. Arabanın önünde bir köpek var. Köpeğin yanında yaşlı bir adam var. Sokakta

There is a car in the street. A man and a child is in the car. There is a dog in front of the car. There is an old man near the dog. There is also a cat in the street

137

kedi de var. O, eski bir evin önündedir. Evin arkasında bahçe var. Ağaçlar ve çiçekler bu bahçededir.

It is in front of an old house. There is a garden behind the house. The trees and the flowers are in this garden.

Eczane eski evin yanındadır. Eczanenin yanında bir dükkân var. Elbiseler ve çantalar dükkânın içindedir. Dükkânın önünde ne var? Sarı bir taksi var. Şoför taksinin yanındadır. O genç bir şofördür. Taksinin üstünde bir köpek var. O ne renk? Beyaz bir köpektir.

The chemist's is near the old house. There is a shop near the chemist's. The dresses are bags in the shop. What is there in front of the shop? There is a yellow taxi. The driver is near the taxi. He is a young driver. There is a dog on the taxi. What colour is it? It is a white dog.

Taksinin önünde bir otobüs var. O, küçük bir otobüstür. Otobüsün içinde dört erkek ve beş kadın var.

There is a bus in front of the taxi. It is a small bus. There are four men and five women in the bus.

Questions and Answers to the Reading Passage

Çamlık Sokak eski mi yoksa yeni midir? Eskidir.
Is Çamlık Sokak old or new?   It is old.

Yeni evler de var mı?   **Evet, var.**
Are there new houses, too?   Yes, there are.

Sokakta bir araba var mı?   **Evet, var.**
Is there a car in the street?   Yes, there is.

Arabanın içinde kimler var?   **Bir adam ve bir çocuk var.**
Who are there in the car?   There are a man and a child in the car.

Arabanın önünde ne var?   **Bir köpek var.**
What is there in front of the car?   There is a dog.

Köpeğin yanında kim var?   **Yaşlı bir adam var.**
Who is there near the dog?   There is an old man.

Sokakta kedi var mı?   **Evet, var.**
Is there a cat in the street?   Yes, there is.

Bahçe nerededir?   **Evin arkasındadır.**
Where is the garden?   It is behind the house.

Bahçede neler var?   **Ağaçlar ve çiçekler var.**
What are there in the garden?   There are trees and flowers.

Eczane nerededir?   **Eski evin yanındadır.**
Where is the chemist's?   It is near the old house.

Dükkânda neler var?   **Elbiseler ve çantalar var.**
What are there in the shop?   There are dresses and bags.

Taksi nerededir?	**Dükkânın önündedir.**
Where is the taxi?	It is in front of the shop.
Şoför genç midir yoksa yaşlı mıdır?	**Gençtir.**
Is the driver young or old?	He is young.
Taksinin üstünde ne var?	**Bir köpek var.**
What is there on the taxi?	There is a dog.
Otobüs büyük müdür yoksa küçük müdür?	**Küçüktür.**
Is the bus big or small?	It is small.
Otobüsün içinde kimler var?	**Dört erkek ve beş kadın var.**
Who are there in the bus?	There are four men and five women.

PRACTICE 14

A

Answer using the words in brackets.

1. **Adam nerededir? (araba - içinde)**
2. **Kadın nerededir? (ev - önünde)**
3. **Köpek nerededir? (ağaç - altında)**
4. **Bilgisayar nerededir? (masa - üstünde)**
5. **Şoför nerededir? (otobüs - arkasında)**
6. **Ev nerededir? (hastane - yanında)**

B

Select the appropriate word.

1. **Ben ...... yim.**	a. doktor	b. işadamı	c. hemşire	d. öğretmen
2. **Hakan evin ..... dir.**	a. yanında	b. altında	c. arkasında	d. önünde
3. **Bu dükkân ..... dir.**	a. küçük	b. büyük	c. pahalı	d. eski
4. **Sen ..... sun.**	a. öğrenci	b. erkek	c. çocuk	d. kötü
5. **Siz ..... sınız.**	a. genç	b. iyi	c. yaşlı	d. çirkin
6. **Biz ..... iz.**	a. iyi	b. öğrenci	c. genç	d. yaşlı

C

Write out as words.

1. **15** 2. **22** 3. **36** 4. **54** 5. **68** 6. **77** 7. **89** 8. **93**

D

Fill the gaps.

1. **Bu elbise ..... renktir?**
2. **Siz nerede .....?**

3. Ben bir hemşire ..... .
4. Kedi ağaç ..... altındadır.
5. Adam sinema ..... içindedir.
6. Biz şimdi parkta ..... .
7. Araba köprü..... üstündedir.
8. Sandalye yatak..... yanındadır.

E

Translate into English.

1. Bu araba ne renktir?
2. Bugün nasılsınız?
3. Bahçede yirmi beş ağaç var.
4. Hemşire arabanın içindedir.
5. Otobüs köprünün üstündedir.
6. Büyük sandalye yatağın yanındadır.
7. Fabrikanın arkasında hastane var.
8. Evin önünde bahçe yok.

F

Translate into Turkish.

1. Is the bag black or brown?
2. Is she a good nurse? No, she isn't.
3. Is Ahmet at home today?
4. What are there in the supermarket?
5. The car is behind the bus.
6. The children aren't in front of the house.
7. Are there big plates on the table?
8. What is there in the box?

PRACTICE 14 - ANSWERS

A. 1. Adam arabanın içindedir. 2. Kadın evin önündedir. 3. Köpek ağacın altındadır. 4. Bilgisayar masanın üstündedir. 5. Şoför otobüsün arkasındadır. 6. Ev hastanenin yanındadır.

B. 1. c 2. d 3. d 4. c 5. c 6. b

C. 1. on beş, 2. yirmi iki, 3. otuz altı, 4. elli dört, 5. altmış sekiz, 6. yetmiş yedi, 7. seksen dokuz, 8. doksan üç

D. 1. ne 2. siniz 3. yim 4. ağacın 5. nın 6. yız 7. nün 8. yatağın

E. 1. What colour is this car? 2. How are you today? 3. There are twenty-five trees in the garden. 4. The nurse is in the car. 5. The bus is on the bridge. 6. The big chair is near the bed. 7. There is a hospital behind the factory. 8. There isn't a garden in front of the house.

F. 1. Çanta siyah mıdır yoksa kahverengi midir? 2. O iyi bir hemşire midir? Hayır, değildir. 3. Ahmet bugün evde midir? 4. Süpermarkette neler var? 5. Araba otobüsün arkasındadır. 6. Çocuklar evin önünde değildir. 7. Büyük tabaklar masanın üstünde midir? 8. Kutunun içinde ne var?

temel
TÜRKÇE
kursu

DERS 15

VOCABULARY

KAÇ, KAÇ TANE		HOW MANY
Masada kaç tane tabak var?		How many plates are there on the table?
AÇIK		OPEN
Pencere açık değildir.		The window isn't open.
KAPALI		CLOSED
O kapı açık mıdır yoksa kapalı mıdır?		Is that door open or closed?
MANAV		GREENGROCER'S
Manav süpermarketin yanındadır.		The greengrocer's is near the supermarket.
KASAP (DÜKKÂNI)		BUTCHER'S
Kasap (dükkânı) yakın mıdır?		Is the butcher's near?
PEMBE		PINK
Odada pembe bir dolap var.		There is a pink cupboard in the room.

141

MOR		PURPLE
Bahçede mor çiçekler var.		There are purple flowers in the garden.
YASTIK		CUSHION
Sarı yastık yatağın üstünde midir?		Is the yellow cushion on the bed?
YAKIN		NEAR
Otobüs durağı yakın değildir. Uzaktır.		The bus-stop isn't near. It is far.
UZAK		FAR
Şu fabrika uzaktır.		That factory is far.
BALKON		BALCONY
Balkonda küçük bir masa var.		There is a small table in the balcony.
PERDE		CURTAIN
Perdeler kapalıdır.		The curtains are closed.

KAÇ TANE

We have already seen the word **tane**.

> **beş tane kedi**
> **sekiz tane kalem**
> **on beş tane çocuk**
> **otuz tane defter**

To ask for the number of something, **kaç tane** (= how many) is used.

kaç tane ev	how many houses
kaç tane çocuk	how many children
kaç tane elma	how many apples
kaç tane yastık	how many cushions
kaç tane koltuk	how many armchairs

To make a complete sentence using **kaç tane**, follow this structure. At the beginning of the sentence comes the place (if there is one):

Bahçede .....

then comes **kaç tane**: **Bahçede kaç tane ..... ?**

After the question word comes the thing of which we want to know the number:
Bahçede kaç tane ağaç ...... ?

At the end comes **var**.

Bahçede kaç tane ağaç var?	How many trees are there in the garden?

The place need not be specified in the question.

Kaç tane ağaç var?	How many trees are there?
Kaç tane ev var?	How many houses are there?
Kaç tane çocuk var?	How many children are there?
Çantada kaç tane kitap var?	How many books are there in the bag?
Salonda kaç tane koltuk var?	How many armchairs are there in the hall?
Bahçede kaç tane çocuk var?	How many children are there in the garden?
Yatağın üstünde kaç tane yastık var?	How many cushions are there on the bed?
Masanın üstünde kaç tane bardak var?	How many glasses are there on the table?
Evin yanında kaç tane araba var?	How many cars are there near the house?
Balkonda kaç tane sandalye var?	How many chairs are there in the balcony?
Sokakta kaç tane dükkân var?	How many shops are there in the street?
Odada kaç tane sandalye var?	How many chairs are there in the room?
Dört tane sandalye var.	There are four chairs.
Fabrikada kaç tane işçi var?	How many workers are there in the factory?
Elli tane işçi var.	There are fifty workers.
Bahçede kaç tane kedi var?	How many cats are there in the garden?
Üç tane kedi var.	There are three cats.
Evde kaç tane oda var?	How many rooms are there in the house?
Dört tane oda var.	There are four rooms.
Bilgisayarın yanında kaç tane kitap var?	How many books are there near the computer?
İki tane kitap var.	There are two books.

Odada kaç tane pencere var?	How many windows are there in the room?
Üç tane pencere var.	There are three windows.
Duvarda kaç tane resim var?	How many pictures are there on the wall?
Beş tane resim var.	There are five pictures.

In the above sentences, **tane** need not be used.

Evde kaç oda var?	or	**Dört oda var.**	
	or only	**Dört.**	denebilir.

Çantada kaç anahtar var.	İki anahtar var.
Duvarda kaç resim var.	Beş resim var.
Okulda kaç öğretmen var?	On öğretmen var.
Evde kaç halı var?	Altı halı var.

As well as **tane**, numbers might be followed by words for containers, such as **ku-tu/paket/şişe** (box/packet/bottle). We shall return to this subject later.

YAKINDA, UZAKTA

Yakın and **uzak** can be as adjectives.

Ev yakındır.	The house is near.
Okul uzaktır.	The school is a long way.

When **-da** is added they become locational adverbs.

yakında   near   **uzakta**   far

In this form they can be placed at either the beginning or end of sentences.

Yakında bir postane var mı?	Is there a post office near (here)?
Postane yakında mıdır?	Is the post office near?
Yakında bir süpermarket var.	There is a supermarket near (here).
Süpermarket yakındadır.	The supermarket is near.
Uzakta bir fabrika var.	There is a factory far away.
Fabrika uzaktadır.	The factory is a long way.
Uzakta bir ev var.	There is a house far away.
Ev uzaktadır.	The house is a long way.
Yakında iyi bir hastane var mı?	Is there a good hospital near (here)?
Evet, var.	Yes, there is.

| Yakında küçük ve ucuz bir ev var mı? | Is there a small and cheap house near (here)? |
| Hayır, yok. | No, there isn't. |

It is quite common to add **-lar** to these words used adverbally.

yakın -lar - da   **uzak - lar - da**

Yakınlarda bir süpermarket var mı?	Is there a supermarket near here?
Yakınlarda bir eczane var mı?	Is there a chemist's near here?
Yakınlarda bir okul yok.	There isn't a school around here.
Yakınlarda iyi bir hastane var.	There is a good hospital around here.

Bu can be used before **yakınlarda**.

Bu yakınlarda bir süpermarket var mı?	Is there a supermarket around here?
Bu yakınlarda bir eczane yok.	There isn't a chemist's around here.
Bu yakınlarda bir postane var mı?	Is there a post office near here?
Bu yakınlarda iyi bir hastane var.	There's a good hospital around here.

Uzaklarda bir ev var.	There's a house far away.
Uzaklarda bir otobüs durağı var.	There's a bus stop far away.
Uzaklarda küçük bir çocuk var.	There's a little child far away.

| Aydın şimdi uzaklardadır. | Aydın is now far away. |
| Biz şimdi uzaklardayız. | We're now far away. |

We have seen **-de/-da** added to nouns.

masada	on the table
evde	at home
salonda	in the hall
bahçede	in the garden
okulda	at school

-De, -da may also be added to personal pronouns.

bende	on me
sende	on you
onda	on him/her/it
bizde	on us
sizde	on you
onlarda	on them

* When **-da** is added to **o** the letter **n** is added.

Bende para yok.	I haven't got any money on me.
Sende kalem var mı?	Have you got a pen on you (with you)?
Onda bir kitap var.	He's got a book with him.

Top bizdedir.	We have got the ball (with us).
Anahtar sizde değildir.	You haven't got the key (with you).
Kedi onlardadır.	They have got the cat (at their house).

Here are some examples showing how **-de/-da** is used.

Adamda bir defter var.	The man has got a note-book.
Selmada bilgisayar yok.	Selma hasn't got a computer.
Telefonda kim var?	Who is on the phone?
Yemekte ne var?	What is for lunch/dinner?
kimde	on whom
Kimde anahtar var?	Who has got a key? (Literally: On whom is there a key?)
Kimde araba var?	Who has got a car? (Literally: On whom is there a car?)
Çanta kimdedir?	Who has got the bag? (Litarelly: On whom is the bag?)
Sözlük kimdedir?	Who has got the dictionary? (Literally: On whom is the dictionary?)

NUMBERS

We have seen numbers 0-100. Numbers after 100 continue in the same way.

101	yüz bir	one hundred and one
102	yüz iki	one hundred and two
103	yüz üç	one hundred and three
104	yüz dört	one hundred and four
105	yüz beş	one hundred and five
106	yüz altı	one hundred and six
107	yüz yedi	one hundred and seven
108	yüz sekiz	one hundred and eight
109	yüz dokuz	one hundred and nine
110	yüz on	one hundred and ten

Now, larger numbers.

100	yüz	one hundred
200	iki yüz	two hundred
300	üç yüz	three hundred
400	dört yüz	four hundred
500	beş yüz	five hundred
600	altı yüz	six hundred
700	yedi yüz	seven hundred
800	sekiz yüz	eight hundred

900	**dokuz yüz**	nine hundred
1000	**bin**	thousand
1100	**bin yüz**	one thousand one hundred
2000	**iki bin**	two thousand
5000	**beş bin**	five thousand
6500	**altı bin beş yüz**	six thousands five hundred
10.000	**on bin**	ten thousand
20.000	**yirmi bin**	twenty thousand
55.000	**elli beş bin**	fifty five thousand
100.000	**yüz bin**	one hundred thousand
300.000	**üç yüz bin**	three hundred thousand
700.000	**yedi yüz bin**	seven hundred thousand
1.000.000	**bir milyon**	one million
1.200.000	**bir milyon iki yüz bin**	one million two hundred thousand
2.350.000	**iki milyon üç yüz elli bin**	two millon three hundred and fifty thousand
10.000.000	**on milyon**	ten millon
1.000.000.000	**bir milyar**	one billion

ile

İle has two functions. First, it is similar to **ve** (= and).

Ahmet ile Ayşe	Ahmet and Ayşe
çocuk ile kedi	the child and the cat
bardak ile tabak	the glass and the plate
defter ile kalem	the note-book and the pencil
doktor ile hemşire	the doctor and the nurse
sen ile ben	you and I

Ahmet ile Ayşe buradadır.	Ahmet and Ayşe is here.
Çocuk ile kedi bahçede mi?	Are the child and the cat in the garden?
Bardak ile tabak masanın üstündedir.	The glass and the plate are on the table.
Defter ile kalem çantanın içindedir.	The note-book and the pencil are in the bag.
Doktor ile hemşire hastanede değildir.	The doctor and the nurse aren't in the hospital.
Sen ile ben yorgun değiliz.	You and I aren't tired.

Second, **ile** is similar to **birlikte** (= with).

İşadamı sekreter ile beraberdir.	The businessman is with the secretary.
O, Ali ile beraberdir.	She is with Ali.
Kadın köpek ile beraber evdedir.	The woman is at home with the dog.

Further explanation of **ile**, **birlikte** is given later.

İle is not normally used as above - instead the **i** is omitted and **-le/-la** added as a suffix, according to vowel harmony. The buffer **y** is added before **-le/-la** if the word ends in a vowel.

after e, i, ö, ü   --> **-le(-yle)**   after a, ı, o, u   --> **-la(-yla)**

Ahmetle Ayşe	**bardakla tabak**
defterle kalem	**çocukla kedi**
senle ben	**doktorla hemşire**
evle araba	**adamla kadın**
kediyle köpek	**kutuyla çanta**
hastaneyle postane	**işadamıyla sekreter**
köprüyle ev	**radyoyla bilgisayar**
gemiyle tren	**halıyla sandalye**

Kediyle köpek bahçededir.   The cat and the dog are in the garden.
Defterle kalem ne;ededir?   Where are the note-book and the pencil?
Senle ben öğretmeniz.   You and I are teachers.
Hastaneyle postane yakındır.   The hospital and the post-office are near.

Bardakla tabak masadadır.   The glass and the plate are on the table.
Masada radyoyla bilgisayar var.   There are a radio and a computer on the table.

Odada halıyla sandalye yok.   There aren't a carpet and a chair in the room.

Doktorla hemşire hastanededir.   The doctor and the nurse are in the hospital.

Doktor hemşireyle beraberdir.   The doctor is together with the nurse.
Kadın köpekle beraber parktadır.   The woman is in the park together with the dog.

Kız öğretmenle beraber değildir.   The girl isn't together with the teacher.

DIALOGUE

MELEK : Dükkânda kaç elbise var?   How many dresses are there in the shop?

NİLAY : On beş tane.   There are fifteen.
MELEK : Elbiseler nerede?   Where are they?
NİLAY : Orada. Dolabın içinde.   There. They are in the cupboard.
MELEK : Kaç tane çanta var?   How many bags are there?
NİLAY : Otuz tane.   There are thirty.
MELEK : Çantalar ne renk?   What colour are the bags?
NİLAY : Yeşil. Kahverengi de var.   They are green. There are also brown ones.

ADAM : Bu yakınlarda bir postane var mı?   Is there a post-office near here?
KADIN: Evet, var.   Yes, there is.
ADAM : Uzak mı yoksa yakın mı?   Is it far or near?

KADIN: Yakın. Şurada, Fatih Sokakta. It is near. It is over there, in Fatih Street.
ADAM : Fatih Sokak neresidir? Where is Fatih Street?
KADIN: Şurası. Postane lokantanın It is there. The post-office is near the res-
yanındadır. taurant.
ADAM : Postane şimdi açık mı? Is it open now?
KADIN: Evet, açık. Yes, it is.
ADAM : Çok teşekkür ederim. Thank you very much.
KADIN: Bir şey değil. Not at all.

PRACTICE 15

A

Answer, using the number given in brackets.

1. Evde kaç tane oda var? (4)
2. Masada kaç tane bardak var? (8)
3. Fabrikada kaç tane işçi var? (125)
4. Okulda kaç tane öğrenci var? (250)
5. Bahçede kaç tane ağaç var? (10)
6. Denizde kaç tane çocuk var? (13)

B

Put the words in correct order.

1. var - masa - odada - iki
2. kaç - elma - tane - var - sepette
3. nerededir - elbise - kırmızı
4. hastanede - doktorla - değildir - hemşire
5. sizde - değildir - bilgisayar
6. yakınlarda - bu - bir - var - mı - otel
7. bir - ev - bu - mi - yoksa - otel - mi - bir
8. halı - büyük - mı - salonda
9. kutu - kırmızı - altındadır - masanın
10. önünde - arabanın - otobüs - mi

C

Rewrite using **ile** as a suffix, as in the example.

Example : **Öğrenci ile öğretmen buradadır.**   **Öğrenciyle öğretmen buradadır.**

1. Pencere ile kapı açıktır.
2. Otobüs ile araba sokaktadır.
3. Defter ile kalem çantanın içindedir.
4. Elma ile portakal buzdolabının içindedir.
5. Kız kedi ile beraberdir.

149

D

Translate into English.

1. **Adamla kadın evdedir.**
2. **Bu yakınlarda iyi bir lokanta var mı?**
3. **Hastanede kaç tane doktor var?**
4. **Beyaz elbise nerededir? Yatağın üstündedir.**
5. **Bende para yok.**
6. **Odada yeşil bir halı var.**
7. **Kimde anahtar var?**
8. **Adam otobüs durağının yanında mı?**
9. **Çocukla kadın şimdi banyodadır.**
10. **Büyük sözlük kimdedir?**

E

Translate into Turkish.

1. How many children are there in the balcony?
2. The worker and the businessman are in the factory.
3. The curtains are closed. Where are they?
4. The driver is behind the car.
5. Is there a big tree near here?
6. Is the wall blue or white?
7. There are one hundred and twenty five bags in the shop.
8. Is the greengrocer's near? No, it isn't. It is far.
9. There are two green cushions on the bed.
10. How many pictures are there on the wall?

PRACTICE 15 - ANSWERS

A. 1. **Evde dört tane oda var.** 2. **Masada sekiz tane bardak var.** 3. **Fabrikada yüz yirmi beş tane işçi var.** 4. **Okulda iki yüz elli tane öğrenci var.** 5. **Bahçede on tane ağaç var.** 6. **Denizde on üç tane çocuk var.**

B. 1. **Odada iki masa var.** 2. **Sepette kaç tane elma var?** 3. **Kırmızı elbise nerededir?** 4. **Doktorla hemşire hastanede değildir.** 5. **Bilgisayar sizde değildir.** 6. **Bu yakınlarda bir otel var mı?** 7. **Bu bir ev mi yoksa bir otel mi?** 8. **Büyük halı salonda mı?** 9. **Kırmızı kutu masanın altındadır.** 10. **Otobüs arabanın önünde mi?**

C. 1. **Pencereyle kapı açıktır.** 2. **Otobüsle araba sokaktadır.** 3. **Defterle kalem çantanın içindedir.** 4. **Elmayla portakal buzdolabının içindedir.** 5. **Kız kediyle beraberdir.**

D. 1. The man and the woman are at home. 2. Is there a good restaurant near here? 3. How many doctors are there in the hospital? 4. Where is the white dress? It is on the bed. 5. There isn't any money on me. 6. There is a green carpet in the room. 7. Who has got the key? (Literally: On whom is there a key?) 8. Is the man near the bus-stop? 9. The child and the woman are in the bathroom now. 10. Who has got the big dictionary (Literally: On whom is the big dictionary?)

E. 1. **Balkonda kaç (tane) çocuk var?** 2. **İşçiyle işadamı fabrikadadır.** 3. **Perdeler kapalıdır. Onlar nerededir?** 4. **Şoför arabanın arkasındadır.** 5. **Bu yakınlarda büyük bir ağaç var mı?** 6. **Duvar mavi midir yoksa beyaz mıdır?** 7. **Dükkânda yüz yirmi beş tane çanta var.** 8. **Manav yakın mıdır? Hayır, değildir. O uzaktır.** 9. **Yatağın üstünde iki yeşil yastık var.** 10. **Duvarda kaç (tane) resim var?**

temel
TÜRKÇE
kursu

DERS 16

VOCABULARY

BANKA

Banka açık mıdır?

BANK

Is the bank open?

CADDE

Caddede iki otobüs var.

STREET

There are two buses in the street.

BACA

Evin üstünde uzun bir baca var.

CHIMNEY

There is a long chimney on the house.

KAHVE

Masanın üstünde bir fincan kahve var.

COFFEE

There is a cup of coffee on the table.

ÇAY

Evde çay var mı?

TEA

Is there any tea in the house?

SÜT

Buzdolabında iki şişe süt var.

MILK

There are two bottles of milk in the fridge.

151

EKMEK

Süpermarkette ekmek var mı?

BREAD

Is there any bread in the supermarket?

ET

Buzdolabında bir kilo et var.

MEAT

There are one kilo of meat in the refrigerator.

SU

Masada bir bardak su var.

WATER

There is a glass of water on the table.

AĞIR

Şu dolap ağırdır.

HEAVY

That cupboard is heavy.

HAFİF

Hafif bir çanta var mı?

LIGHT

Is there a light bag?

ŞEKER

Masada şeker var mı?

SUGAR

Is there any sugar on the table?

QUANTIFIERS

Some common quantifiers:

kilo	kilo, kilogramme
gram	gramme
dilim	slice
şişe	bottle
fincan	cup
bardak	glass
paket	packet
kutu	box

We have already seen many of these words. **Tane** (seen earlier and not given again here) has a wider meaning (something like piece or item).

Before the quantifiers listed above, a number is given here and then the item.

bir kilo et	one kilo of meat
iki kilo et	two kilos of meat
bir kilo peynir	one kilo of cheese
üç kilo portakal	three kilos of oranges
dört kilo elma	four kilos of apples

Yarım and **buçuk** can both be used with a quantifier like **kilo**.

yarım kilo et	half a kilo of meat
yarım kilo peynir	half a kilo of cheese
yarım kilo elma	half a kilo of apples

Buçuk is used when there is a number.

bir buçuk kilo et	one and a half kilos of meat
bir buçuk kilo peynir	one and a half kilos of cheese
iki buçuk kilo portakal	two and a half kilos of oranges
üç buçuk kilo elma	three and a half kilos of apples
yedi yüz elli gram et	750 grammes of meat
iki yüz elli gram peynir	250 grammes of cheese
bir dilim ekmek	one slice of bread
dört dilim ekmek	four slices of bread
bir şişe su	one bottle of water
iki şişe süt	two bottles of milk
iki fincan çay	two cups of tea
üç fincan kahve	three cups of coffee
bir fincan süt	one cup of milk
dört bardak çay	four glasses of tea
iki bardak su	two glasses of water
üç bardak süt	three glasses of milk
bir paket çay	one packet of tea
bir paket kahve	one packet of coffee
üç paket şeker	three packets of sugar

bir kutu şeker   one box of sugar
iki kutu kahve   two boxes of coffee

COUNTRY, NATIONALITY, LANGUAGE

Different words are used to refer to countries, nationalities and languages. Here is a list.

COUNTRY		NATIONALITY		LANGUAGE	
Türkiye	Türkiye	**Türk**	Turkish	**Türkçe**	Turkish
İngiltere	England	**İngiliz**	English	**İngilizce**	English
Fransa	France	**Fransız**	French	**Fransızca**	French
Almanya	Germany	**Alman**	German	**Almanca**	German
İtalya	Italy	**İtalyan**	Italian	**İtalyanca**	Italian
İspanya	Spain	**İspanyol**	Spanish	**İspanyolca**	Spanish
Amerika	America	**Amerikalı**	American	**İngilizce**	English
Rusya	Russia	**Rus**	Russian	**Rusça**	Russian
Yunanistan	Greece	**Yunan**	Greek	**Yunanca**	Greek
Bulgaristan	Bulgaria	**Bulgar**	Bulgarian	**Bulgarca**	Bulgarian
Çin	China	**Çinli**	Chinese	**Çince**	Chinese
Japonya	Japan	**Japon**	Japanese	**Japonca**	Japanese
İran	Iran	**İranlı**	Iranian	**Farsça**	Persian
Arabistan	Arabia	**Arap**	Arabian	**Arapça**	Arabic

As you can see from this table, there are no fixed rules for making words for nationalities out of words for countries. To make words for languages, however, there is a fixed rule; add the language suffix **-ca/-ce**.

Alman	**Almanca**
İtalyan	**İtalyanca**
İspanyol	**İspanyolca**
Rus	**Rusça**
Japon	**Japonca**
Arap	**Arapça**
Türk	**Türkçe**
Fransız	**Fransızca**
İngiliz	**İngilizce**

To talk about where someone comes from (their hometown, country of origin, etc), use the suffix **-li, -lı, -lu, -lü**.

154

Ankara	Ankaralı	from Ankara
İzmir	İzmirli	from İzmir
İstanbul	İstanbullu	from İstanbul
Ürgüp	Ürgüplü	from Ürgüp

Konya	Konyalı	from Konya
Eskişehir	Eskişehirli	from Eskişehir
Giresun	Giresunlu	from Giresun
Trabzon	Trabzonlu	from Trabzon
Adana	Adanalı	from Adana
Urfa	Urfalı	from Urfa
Antalya	Antalyalı	from Antalya

Nereli

This question is used to ask where someone comes from.

O hemşire nerelidir?	Where is that nurse from?
Bu kadın nerelidir?	Where is this woman from?
Öğretmen nerelidir?	Where is the teacher from?
Sen nerelisin?	Where are you from?
Siz nerelisiniz?	Where are you from?
Onlar nerelidir?	Where are they from?

O İstanbulludur.	He is from Istanbul.
Kadın Edirnelidir.	The woman is from Edirne.
Ben İzmirliyim.	I am from Izmir.

Burası Almanyadır.	This place is Germany.
Orası İngilteredir.	That place is England.
Ahmet şimdi Türkiyededir.	Ahmet is in Türkiye now.
Japonya nerededir?	Where is Japan?
Biz Fransadayız.	We are in France.
İşadamı İspanyadadır.	The businessman is in Spain.

O kadın Almandır.	That woman is German.
Sen Fransızsın.	You are French.
Onlar Amerikalıdır.	They are American.
Ben Türküm.	I am Turkish.
Junri Japondur.	Junri is Japanese.
Mühendis İtalyandır.	The engineer is Italian.

Ali Giresunludur.	Ali is from Giresun.
O adam Urfalıdır.	That man is from Urfa.
Doktor Adanalıdır.	The doctor is from Adana.
Ben İstanbulluyum.	I am from Istanbul.

O kitap İngilizcedir.	That book is in English.
Sözlük Fransızca mıdır?	Is the dictionary in French?
Bu kitap Türkçedir.	This book is in Turkish.
O sözlük Japonca değildir.	That dictionary isn't in Japanese.

Bu Servet. O bir hemşiredir. O İstanbulludur. Genç bir hemşiredir. Servet şimdi hastanede değil. O sinemadadır.	This is Servet. She is a nurse. She is from Istanbul. She is a young nurse. Servet isn't in the hospital now. She is at the cinema.
Şu adam Oğuzdur. O bir işadamıdır. O Antalyalıdır. Genç bir işadamıdır. Oğuz şimdi Antalyada değil. O Almanyadadır.	That man is Oğuz. He is a businessman. He is from Antalya. He is a young businessman. Oğuz isn't in Antalya now. He is in Germany.

PARKTA   IN THE PARK

Bu sabah hava güzel ve sıcak. Sokakta çocuklar var.	It is nice and hot this morning. There are children in the street.
Burası bir park. O büyük bir parktır. Parkın içinde çocuklar, kadınlar ve adamlar var. Büyük ağaçlar ve çiçekler de var. Banklar ağaçların altındadır. Bankın üstünde bir kadın var. O yaşlı bir kadın. Onun yanında küçük bir çocuk ve bir köpek var.	This place is a park. It is a big park. There are children, women and men in the park. There are also big trees and flowers. The benches are under the trees. There is a woman on the bench. She is an old woman. There is a little child and a dog near her.
Ağaçların üstünde kuşlar var. Kahverengi ve sarı kuşlar. Genç bir kadın ve bir adam bir ağacın altındadır.	There are birds on the trees. Brown and yellow birds. The young woman and a young man are under a tree.

156

Parkın arkasında büyük bir ev var. Kapı
kapalıdır. Pencereler açıktır. Balkonda
bir adam var. Orada çiçekler de var.

There is a big house behind the park.
The door is closed. The windows are
open. There is a man on the balcony.
There are also flowers there.

Evde dört tane oda, bir mutfak ve bir
banyo var. Mutfak ve banyo büyüktür.
Masa mutfaktadır. O büyük bir masa-
dır ama buzdolabı küçüktür. Kedi
masanın altındadır.

There are four rooms, one kitchen and
one bathroom in the house. The kitchen
and the bathroom are big. The table is in
the kitchen. It is a big table but the fridge
is small. The cat is under the table.

New Words Used in the Reading Passage

bank : bench

Bankta bir adam var.

There is a man on the bench.

Questions and Answers to the Reading Passage

Hava nasıldır?
What is the weather like?

Hava güzel ve sıcaktır.
It is nice and hot.

Sokakta kimler var?
Who are there in the street?

Çocuklar var.
There are children.

Park büyük müdür yoksa küçük müdür?
Is the park big or small?

O büyüktür.
It is big.

Çocuklar ve kadınlar nerededir?
Where are the children and the women?

Onlar parkın içindedir.
They are in the park.

Banklar nerededir?
Where are the benches?

Onlar ağaçların altındadır.
They are under the trees.

Bankın üstünde kim var?
Who is there on the bench?

Bir kadın var.
There is a woman.

Kadın yaşlı mıdır yoksa genç midir?
Is the woman old or young?

O yaşlıdır.
She is old.

Kadının yanında kimler var?
Who are there near the woman?

Küçük bir çocuk ve köpek var.
There are a little child and a dog.

Kuşlar nerededir?
Where are the birds?

Onlar ağaçların üstündedir.
They are on the trees.

Kuşlar ne renktir?
What colour are the birds?

Onlar kahverengi ve sarıdır.
They are yellow and brown.

Ev parkın önünde midir?
Is the house in front of the park?

Hayır, değildir, parkın arkasındadır.
No is isn't. It is behind the park.

Kapı kapalı mıdır yoksa açık mıdır?
Is the door closed or open?

Kapalıdır.
It is closed.

Balkonda kim var?
Who is there on the balcony?

Bir adam var.
There is a man.

Evde kaç tane oda var?
How many rooms are there in the house?

Dört tane oda var.
There are four rooms.

Masa nerededir?
Where is the table?

O mutfaktadır.
It is in the kitchen.

Kedi nerededir?
Where is the cat?

O masanın altındadır.
It is under the table.

PRACTICE 16

A

Make sentences as shown.

Example : **mühendis - İngiltere**
Mühendis nerelidir?
Mühendis İngilizdir.

1. **şu kadın - İran**
2. **Filiz - Ankara**
3. **bu adam - Amerika**
4. **Carlos - İspanya**
5. **Bu işadamı - İtalya**
6. **Fatma - Türkiye**
7. **öğretmen - Japonya**
8. **bu adam - Fransa**
9. **doktor - Arabistan**
10. **işçiler - Almanya**

B

Write the language for each country.

Türkiye	Rusya
Almanya	İran
Fransa	Arabistan
İtalya	Amerika
İspanya	İngiltere
Japonya	

C

Write positive, negative and question-form sentences using the words given.

1. ben - öğretmen
2. sen - Fransız
3. o - çocuk - çirkin
4. İki - şişe - süt - masanın - üstünde
5. kırmızı - elbise - burada
6. biz - şimdi - evde
7. iki - fincan - kahve - masada
8. çanta - hafif

D

Fill the gaps with an appropriate quantifier.

1. Burada iki ... süt var.
2. Üç ... elma sepettedir.
3. İki ... ekmek var.
4. Şurada dört ... çay var.
5. Bir ... su var.

E

Translate into English.

1. Masanın üstünde üç bardak çay var.
2. Şu hemşire nerelidir?
3. Buzdolabının içinde iki kilo et ve üç şişe süt var.
4. Bu kitap İspanyolcadır.
5. Şu sekreter İtalyandır.
6. Banka açık mıdır yoksa kapalı mıdır?
7. Kırmızı çanta ağırdır ama siyah çanta hafiftir.
8. Caddede kaç tane otobüs ve taksi var?

F

Translate into Turkish.

1. Who is this woman?
2. Where is this teacher from?
3. How many carpets are there in the house?
4. The white car is in front of the shop.
5. There are two packets of tea and three boxes of coffee in the kitchen.
6. She is in Japan now.
7. This dictionary is German.
8. Is that butcher's near or far? It is far.

PRACTICE 16 - ANSWERS

A. 1. Şu kadın İranlıdır. 2. Filiz Ankaralıdır. 3. Bu adam Amerikalıdır. 4. Carlos İspanyoldur. 5. Bu işadamı İtalyandır. 6. Fatma Türktür. 7. Öğretmen Japondur. 8. Bu adam Fransızdır. 9. Doktor Araptır. 10. İşçiler Almandır.

B. Türkçe, Almanca, Fransızca, İtalyanca, İspanyolca, Japonca, Rusça, Farsça, Arapça, İngilizce, İngilizce

C. 1. Ben öğretmenim. Ben öğretmen değilim. Ben öğretmen miyim? 2. Sen Fransızsın. Sen Fransız değilsin. Sen Fransız mısın? 3. O çocuk çirkindir. O çocuk çirkin değildir. O çocuk çirkin midir? 4. İki şişe süt masanın üstündedir. İki şişe süt masanın üstünde değildir. İki şişe süt masanın üstünde midir? 5. Kırmızı elbise buradadır. Kırmızı elbise burada değildir. Kırmızı elbise burada mıdır? 6. Biz şimdi evdeyiz. Biz şimdi evde değiliz. Biz şimdi evde miyiz? 7. İki fincan kahve masadadır. İki fincan kahve masada değildir. İki fincan kahve masada mıdır? 8. Çanta hafiftir. Çanta hafif değildir. Çanta hafif midir?

D. 1. Burada iki şişe/bardak süt var. 2. Üç kilo elma sepettedir. 3. İki dilim ekmek var. 4. Şurada dört bardak/paket çay var. 5. Bir bardak/şişe su var.

E. 1. There are three glasses of tea on the table. 2. Where is that nurse from? 3. There are two kilos of meat and three bottles of milk in the refrigerator. 4. This boook is Spanish. 5. That secretary is Italian . 6. Is the bank open or closed? 7. The red bag is heavy but the black bag is light. 8. How many buses and taxis are there in the street?

F. 1. Bu kadın kimdir? 2. Bu öğretmen nerelidir? 3. Evde kaç tane halı var? 4. Beyaz araba dükkânın önündedir. 5. Mutfakta iki paket çay ve üç paket kahve var. 6. O şimdi Japonyadadır. 7. Bu sözlük Almancadır. 8. Şu kasap yakın mı yoksa uzak mıdır? O uzaktır.

temel
TÜRKÇE
kursu

DERS 17

VOCABULARY

HAYVAN

Bu parkta hayvan var mı?

ANIMAL

Is there any animal in this park?

İNSAN

Orada insanlar yok.

HUMAN, PERSON

There aren't people there.

ANNE

O kadın benim annemdir.

MOTHER

That woman is my mother.

BABA

Onun babası bir mühendistir.

FATHER

His father is an engineer.

AD, İSİM

Senin adın nedir?

NAME

What is your name?

ARKADAŞ

Sizin arkadaşınız şimdi Fransa'da mıdır?

FRIEND

Is your friend in France now?

KARDEŞ		**BROTHER, SISTER**
Onun kardeşi genç mi yoksa yaşlı mıdır?		Is her brother young or old?

ABLA		**ELDER SISTER**
Benim ablam yok.		I haven't got an elder sister.

AĞABEY		**ELDER BROTHER**
Sizin kaç tane ağabeyiniz var?		How many elder brothers have you got?

TUZ		**SALT**
Evde tuz var mı?		Is there any salt at home?

YAĞMUR		**RAIN**
Bugün yağmur yok.		There isn't rain today.

GÜNEŞ		**SUN**
Bu sabah güneş var.		It is shining this morning.

POSSESSIVE CASE

When there is a relationship of possession between two nouns (eg 'teacher' and 'house' teacher's house), this is shown by adding suffixes to both nouns. The first noun takes the possessive suffix which varies according to vowel harmony, **-en, -in, -un, -ün**. If the noun ends in a vowel, a buffer **n** is inserted, **-nın, -nin, -nun, -nün**. In grammatical terminology this is known as the genitive case - we have seen the genitive already, used with prepositions (**masanın üstünde, evin içinde, kapının yanında**). In English, possession is shown in three ways: by adding 's (eg the teacher's house), by using 'of' (eg the end of the road, or just by placing the nouns next to each other (eg the door handle).

1. Possessive Noun

162

For words ending with a consonant   = -ın, -in, -un, -ün
For words ending with a vowel   = -nın, -nin, -nun, -nün

adam - adamın
at - atın
anahtar -anahtarın

ev - evin
otel - otelin
süpermarket - süpermarketin

salon - salonun
okul - okulun
televizyon - televizyonun

şoför - şoförün
otobüs - otobüsün
gül - gülün

lokanta - lokantanın
fabrika - fabrikanın
Kaya - Kaya'nın

öğrenci - öğrencinin
taksi - taksinin
Ayşe - Ayşenin

banyo - banyonun
radyo - radyonun
Sumru - Sumru'nun

köprü - köprünün
Ülkü - Ülkünün

In words which end with unvoiced consonants, **ç, k, p, t** these letters are changed to **c, ğ, b, d** respectively. There are some irregular words which do not follow this rule, however, like **top** and **park**.

ağaç - ağacın
yatak - yatağın
kitap - kitabın

uçak - uçağın
köpek - köpeğin

In a relationship of possession, the second word could be called 'the possessed'. The suffix added to the possessed is **-ı, -i, -u, -ü**, with an **s** added if the word ends in a vowel **-sı, -si, -su, -sü**.

2. possessed noun

suffixes

For words ending with a consonant =   -ı, -i, -u, -ü
For words ending with a vowel   =   -sı, -si, -su, -sü

anahtar - anahtarı
fincan - fincanı

ev - evi
defter - defteri

salon - salonu
balon - balonu

şoför - şoförü
otobüs - otobüsü

kapı - kapısı
çanta - çantası

pencere - penceresi
taksi - taksisi

163

radyo - radyosu	köprü - köprüsü
kutu - kutusu	ütü - ütüsü
ağaç - ağacı	kitap - kitabı
yatak - yatağı	uçak - uçağı

adamın anahtarı	the man's key
kadının atı	the woman's horse
odanın kapısı	the door of the room
otelin penceresi	the window of the hotel
taksinin şoförü	the driver of the taxi
pencerenin perdesi	the curtain of the window
Ayşe'nin evi	Ayşe's house
Sumru'nun topu	Sumru's ball
öğrencinin defteri	the student's note-book
evin anahtarı	the key of the house
Kaya'nın arabası	Kaya's car
evin salonu	the hall of the house
öğretmenin kalemi	the teacher's pencil
kızın elbisesi	the girl's dress
Ali'nin kahvesi	Ali's coffee
adamın sütü	the man's milk
kadının annesi	the woman's mother
Ayhan'ın babası	Ayhan's father
hemşirenin arkadaşı	the nurse's friend
işçinin kardeşi	the worker's sister
polisin adı	the policeman's name

işadamının uçağı	the businessman's plane
öğrencinin kitabı	the student's book
kızın yatağı	the girl's bed

uçağın kapısı	the door of the plane
yatağın rengi	the colour of the bed
köpeğin eti	the meat of the dog

Evin salonu büyüktür.	The hall of the house is big.
Adamın anahtarı buradadır.	The man's key is here.
Taksinin şoförü gençtir.	The driver of the taxi is young.
Sumru'nun topu masanın altındadır.	Sumru's ball is under the table.
Kızın elbisesi güzeldir.	The girl's dress is nice.
Odada hemşirenin arkadaşı var.	There is nurse's friend in the room.
Öğrencinin kitabı nerededir?	Where is the student's book?
Polisin adı nedir?	What is the policeman's name?
Ayşe'nin evi küçüktür.	Ayşe's house is small.
Kaya'nın arabası pahalıdır.	Kaya's car is expensive.
Mutfakta Ali'nin kahvesi var.	There is Ali's coffee in the kitchen.
Kadının annesi sinemada değildir.	The woman's mother isn't at the cinema.
Pencerenin perdesi yeşildir.	The curtain of the window is green.

Kızın elbisesi uzun değildir.	The girl's dress isn't long.
Odada çocuğun yatağı var.	There is the child's bed in the room.
Köpeğin eti bahçededir.	The meat of the dog is in the garden.
Bu Ayten'in evidir.	This is Ayten's house.
Çocuğun okulu otobüs durağına yakındır.	The child's school is near the bus-stop.
Bu doktorun anahtarı mı?	Is this the doctor's key?
Şu öğrencinin babası kimdir?	Who is that student's father?
Mühendisin annesi burada mı?	Is the engineer's mother here?
Bu sekreterin çantası mı yoksa işadamının çantası mı?	Is this the secretary's bag or the businessman's bag?

Kimin

kim - kimin	who - whose
kimin kalemi	whose pencil
kimin annesi	whose mother
kimin anahtarı	whose key
kimin çantası	whose bag
kimin kutusu	whose box
kimin radyosu	whose radio
kimin arabası	whose car
kimin kahvesi	whose coffee
kimin yatağı	whose bed
Bu kimin kalemidir?	Whose pencil is this?
Kimin çantası kahverengidir?	Whose bag is brown?
Şu kimin kahvesidir?	Whose coffee is that?
Kimin arabası pahalıdır?	Whose car is expensive?
Kimin annesi güzeldir?	Whose mother is beautiful?
Kimin yatağı büyüktür?	Whose bed is big?
Bu kalem kimindir?	Whose pencil is this?
Kahverengi çanta kimindir?	Who has got the brown bag?
Şu pahalı araba kimindir?	Whose is that expensive car?
O büyük ev kimindir?	Whose is that big house?
Bu anahtar kimindir?	Whose is this key?
Kimin arabası pahalıdır?	Whose car is expensive?
Adnanın arabası pahalıdır.	Adnan's car is expensive.
O kimin sözlüğüdür?	Whose is that dictionary?
Öğretmenin sözlüğüdür.	It is teacher's dictionary.
O küçük köpek kimindir?	Whose is that small dog?
O, çocuğun köpeğidir.	It is the child's dog.

Bu anahtar kimindir?   Whose is this key?
O, sekreterin anahtarıdır.   It is the secretary's key.

kardeş   kız kardeş   erkek kardeş

The word **kardeş** (= sibling) is used for both sister and brother. Gender can be
specified by adding **kız** (girl, female), or **erkek** (boy, male) "sister" is **kız kardeş**
and "brother" is **erkek kardeş**.

kardeş	sibling
kız kardeş	sister
erkek kardeş	brother

A direct translation of **kardeş** might be sibling, but if the gender of the sibling is al-
ready known, **kardeş** is sufficient. It is not necessary to use **kız kardeş** or **erkek
kardeş**.

Ayhan'ın kardeşi nderededir?   Where is Ayhan's sister (or brother)?
Ayhan'ın kız kardeşi nderededir?   Where is Ayhan's sister?
Ayhan'ın erkek kardeşi nderededir?   Where is Ayhan's brother?

-lı, -li, -lu, -lü

This suffix is used to show that something has a certain quality or contains somet-
hing. Following the usual rules of vowel harmony, it changes nouns into adjectives.

süt	sütlü	with milk, milky
su	sulu	with water, watery
şeker	şekerli	with sugar
et	etli	with meat
tuz	tuzlu	salty
yağmur	**yağmurlu**	rainy
güneş	**güneşli**	sunny
para	**paralı**	with money; rich
banyo	**banyolu**	with a bath
oda	**odalı**	roomed
renk	**renkli**	multi-coloured, colourful

sütlü kahve	coffee with milk
sulu süt	milk with water
şekerli çay	tea with sugar
tuzlu et	salty meat
yağmurlu hava	rainy weather
güneşli sabah	sunny morning

166

paralı adam	rich man
banyolu oda	room with bath
beş odalı ev	five-roomed house
sarı elbiseli kadın	woman in yellow dress
kırmızılı adam	man in red

Masada bir fincan sütlü kahve var.	There is a cup of coffee with milk on the table.
Şekerli çay nerededir?	Where is the tea with sugar?
Tuzlu et tabaktadır.	Salty meat is on the plate.

Bu sabah hava yağmurludur.	It is rainy this morning.

Banyolu oda var mı?	Is there a room with bath?
Bu beş odalı bir evdir.	This is a five-roomed house.
Sarı elbiseli kadın nerededir?	Where is the woman in yellow dress?
Kırmızılı adam ağacın altındadır.	The man in red is under the tree.

-sız, -siz, -suz, -süz

This suffix also makes adjectives from nouns, but to indicate a lack of something.

süt	sütsüz	without milk
su	susuz	without water, waterless
şeker	şekersiz	without sugar
et	etsiz	without meat
tuz	tuzsuz	without salt
yağmur	yağmursuz	without rain
güneş	güneşsiz	without sun
para	parasız	without money, poor; free
banyo	banyosuz	without a bath
renk	renksiz	colourless

sütsüz kahve	coffee without milk
şekersiz çay	tea without sugar
tuzsuz et	meat without salt

yağmursuz hava	weather without rain
güneşsiz sabah	morning without sun

parasız adam	man without money, poor man
banyosuz oda	room without a bath

Masada bir bardak şekersiz çay var.	There is a glass of tea without sugar.
Sütsüz kahve buradadır.	The coffee without milk is here.

Otelde banyosuz odalar var.	There are rooms without a bath in the hotel.
Burası parasızdır.	This place is free.
Bu adam parasızdır.	This man is poor.

DIALOGUE

AYHAN: Merhaba Sırma!	Hello Sırma!
SIRMA: Merhaba, nasılsın?	Hello, how are you?
AYHAN: Sağ ol, iyiyim. Sen nasılsın?	I am fine, thank you. And how are you?
SIRMA: Ben de iyiyim.	I too am well.
AYHAN: Bu akşam evde misin?	Are you at home this evening?
SIRMA: Evet, evdeyim.	Yes, I am.
AYHAN: Evde kim var?	Who is there at home?
SIRMA: Ben varım. Ayşe ve Mahmut da var.	I am at home. There are also Ayşe and Mahmut.
AYHAN: Mahmut kim?	Who is Mahmut?
SIRMA: Ayşe'nin ağabeyi.	Ayşe's elder brother.
AYHAN: O doktor mu?	Is he a doctor?
SIRMA: Hayır, değil. Öğretmen.	No, he isn't. He is a teacher.
AYHAN: Bunlar ne?	What are these?
SIRMA: Kitaplar.	Books.
AYHAN: Kimin kitapları?	Whose books are they?
SIRMA: Mahmut'un.	Mahmut's.
AYHAN: Sizde Bety Mahmudi'nin kitabı var mı?	Have you got Bety Mahmudi's book?
SIRMA: Kitabın adı ne?	What is the title of the book?
AYHAN: Kızım Olmadan Asla.	Never Without My Daughter.
SIRMA: Var ama o da Mahmut'un kitabı.	Yes, I have, but it is also Mahmut's book.
AYHAN: Güzel bir kitap.	This is a nice book.
SIRMA: Evet, güzel. İyi günler.	Yes, it is. Good day.
AYHAN: İyi günler.	Good day.

PRACTICE 17

A

Answer using the words in brackets (and appropriate suffixes.)

1. **Bu kimin evidir? (Ahmet)**
2. **Dişçinin arabası neededir? (hastane - önü)**
3. **O genç adam kimdir? (Sumru - babası)**
4. **Bu oda banyolu mudur? (Hayır, banyo)**
5. **Cafer kimdir? (şu öğrenci - ağabey)**

B

Put the pairs of words into possessive relationship.

> **kadın - doktor**
> **sekreter - bilgisayar**
> **adam - bardak**
> **mühendis - araba**
> **memur - masa**
> **İstanbul - ağaç**
> **işadamı - oda**
> **okul - öğretmen**
> **ev - kapı**
> **çocuk - elma**
> **Ayşe - arkadaş**
> **uçak - pencere**
> **doktor - abla**
> **salon - halı**
> **kız - yatak**

C

Combine the words (with appropriate suffixes) to make sentences.

> 1. **adam - araba - ucuz**
> 2. **çocuk - kitap - güzel**
> 3. **sekreter - kahve - sütlü**
> 4. **öğrenci - defter - yeni**
> 5. **işadamı - ev - pahalı**
> 6. **memur - masa - uzun**
> 7. **kız - abla - güzel**
> 8. **öğretmen - ev - yakın**

D

Write the opposites.

Example :   **sütlü kahve X sütsüz kahve**
            güneşsiz hava X güneşli hava

> 1. **şekerli çay**
> 2. **tuzlu et**
> 3. **yağmurlu hava**
> 4. **parasız adam**
> 5. **renkli resim**
> 6. **banyosuz oda**
> 7. **sütsüz kahve**

E

Translate into English.

1. **Kadının kızı öğrencidir.**
2. **Yasemin'in topu nerededir?**
3. **Polisin evi postanenin arkasındadır.**
4. **Kaya'nın arabası pahalı değildir.**
5. **Buzdolabında tuzlu et var.**
6. **Kimin evi yakındır?**
7. **Bu Sedef'in kalemidir. Ayten'in kalemi nerededir?**
8. **Bu kitap parasızdır.**

F

Translate into Turkish.

1. Ayhan's bag is on the table.
2. The nurse's car isn't in front of the house.
3. There is a cup of coffee without sugar on the table.
4. The child's mother isn't a teacher.
5. What colour is Kerim's car?
6. Is Meltem's book English or French?
7. What colour is the carpet of the hall?
8. Who is there at home?

PRACTICE 17 - ANSWERS

A. 1. **Bu Ahmet'in evidir.** 2. **Dişçinin arabası hastanenin önündedir.** 3. **O genç adam Sumru'nun babasıdır.** 4. **Hayır, O oda banyosuzdur.** 5. **Cafer şu öğrencinin ağabeyidir.**

B. 1. **kadının doktoru, sekreterin bilgisayarı, adamın bardağı, mühendisin arabası, memurun masası, İstanbul'un ağacı, işadamının odası, okulun öğretmeni evin kapısı, çocuğun elması, Ayşe'nin arkadaşı, uçağın penceresi, doktorun ablası, salonun halısı, kızın yatağı**

C. 1. **Adamın arabası ucuzdur.** 2. **Çocuğun kitabı güzeldir.** 3. **Sekreterin kahvesi sütlüdür.** 4. **Öğrencinin defteri yenidir.** 5. **İşadamının evi pahalıdır.** 6. **Memurun masası uzundur.** 7. **Kızın ablası güzeldir.** 8. **Öğretmenin evi yakındır.**

D. 1. **şekersiz çay** 2. **tuzsuz et** 3. **yağmursuz hava** 4. **paralı adam** 5. **renksiz resim** 6. **banyolu oda** 7. **sütlü kahve**

E. 1. The woman's girl is a student. 2. Where is Yasemen's ball? 3. The policeman's house is behind the post-office. 4. Kaya's car isn't expensive. 5. There is salty meat in the refrigerator. 6. Whose house is near? 7. This is Sedef's pencil. Where is Ayten's pencil? 8. This book is free.

F. 1. **Ayhan'ın çantası masanın üstündedir.** 2. **Hemşirenin arabası evin önünde değildir.** 3. **Masanın üstünde bir fincan şekersiz kahve var.** 4. **Çocuğun annesi öğretmen değildir.** 5. **Kerim'in arabası ne renktir?** 6. **Meltem'in kitabı İngilizce mi yoksa Fransızca mıdır?** 7. **Salonun halısı ne renktir?** 8. **Evde kim var?**

temel
TÜRKÇE
kursu

DERS 18

VOCABULARY

TEYZE		AUNT
Benim teyzem genç ve güzel bir kadındır.		My aunt is a young and beautiful woman.
AMCA		UNCLE
Senin amcan burada değil.		Your uncle isn't here.
GÜN		DAY
Bugün güzel bir gündür.		It is a fine day today.
HAFTA		WEEK
Bu hafta evdeyiz.		We are at home this week.
ŞAPKA		HAT
Kızın şapkası büyük müdür?		Is the girl's hat big?
PAZARTESİ		MONDAY
Bugün pazartesidir.		Today is Monday.
SALI		TUESDAY
Bugün salı mıdır yoksa çarşamba mıdır?		Is today Tuesday or Wednesday?
ÇARŞAMBA		WEDNESDAY
Çarşamba (günü) evde misin?		Are you at home on Wednesday?
PERŞEMBE		THURSDAY
Bugün perşembe değildir.		Today isn't Thursday.
CUMA		FRIDAY
İşadamı cuma günü burada değildir.		The businessman isn't here on Friday.

171

CUMARTESİ		SATURDAY
Cumartesi günü hemşire yok.		There isn't the nurse on Saturday.
PAZAR		SUNDAY
Pazar günü oradayım.		I am there on Sunday.
EL		HAND
Senin elinde ne var?		What have you got in your hand?

POSSESSIVE PRONOUNS

We have seen the structure for relationships of possession.

Evin kapısı büyüktür.   **Kırmızı araba kimindir?**
Kızın annesi gençtir.   **Şu kimin çantasıdır?**
Bu Ayşe'nin evidir.

Now we seem how pronouns are made into possessives.

pronoun	suffix
ben	-im
sen	-in
o	-nun
biz	-im
siz	-in
onlar	-ın
benim	my
senin	your
onun	his, her, its
bizim	our
sizin	your
onların	their

As in English possessive pronouns come before the noun. Note that there are three English equivalents to **onun** (his/her/its). In Turkish remember, the possessed noun also takes a suffix.

	suffix	
	if the noun ends with a consonant	if the noun ends with a vowel
ben	-im(-ım, -um, -üm)	-m
sen	-in(-ın, -un, -ün)	-n
o	-i(-ı, -u, -ü)	-sı, -si, -su, -sü
biz	-imiz(-ımız, -umuz, -ümüz)	-mız, -miz, -muz, -müz
siz	-iniz(-ınız, -unuz, -ünüz)	-nız, -niz, -nuz, -nüz
onlar	-i(-ı, -u, -ü)	-sı, -si, -su, -sü

benim evim	my house
benim anahtarım	my key
benim televizyonum	my television
benim gözüm	my eye
benim bahçem	my garden
benim odam	my room
benim kedim	my cat
benim radyom	my radio
senin evin	your house
senin anahtarın	your key
senin televizyonun	your television
senin gözün	your eye
senin bahçen	your garden
senin odan	your room
senin kedin	your cat
senin radyon	your radio
onun evi	his/her house
onun anahtarı	his/her key
onun televizyonu	his/her television
onun gözü	his/her eye
onun bahçesi	his/her garden
onun odası	his/her room
onun kedisi	his/her cat
onun radyosu	his/her radio
bizim evimiz	our house
bizim anahtarımız	our key
bizim televizyonumuz	our television
bizim gözümüz	our eye
bizim bahçemiz	our garden
bizim odamız	our room
bizim kedimiz	our cat
bizim radyomuz	our radio
sizin eviniz	your house
sizin anahtarınız	your key
sizin televizyonunuz	your television
sizin gözünüz	your eye
sizin bahçeniz	your garden
sizin odanız	your room
sizin kediniz	your cat
sizin radyonuz	your radio
onların evi	their house
onların anahtarı	their key
onların televizyonu	their television
onların gözü	their eye
onların bahçesi	their garden

onların odası	their room
onların kedisi	their cat
onların radyosu	their radio
benim kitabım	my book
senin ağacın	your tree
onun yatağı	his bed
bizim uçağımız	our plane
sizin sözlüğünüz	your dictionary
onların köpeği	their dog
benim topum	my ball
senin bilgisayarın	your computer
onun halısı	her carpet
bizim annemiz	our mother
sizin babanız	your father
onların amcası	their uncle
benim teyzem	my aunt
sizin ablanız	your elder sister
onun şapkası	her hat
onların kaşığı	their spoon
senin masan	your table
bizim öğrencimiz	our student

Bu benim çantamdır.	This is my bag.
Benim elbisem yenidir.	My dress is new.
Benim babam yaşlıdır.	My father is old.
Şu benim şapkam mıdır?	Is that my hat?
Benim şapkam nerededir?	Where is my hat?
Benim kitabım masanın üstündedir.	My book is on the table.

Şu senin atındır.	That is your horse.
Senin annen okulda değildir.	Your mother isn't in the school.
Burası senin bahçen midir?	Is this place your garden?
Senin çantan yenidir.	Your bag is new.
Senin dolabın nerededir?	Where is your cupboard?
Senin defterin çantanın içindedir.	Your note-book is in the bag.

Bu onun evidir.	This is her house.
Onun evi büyük değildir.	Her house isn't big.
Onun teyzesi bugün evde midir?	Is his aunt at home today?
Onun çocuğu nerededir?	Where is her child?
Onun penceresi küçüktür.	Its window is small.
Şu kadın onun öğretmenidir.	That woman is his teacher.
Onun topu yatağın altındadır.	Her ball is under the bed.

Şu bizim masamızdır.	That is our table.
Bizim mutfağımız küçüktür.	Our kitchen is small.
Bizim evimiz otobüs durağına yakındır.	Our house is near the bus-stop.
Bizim resimimiz duvardadır.	Our picture is on the wall.
Orası bizim bahçemiz midir?	Is that place our garden?
Bizim televizyonumuz yenidir.	Our television is new.

174

Şurası sizin odanız mıdır?	Is that place your room?
Sizin anneniz kimdir?	Who is your mother?
Sizin öğretmeniniz okuldadır.	Your teacher is in the school.
Sizin adınız nedir?	What is your name?
Bu adam sizin amcanız değildir.	This man isn't your uncle.
Sizin kediniz ağacın altında değildir.	Your cat isn't under the tree.

Onların otobüsü hastanenin önündedir.	Their bus is in front of the hospital.
Bu onların sözlüğü müdür?	Is this their dictionary?
Onların babası bir işadamıdır.	Their father is a businessman.
Onların bardağı temizdir.	Their glass is clean.
Onların oteli nerededir?	Where is their hotel?
Onların evi parkın yanındadır.	Their house is near the park.

senin baban	your father
senin babanın	your father's
senin babanın arabası	your father's car

benim annem	my mother
benim annemin	my mother's
benim annemin adı	my mother's name

bizim otobüsümüz	our bus
bizim otobüsümüzün	of our bus
bizim otobüsümüzün şoförü	the driver of our bus
bizim otobüsümüzün şoförünün	of the driver of our bus
bizim otobüsümüzün şoförünün evi	the house of the driver of our bus

sizin eviniz	your house
sizin evinizin	of your house
sizin evinizin mutfağı	the kitchen of your house
sizin evinizin mutfağının	of the kitchen of your house
sizin evinizin mutfağının duvarı	the wall of the kitchen of your house

Omitting Possessive Pronouns

We have seen that pronouns can be omitted.

Ben evdeyim.	I am at home.
Evdeyim.	I am at home.

Sen bir öğrencisin.	You are a student.
Öğrencisin.	You are a student.

Biz yaşlı değiliz.	We aren't old.
Yaşlı değiliz.	We aren't old.

In the above sentences, the subject is shown by the personal suffix. Possessive pronouns can be similarly left out, with the subject shown by the personal suffix. For example, instead of **senin evin** we can use **evin**, without affecting the basic meaning.

This is not so in English, in which the possessive pronoun must be used.

Benim şapkam yenidir.	= Şapkam yenidir.
Senin pencEren kapalıdır.	= Penceren kapalıdır.
Onun babası mühendistir.	= Babası mühendistir.
Bizim şoförümüz gençtir.	= Şoförümüz gençtir.
Sizin balkonunuz büyük müdür?	= Balkonunuz büyük müdür?
Onların odası temizdir.	= Odaları temizdir.

Onun adı Selime'dir.	Her name is Selime.
Adı Selime'dir.	Her name is Selime.

Senin öğretmenin okuldadır.	Your teacher is in the school.
Öğretmenin okuldadır.	

Benim köpeğim nerededir?	Where is my dog?
Köpeğim nerededir?	

Bizim arabamız pahalıdır.	Our car is expensive.
Arabamız pahalıdır.	

Sizin amcanız İstanbullu mudur?	Is your uncle from Istanbul?
Amcanız İstanbullu mudur?	

Evi otobüs durağına yakındır.	Her house is near the bus-stop.
Kitabım nerededir?	Where is my book?
Bilgisayarınız masanın üstündedir.	Your computer is on the table.
Amcamız şimdi burada değildir.	Our uncle isn't here now.
Öğrencilerimiz bahçededir.	Our students are in the garden.
Ablanız şimdi nerededir?	Where is your elder sister now?

Nouns with personal suffixes may take the locational suffix **-de/-da**. In this case, when the noun ends with a vowel , **n** is added (like **o, onlar**).

onun evi his house

onun evinde in his house   **evinde** in his house

onun kapısı his door

onun kapısında at his door   **kapısında** at his door

onların bahçeleri their garden

onların bahçelerinde in their garden **bahçelerinde** in their garden

benim masam my table

benim masamda on my table   **masamda** on my table

senin araban your car

senin arabanda in your car   **arabanda** in your car

bizim bahçemiz our garden

bizim bahçemizde in our garden **bahçemizde** in our garden

Dükkânında kaç tane telefon var?	How many telephones have you got in your shop?
Bahçemizde kediler var.	There are cats in our garden.
Odanızda neler var?	What have you got in your room?

Buzdolabımda iki şişe süt var.	There are two bottles of milk in my fridge.
Anahtarlar çantandadır.	The keys are in your bag.
Bu kitap kimin kitabıdır? Bu kitap kimindir?	Whose is this book? Whose is this book?

You can see that in the above pair of sentences, **kitap** is not used twice in the second, in which the **-dır** suffix is added to the question word.

Şu defter benim defterimdir. Şu defter benimdir.	That note-book is my note-book. That note-book is mine.
O çanta Aysel'in çantasıdır. O çanta Aysel'indir.	That bag is Aysel's bag. That bag is Aysel's.
Bu çiçek sekreterin çiçeğidir. Bu çiçek sekreterindir.	This flower is the secretary's flower. This flower is the secretary's.
O kitaplar bizim kitaplarımızdır. O kitaplar bizimdir.	That books are our books. That books are ours.
Bu köpek sizin köpeğinizdir. Bu köpek sizindir.	This dog is your dog. This dog is yours.

Information about the Text

Bey, Hanım

Bey (for men) and **Hanım** (for women) are used after people's names as polite forms of address. The nearest English equivalents are Mr/Mrs/Miss/Ms although these are used after surnames whereas **bey/hanım** are usually used after first names. **Hasan Bey** (= Mr Hasan), **Ahmet Bey, Kenan Bey; Şükran Hanım** (= Mrs./Miss Şükran), **Sevinç Hanım, Sadakat Hanım**

BİR ODA

A ROOM

Burası bir odadır. Oda sıcak ve büyük. Dört tane pencere var. Pencereler açıktır. Perdelerin rengi beyazdır. Duvarlar da beyazdır. Odanın önünde bir balkon var. Balkonun kapısı açıktır.

This place is a room. The room is hot and big. There are four windows. The windows are open. The colour of the curtains is white. The walls are also white. There is a balcony in front of the room. The door of the balcony is open.

Odada koltuklar, sandalyeler ve bir masa var. Koltuk ve sandalyelerin rengi kırmızıdır. Masanın üzerinde bir televizyon var.

There are armchairs, chairs and a table in the room. The colour of the armchairs and the chairs is red. There is a television on the table.

Bugün pazar. Bekir Bey evdedir. Sevim Today is Sunday. Bekir Bey is at home.
Hanım da evdedir. Bekir Bey koltu- Sevim Hanım is also at home. Bekir Bey
ğunda, Sevim Hanım mutfaktadır. Bekir is in his armchair, Sevim Hanım is in the
Beyin elinde bir kitap var. kitchen. There is a book in Bekir Bey's
hand.

Onların çocukları balkondadır. Çocuk- Their children are in the balcony.
ların adı Emre ve Cansudur. Onlar The children's name are Emre and
sandalyededir. Sandalyelerin yanında Cansu. They are on the chair. There
çiçekler var. are the flowers near the chairs.

Sevim Hanım da şimdi odadadır. Sevim Hanım is also in the room now.
Elinde iki fincan kahve var. There are two cups of coffee in her hand.

Questions and Answers to the Reading Passage

Oda büyük mü yoksa küçük müdür? **Büyüktür.**
Is the room big or small? It is big.

Odada kaç tane pencere var? **Dört tane pencere var.**
How many windows are there in the room? There are four windows.

Pencereler kapalı mıdır? **Hayır, değil. Onlar açıktır.**
Are the windows closed? No, they aren't. They are open.

Perdeler ve duvarlar ne renktir? **Onlar beyazdır.**
What colour are the curtains and the They are white.
walls?

Odanın önünde ne var? **Bir balkon var.**
What is there in front of the room? There is a balcony.

Odada neler var? **Koltuklar, sandalyeler ve masa var.**
What are there in the room? There are the armchairs, chairs and a
table.

Koltuk ve sandalyeler ne renktir? **Onlar kırmızıdır.**
What colour are the armchairs and the They are red.
chairs?

Televizyon nerededir? **Masanın üstündedir.**
Where is the television? It is on the table.

Bekir Bey mutfakta mıdır? **Hayır, değildir. O odadadır.**
Is Bekir Bey in the kitchen? No, he isn't. He is in the room.

Sevim Hanım nerededir? **O mutfaktadır.**
Where is Sevim Hanım? She is in the kitchen.

Bekir Bey'in elinde ne var? **Bir kitap var.**
What is there in Bekir Bey's hand? There is a book.

Çocuklar odada mıdır? **Hayır, değildir. Onlar balkondadır.**
Are the children in the room? No, they aren't. They are on the balcony.

Çocukların adı nedir?　　　　　·Emre ve Cansudur.
What are the children's names?　　Their names are·Emre and Cansu.

PRACTICE 18

A

Put the pronoun in brackets into the gap (in the possessive form).

Example : ..... adım Cemildir. (ben)　　Benim adım Cemildir.

1. ..... babası öğretmendir. (o)
2. Bu adam ..... doktorumuzdur. (biz)
3. Şu çanta ..... değildir. (sen)
4. Şu ..... şapkam mıdır? (ben)
5. ..... amcamız bir mühendistir. (biz)
6. Bunlar ..... kedilerinizdir. (siz)
7. ..... babasının arabası nerededir? (onlar)
8. O ..... defterin değildir. O ..... defterimdir. (sen, ben)
9. ..... bahçeniz büyük müdür? (siz)
10. ..... amcası bugün evdedir. (o)

B

Fill the gap with an appropriate suffix.

1. Benim baba... Almanya'da değildir.
2. Sizin çay... şekerlidir.
3. Onların top... bahçededir.
4. Senin teyze... ev... nerededir?
5. Bizim okul... eve yakındır.
6. Şu kadın onun öğretmen...dir.
7. Benim ağabey... şimdi İstanbul'dadır.
8. Sizin abla... nerededir? Bizim abla... balkondadır.

C

Rewrite omitting the possessive pronouns.

1. Senin kalemin uzundur.
2. Onun arabası pahalıdır
3. Bizim evimiz güzeldir.
4. Onların doktorları zengindir.
5. Sizin halınız eskidir.
6. Benim kahvem şekersizdir.
7. Sizin çayınız sıcaktır.
8. Senin dükkânın uzak mıdır?

D

Make sentences with these words (using appropriate suffixes).

1. sen - köpek - küçük
2. ben - bardak - temiz
3. Bu - o - yumurta

4. siz - abla - güzel - değil
5. bu - biz - oda ?
6. sen - oda - kapı - açık

E

Aşağıdaki cümleleri İngilizceye çeviriniz.

1. **Çocuğun annesi okuldadır.**
2. **Arkadaşınızın adı nedir?**
3. **Öğrencinin dersi kolaydır.**
4. **Onun teyzesinin elinde güzel bir çanta var.**
5. **Sabununuz banyodadır.**
6. **Televizyonumuz yeni değildir.**
7. **Öğretmenin sözlüğü nerededir?**
8. **Odamızda sıcak su yok.**

F

Aşağıdaki cümleleri Türkçeye çeviriniz.

1. What is there in front of your hotel?
2. Our factory is near the bus-stop.
3. There are beautiful flowers in her garden.
4. The rooms of the hotel are big and clean.
5. There isn't any dog in the garden. Where is Fatma's dog?
6. My friends aren't there today.
7. This place isn't your room. Your room is there.
8. My money isn't in the bank.

PRACTICE 18 - ANSWERS

A. 1. **Onun babası öğretmendir.** 2. **Bu adam bizim doktorumuzdur.** 3. **Şu çanta senin değildir.** 4. **Şu benim şapkam mıdır?** 5. **Bizim amcamız bir mühendistir.** 6. **Bunlar sizin kedilerinizdir.** 7. **Onların babasının arabası nerededir?** 8. **O senin defterin değildir. O benim defterimdir.** 9. **Sizin bahçeniz büyük müdür?** 10. **Onun amcası bugün evdedir.**

B. 1. **Benim babam Almanya'da değildir.** 2. **Sizin çayınız şekerlidir.** 3. **Onların topu bahçededir.** 4. **Senin teyzenin evi nerededir?** 5. **Bizim okulumuz eve yakındır.** 6. **Şu kadın onun öğretmenidir.** 7. **Benim ağabeyim şimdi İstanbul'dadır.** 8. **Sizin ablanız nerededir? Bizim ablamız balkondadır.**

C. 1. **Kalemin uzundur.** 2. **Arabası pahalıdır.** 3. **Evimiz güzeldir.** 4. **Doktorları zengindir.** 5. **Halınız eskidir.** 6. **Kahvem şekersizdir.** 7. **Çayınız sıcaktır.** 8. **Dükkânın uzak mıdır?**

D. 1. **Senin köpeğin küçüktür.** 2. **Benim bardağım temizdir.** 3. **Bu onun yumurtasıdır.** 4. **Sizin ablanız güzel değildir.** 5. **Bu bizim odamız mıdır?** 6. **Senin odanın kapısı açıktır.**

E. 1. The child's mother is in the school. 2. What is your friend's name? 3. The student's lesson is easy. 4. There is a nice bag in her aunt's hand. 5. Your soap is in the bathroom. 6. Our television isn't new. 7. Where is the teacher's dictionary? 8. There isn't (any) hot water in our room.

F. 1. **Sizin otelinizin önünde ne var?** 2. **Bizim fabrikamız otobüs durağına yakındır.** 3. **Onun bahçesinde güzel çiçekler var.** 4. **Otelin odaları büyük ve temizdir.** 5. **Bahçede köpek yok. Fatma'nın köpeği nerededir?** 6. **Benim arkadaşlarım bugün orada değildir.** 7. **Burası senin odan değildir. Senin odan orada.** 8. **Benim param bankada değildir.**

FONO açıköğretim kurumu

temel TÜRKÇE kursu

DERS 19

VOCABULARY

AFFEDERSİNİZ **Affedersiniz, otobüs durağı nerededir?**		EXCUSE ME Excuse me, where is the bus-stop?
LÜTFEN **İki şişe süt, lütfen.**		PLEASE Two bottles of milk, please.
HOŞÇA KAL **Hoşça kal Ahmet!**		GOODBYE Goodbye Ahmet!
HANGİ **Hangi adam senin babandır?**		WHICH Which man is your father?
SINIF **Sınıfta kaç tane öğrenci var?**		CLASSROOM How many students are there in the classroom?
SIRA **Sınıfın sıraları kahverengidir.**	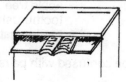	DESK The desks of the classroom are brown.

181

SİLGİ

Öğrencinin silgisi sıranın üstündedir.

DUSTER, RUBBER

The student's duster is on the desk.

MÜDÜR

Bu okulun müdürü benim amcamdır.

DIRECTOR, MANAGER; PRINCIPAL

The principal of this school is my uncle.

OFİS

Şimdi ofiste kim var?

OFFICE

Who is there in the office now?

PATRON

Bu araba patronumuzundur.

BOSS

This car is our boss's.

MEYVE

Meyveler buzdolabındadır.

FRUIT

The fruits are in the fridge.

SEBZE

Sebzeler sepetin içinde midir?

VEGETABLE

Are the vegetables in the basket?

COMPOUND NOUNS

The first noun of a compound describes the second, and it is only the second noun which takes suffixes. The second noun always has the third person possessed suffix, -ı, -i, -u, -ü, -sı, -si, -su, -sü. Two nouns joined like this refer to one thing.

yatak odası	bedroom
yemek odası	dining room
elma ağacı	apple tree
diş fırçası	toothbrush
bahçe kapısı	garden gate

Compound nouns should not be confused with pairs of nouns in a possessive relationship.

bahçenin kapısı	the gate of the garden (gate that belongs to the garden)
bahçe kapısı	garden gate (a type of gate used for gardens)
çocuğun kitabı	the child's book (the book belonging to the child)
çocuk kitabı	children's book (book written for) children)

You can see the distinction between compound nouns and noun pairs in possessive relationship from the above examples.

Compound nouns are commonly used for the names of hotels, restaurants, roads, cinemas, schools, banks, etc.

Divan Oteli
Hilton Oteli

Saray Lokantası
Konyalı Lokantası

Akdeniz Caddesi
Fatih Caddesi

Hakan Sineması
Fitaş Sineması

Ticaret Okulu
İstanbul Üniversitesi

Garanti Bankası
İş Bankası

Yatak odasında kim var?	Who is there in the bedroom?
Yemek odasında büyük bir masa var.	There is a big table in the dining room.
Bahçede iki tane elma ağacı var.	There are two apple trees in the garden.
Diş fırçası banyoda mıdır?	Is the tootbrush in the bathroom?
Bahçe kapısı kapalıdır.	The garden gate is closed.

Divan Oteli nerededir?	Where is the Divan Hotel?
Onların evi Akdeniz Caddesi'ndedir.	Their house is at Atatürk Street.
Biz Saray Lokantası'ndayız.	We are in the Saray Restaurant.
Ablam İstanbul Üniversitesi'ndedir.	My elder sister is in Istanbul University.
İş Bankası'nın yanında Garanti Bankası var.	There is the Garanti Bank near the İş Bank.

DAYS

We have seen the names of days. Unlike English, in Turkish capital letters are not used for these.

pazar	Sunday
pazartesi	Monday
salı	Tuesday
çarşamba	Wednesday
perşembe	Thursday
cuma	Friday
cumartesi	Saturday

Bugün pazartesidir.	Today is Monday.
Bir haftada kaç gün vardır?	How many days are there in a week?
Bir haftada yedi gün vardır.	There are seven days in a week.
Dört haftada kaç gün vardır?	How many days are there in four weeks?
Bugün salı değildir.	Today isn't Tuesday.
Bugün çarşamba mı yoksa perşembe midir?	Is today Wednesday or Thursday?

ORTASINDA

In previous lessons we have seen the prepositions **önünde, arkasında, yanında** and **üstünde. Ortasında** (= in the middle of) is like these.

orta   middle, center

Orta is a noun, **-sı** the possessive suffix and **da** the locational suffix (with **n** added). Adding these suffixes changes the noun **orta** into an adjective. A literal translation of the first expression below would be 'carpet-of middle-its-in'.

halının ortasında	in the middle of the carpet
bahçenin ortasında	in the middle of the garden
kutunun ortasında	in the middle of the box
köprünün ortasında	in the middle of the bridge
parkın ortasında	in the middle of the park
ofisin ortasında	in the middle of the office
salonun ortasında	in the middle of the hall
otobüsün ortasında	in the middle of the bus
yatağın ortasında	in the middle of the bed
kitabın ortasında	in the middle of the book

Halının ortasında bir top var.	There is a ball in the middle of the carpet.
Bahçenin ortasında bir ağaç var.	There is a tree in the middle of the garden.
Kutunun ortasında ne var?	What is there in the middle of the box?
Köprünün ortasında sarı bir otobüs var.	There is a yellow bus in the middle of the bridge.
O bank parkın ortasındadır.	That bank is in the middle of the park.
Ofisin ortasında büyük bir masa var mı?	Is there a table in the middle of the office?
Halı salonun ortasındadır.	The carpet is in the middle of the room.
Otobüsün ortasında bir adam var.	There is a man in the middle of the bus.
Yatağın ortasında bir kitap var.	There is a book in the middle of the bed.
Kitabın ortasında ne var?	What is there in the middle of the book?

KARŞISINDA

This is another preposition meaning "opposite".

lokantanın karşısında	opposite the restaurant
bahçenin karşısında	opposite the garden
kutunun karşısında	opposite the box
köprünün karşısında	opposite the bridge
parkın karşısında	opposite the park
otelin karşısında	opposite the hotel
salonun karşısında	opposite the hall
otobüsün karşısında	opposite the bus
ağacın karşısında	opposite the tree
yatağın karşısında	opposite the bed
uçağın karşısında	opposite the aeroplane

Lokantanın karşısında bir eczane var.	There is a chemist's opposite the restaurant.
Bahçenin karşısında okul var.	There is a school opposite the garden.
Sepet kutunun karşısındadır.	The basket is opposite the box.
Köprünün karşısında ne var?	What is there opposite the bridge?
Parkın karşısında büyük bir ev var.	There is a big house opposite the park.
Durak, otelin karşısında değildir.	The bus-stop isn't opposite the hotel.
Yatak odası salonun karşısındadır.	The bedroom is opposite the hall.
Otobüsün karşısında bir taksi var.	There is a taxi opposite the bus.
Ağacın karşısında duvar yok.	There isn't a wall opposite the tree.
Yatağın karşısında bir pencere var.	There is a window opposite the bed.

HANGİ, HANGİSİ

Hangi (= which) is another question word. It functions like an adjective (ie it is followed by a noun).

hangi kedi	which cat
hangi çocuk	which child
hangi kadın	which woman
hangi ev	which house
hangi araba	which car
hangi oda	which room
hangi okul	which school
hangi hastane	which hospital
hangi otel	which hotel
hangi öğretmen	which teacher

185

Hangi kedi bahçededir?	Which cat is in the garden?
Hangi ev büyüktür?	Which house is big?
Hangi araba pahalıdır?	Which car is expensive?
Hangi akşam evdesiniz?	Which evening are you at home?
Çocuk hangi odadadır?	In which room is the child?
Hangi otelin odaları büyüktür?	Which hotel has got big rooms?
Şu doktor hangi hastanededir?	In which hospital is that doctor?
Hangi odada televizyon var?	Which room has got a television?
Hangi öğretmen bu okuldadır?	Which teacher is at this school?

Hangisi functions like a pronoun. It is used when there is a choice between alternatives, make clear by translating it as which one, although one is not necessarily used.

Hangisi büyüktür?	Which is big?
Hangisi senin arabandır?	Which is your car?
Hangisi onların evidir?	Which is their house?
Hangisi benim çantamdır?	Which is my bag?
Hangisi patronun masasıdır?	Which is the boss's table?
Hangisi okulun müdürüdür?	Which of them is the principal?
Hangisi bizim doktorumuzdur?	Which is our doctor?
Hangisi kolaydır?	Which is easy?
Hangisi bu pencerenin perdesidir?	Which is the curtain of this window?

Kaç Yaşında?

This is used to find out a person's age.

Ben kaç yaşındayım?	How old am I?
Sen kaç yaşındasın?	How old are you?
O kaç yaşında(dır)?	How old is he/she/it?
Biz kaç yaşındayız?	How old are we?
Siz kaç yaşındasınız?	How old are you?
Onlar kaç yaşındalar?	How old are they?

The above sentences can be used without pronouns.

Kaç yaşındayım?	How old am I?
Kaç yaşındasın?	How old are you?
Kaç yaşında?	How old is he/she/it?
Kaç yaşındayız?	How old are we?
Kaç yaşındasınız?	How old are you?
Kaç yaşındalar?	How old are they?

Here are some answers to these questions.

Kaç yaşındasın?	**Otuz beş yaşındayım.**
How old are you?	I am thirty five years old.

O kaç yaşında?	**On dört yaşında.**
How old is he?	He is fourteen years old.
Kaç yaşındasınız?	**Yirmi iki yaşındayız.**
How old are you?	We are twenty two years old.
Sumru kaç yaşında?	**İki yaşında.**
How old is Sumru?	She is two years old.
Annen kaç yaşında?	**Altmış yaşında.**
How old is your mother?	She is sixty years old.
O hemşire kaç yaşında?	**Otuz yaşında.**
How old is that nurse?	She is thirty years old.
Onun teyzesi kaç yaşında?	**Kırk dört yaşında.**
How old is his aunt?	She is forty four years old.

Expressions used in the Text

Affedersiniz

Affedersiniz (= Excuse me, Sorry) is used at the beginning of sentences, to attract attention and for politeness, like 'excuse me'.

Affedersiniz, banka nerede?	Excuse me, where is the bank?
Affedersiniz, postane nerede?	Excuse me, where is the post-office?
Affedersiniz, bu yakınlarda iyi bir otel var mı?	Excuse me, is there a good hotel near here?

Affedersiniz can also be used to apologise, like sorry.

Hoşça kal

Hoşça kal is an expression of departure, like the English goodbye.

Hoşça kal Ahmet.	Goodbye Ahmet.
Hoşça kal Nesrin.	Goodbye Nesrin.

Görüşürüz / Bye, See you

Another expression of departure, **görüşürüz** (= bye, see you) is more informal.

Görüşürüz Ahmet.	See you Ahmet.
Görüşürüz Nesrin.	See you Nesrin.

DIALOGUES

ADAM : Affedersiniz, bu yakınlarda iyi bir otel var mı?	Excuse me, is there a good hotel near here?
KADIN: Evet, var. Atatürk Caddesi'nde.	Yes, there is. It is in Atatürk Street.
ADAM : Otelin adı ne?	What is the name of the hotel?
KADIN: Olcay Oteli.	Olcay Hotel
ADAM : Atatürk Caddesi nerede?	Where is Atatürk Street?
KADIN: Bu sokağın karşısında bir cadde var. Orası Atatürk Caddesi'dir.	There is a street opposite this street. That place is Atatürk Street.
ADAM : Lokanta da var mı?	Is there a restaurant, too?
KADIN: Var. Elif Lokantası.	Yes, there is. Elif Restaurant.
ADAM : Uzak mı?	Is it far?
KADIN: Hayır, değil. Otelin karşısında.	No, it isn't. It is opposite the hotel.
ADAM : Temiz mi?	Is it clean?
KADIN: Evet, temiz ve ucuz bir lokantadır.	Yes, it is a clean and cheap restaurant.
ADAM : Çok teşekkür ederim.	Thank you very much.
KADIN: Bir şey değil.	Not at all.
ADNAN: Merhaba Melek. Nasılsın?	Hello, Melek. How are you?
MELEK: Teşekkürler, iyiyim. Sen nasılsın?	Thanks. I am well. How are you?
ADNAN: Ben de iyiyim. Bu, arkadaşım Metin.	I too am well. This is my friend Metin.
MELEK: Merhaba, nasılsınız?	Hello, how are you?
METİN: İyiyim.	I am fine.
MELEK: Öğrenci misiniz?	Are you a student?
METİN: Evet, öğrenciyim.	Yes, I am.
MELEK: Hangi okulda?	At which school?
METİN: İstanbul Üniversitesi'nde.	At Istanbul University.
MELEK: İstanbullu musunuz?	Are you from Istanbul?
METİN: Hayır, değilim.	No, I am not.
MELEK: Nerelisiniz?	Where are you from?
METİN: Adanalıyım.	I am from Adana.
MELEK: Anne ve babanız Adanada mı?	Are your mother and father in Adana?
METİN: Hayır, değil. Onlar İstanbul'da.	No, they aren't. They are in Istanbul.
MELEK: Eviniz nerede?	Where is your house?
METİN: Bakırköy'de.	At Bakırköy.
MELEK: Bu akşam evde misin, Adnan?	Are you at home this evening, Adnan?
ADNAN: Evet, evdeyim.	Yes, I am.
MELEK: Görüşürüz.	See you.
ADNAN: Görüşürüz. Hoşça kal.	See you. Goodbye.
MELEK: Hoşça kal Adnan, Hoşça kal Metin.	Goodbye Adnan, Goodbye Metin.

PRACTICE 19

A

Write the names of the days in Turkish and English.

B

Ask for the person's age and reply using the number in brackets.

1. **sen (16)**
2. **ben (27)**
3. **Hasan (30)**
4. **senin baban (65)**
5. **bizim öğretmenimiz (48)**
6. **siz (24)**
7. **Ayhan'ın ablası (33)**

C

Make questions using **hangi, hangisi**.

Ex : **Bu ev büyüktür.**
   Hangi ev büyüktür?

1. **O perde beyazdır.**
2. **Bu akşam evdeyiz.**
3. **Çocuk yatak odasındadır.**
4. **O işadamının evidir.**
5. **Bu memurun masasıdır.**
6. **Bu adam okulun müdürüdür.**
7. **Şu ders kolaydır.**
8. **Bu benim çantamdır.**

D

Put the words in correct order (with appropriate suffixes) to make sentences.

1. **kitap - ben - yeni**
2. **yeni - mühendis - araba**
3. **anne - siz - yaşında - kaç**
4. **sebzeler - biz - değil - buzdolabı**
5. **hemşire - şu - hastane - hangi**

E

Translate into English.

1. **Affedersiniz, sizin çantanız hangisidir?**
2. **Onların amcası kaç yaşında?**
3. **Bugün pazartesi mi yoksa salı mıdır?**
4. **Bir haftada yedi gün vardır.**
5. **Bu okulun müdürü kimdir?**
6. **Bir bardak çay, lütfen.**
7. **Benim öğrencilerim hangi sınıftadır?**
8. **Caddenin ortasında bir otobüs var.**

F

Translate into Turkish.

1. Which is your dress?
2. Where is the key of the door?
3. Who is there in the bedroom?
4. How old his boss?
5. Which day is your mother at home?
6. Hilton Hotel is opposite the sea.
7. That tree is in the middle of the garden.
8. Excuse me, is there a post-office in this street?

PRACTICE 19 - ANSWERS

A. pazar = Sunday, **pazartesi** = Monday, **salı** = Tuesday, **çarşamba** = Wednesday, **perşembe** = Thursday, **cuma** = Friday, **cumartesi** = Saturday

B. 1. **Sen kaç yaşındasın? Ben on altı yaşındayım.** 2. **Ben kaç yaşındayım? Sen yirmi yedi yaşındasın.** 3. **Hasan kaç yaşında? O otuz yaşındadır.** 4. **Senin baban kaç yaşında? O altmış beş yaşındadır.** 5. **Bizim öğretmenimiz kaç yaşında? O kırk sekiz yaşındadır.** 6. **Siz kaç yaşındasınız? Biz yirmi dört yaşındayız.** 7. **Ayhan'ın ablası kaç yaşında? O otuz üç yaşındadır.**

C. 1. **Hangi perde beyazdır?** 2. **Hangi akşam evdesiniz?** 3. **Çocuk hangi odadadır?** 4. **Hangisi işadamının evidir?** 5. **Hangisi memurun masasıdır?** 6. **Hangi adam okulun müdürüdür?** 7. **Hangi ders kolaydır?** 8. **Hangisi benim çantamdır?**

D. 1. **Benim kitabım yenidir.** 2. **Mühendisin arabası yenidir.** 3. **Sizin anneniz kaç yaşındadır?** 4. **Bizim sebzelerimiz buzdolabında değildir.** 5. **Şu hemşire hangi hastanededir?**

E. 1. Excuse me, which is your bag? 2. How old is their uncle? 3. Is today Monday or Tuesday? 4. There are seven days in a week. 5. Who is the headmaster of this school? 6. A glass of tea, please. 7. In which classroom are my students? 8. There is a bus in the middle of the street.

F. 1. **Senin elbisen hangisidir?** 2. **Odanın anahtarı neededir?** 3. **Yatak odasında kim var?** 4. **Patronu kaç yaşındadır?** 5. **Anneniz hangi gün evdedir?** 6. **Hilton Oteli denizin karşısındadır.** 7. **O ağaç bahçenin ortasındadır.** 8. **Affedersiniz, bu caddede postane var mı?**

t e m e l
T Ü R K Ç E
k u r s u

DERS 20

VOCABULARY

AİLE

Ailem İstanbul'dadır.

FAMILY

My family is in Istanbul.

TURİST

Turistler otelde mi?

TOURIST

Are the tourists at the hotel?

AYAK

Kadının ayakları küçüktür.

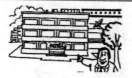

FOOT

The woman's feet are small.

GELMEK

Buraya gel.

TO COME

Come here.

GİTMEK

Oraya git.

TO GO

Go there.

YEMEK

Bu peyniri ye.

TO EAT

Eat this cheese.

İÇMEK		TO DRINK
Sütü iç.		Drink the milk.

OKUMAK		TO READ
Kitap oku.		Read a book.

YAZMAK		TO WRITE
Buraya yaz.		Write here.

ALMAK		TO TAKE, TO BUY, TO RECEIVE
Bu çantayı al.		Take this bag.

DİNLEMEK		TO LISTEN
Radyoyu dinle.		Listen to the radio.

KOYMAK		TO PUT
Kitapları çantanın içine koy.		Put the books into the bag.

BAKMAK		TO LOOK
Bana bak.		Look at me.

VERBS

Forms like, **dinle, al, koy, ye, oku, yaz** etc are the root forms of verbs. Infinitives, made with 'to' in English, in Turkish are made with the suffix **-mek, -mak**.

dinlemek	to listen	**almak**	to take
yemek	to eat	**koymak**	to put
içmek	to drink	**okumak**	to read
gitmek	to go	**yazmak**	to write

Verb tenses are made by adding suffixes to the root form of the verb.

IMPERATIVES

Imperatives are made by using just the verb root (rather like English).

almak	to take
al	take
dinlemek	to listen
dinle	listen
gelmek	to come
gel	come
gitmek	to go
git	go
içmek	to drink
iç	drink
koymak	to put
koy	put
okumak	to read
oku	read
yazmak	to write
yaz	write
yemek	to eat
ye	eat

Git.	Go.
Oraya git.	Go there.
Odaya git.	Go to the room.
Okula git.	Go to school.
Bu eczaneye git.	Go to this chemist's.
Onun ofisine git.	Go to his office.

In considering imperatives, it is useful to introduce the directional suffix **-e/-a**. The directional suffix is added to nouns to make the dative case, and can be translated as 'to'. When the noun ends in a vowel a buffer **y** is added (**-ye/-ya**).

kapı - kapıya	to the door
lokanta - lokantaya	to the restaurant
oda - odaya	to the door
masa - masaya	to the table
kutu - kutuya	to the box
banka - bankaya	to the bank

193

fabrika - fabrikaya	to the factory
çanta - çantaya	to the bag
sinema - sinemaya	to the cinema
Ankara - Ankaraya	to Ankara
kedi - kediye	to the cat
hastane - hastaneye	to the hospital
postane - postaneye	to the post-office
köprü - köprüye	to the bridge
taksi - taksiye	to the taxi
şişe - şişeye	to the bottle
sandalye - sandalyeye	to the chair
pencere - pencereye	to the window
bahçe - bahçeye	to the garden
gemi - gemiye	to the ship
işçi - işçiye	to the worker
okul - okula	to the school
televizyon - televizyona	to the television
oğlan - oğlana	to the child
kız - kıza	to the girl
salon - salona	to the hall
doktor - doktora	to the doctor
kuş - kuşa	to the bird .
balkon - balkona	to the balcony
dükkân - dükkâna	to the shop
park - parka	to the park
İstanbul - İstanbul'a	to Istanbul
ofis- ofise	to the office
otel- otele	to the hotel
otobüs - otobüse	to the bus
ev - eve	to the house
tren - trene	to the train
defter - deftere	to the note-book
öğretmen - öğretmene	to the teacher
sekreter - sekretere	to the secretary
İzmir - İzmir'e	to Izmir
turist - turiste	to the tourist
ağaç - ağaca	to the tree
yatak - yatağa	to bed
uçak - uçağa	to the plane
tabak - tabağa	to the plate
köpek - köpeğe	to the dog
kitap - kitaba	to the book

When the directional suffix is used with personal and possessive pronouns there is some irregularity, so these words need to be learnt specifically.

ben - bana	to me
sen - sana	to you
o - ona	to him/her/it
biz - bize	to us
siz - size	to you
onlar - onlara	to them

Let us look at structures with possessive pronouns, starting with the third-person singular.

onun evi
onun kapısı

To the third-person singular **o**, **n** is used as buffer.

benim arabam - benim arabama	to my car
senin evin - senin evine	to your house
bizim atımız - bizim atımıza	to our horse
sizin odanız - sizin odanıza	to your room

onun evi - onun evine (onun eviye değil)	to his house
onun atı - onun atına (onun atıya değil)	to her horse
onların arabaları - onların arabalarına	to their car
kadının çantası - kadının çantasına	to the woman's bag
babamın masası - babamın masasına	to my father's table
Ayşe'nin topu - Ayşe'nin topuna	to Ayşe's ball
onun radyosu - onun radyosuna	to her radio
teyzemin doktoru - teyzemin doktoruna	to my aunt's doctor
onun çocuğu - onun çocuğuna	to his child
kızın yatağı - kızın yatağına	to the girl's bed

Hilton Oteli - Hilton Oteli'ne	to the Hilton Hotel
yatak odası - yatak odasına	to the bedroom
Saray Lokantası - Saray Lokantası'na	to Saray Restaurant
Gazi Sineması - Gazi Sineması'na	to the Gazi Cinema
otobüs durağı - otobüs durağına	to the bus-stop

Compound nouns, such as **buzdolabı** and **işadamı** follow the same rules.

| buzdolabı - buzdolabına | to the refrigerator |
| işadamı - işadamına | to the businessman |

buraya	here
şuraya	there
oraya	there
nereye	where
içeriye	in

| **kime** | to whom, whom, who |

195

Buraya gel.	Come here.
Okula git.	Go to school.
Şu ağaca bak.	Look at that tree.
Salona gel.	Come to the hall.
Masanın üstüne koy.	Put on the table.
Resime bak.	Look at the picture.
Gemiye bak.	Look at the ship.
Arabaya git.	Go to the car.
Eve gel.	Come home.
Bu kitaba bak.	Look at this book.
Hastaneye git.	Go to the hospital.
Şu otele git.	Go to that hotel.
Öğretmene bak.	Look at the teacher.
İzmir'e gel.	Come to Izmir.
İstanbul'a git.	Go to Istanbul.
Çocuğa bak.	Look at the child.
Tabağa koy.	Put it on/in the plate.
Bize gel.	Come to us.
Onlara git.	Go to them.
Bana bak.	Look at me.
Evimize gel.	Come to our house.
Arabana bak.	Look at your car.
Müdürün masasına koy.	Put to the manager's table.
Kadının çantasına bak.	Look at the woman's bag.
Teyzemin doktoruna git.	Go to my aunt's doctor.
Onun çocuğuna bak.	Look at her child.
Divan Oteli'ne gel.	Come to Divan Hotel.
Konyalı Lokantası'na git.	Go to Konyalı Restaurant.
Yatak odasına koy.	Put to the bedroom.
Otobüs durağına git.	Go to the bus-stop.
Buzdolabına koy.	Put to the refrigerator.
İşadamına bak.	Look at the businessman.

These examples combine use of the possessed suffix (-i) with the directional suffix
(-e) using buffer -n. We will look at this again.

Suyu iç.	Drink the water.
Şu kitabı al.	Take that book.
Bu peyniri ye.	Eat this cheese.

READING PASSAGES

Otele bak. Burası Hilton Oteli'dir. Büyük ve temizdir. İstanbulda Taksim'-dedir. Denize yakındır. Otelde güzel bir lokanta ve odalar var. Turistler odalarındadır.

Look at the hotel. This place is Hilton Hotel. It is in Istanbul in Taksim. It is near the sea. There is a nice restaurant and rooms. The tourists are in their rooms.

Süt nerede? Süt mutfaktadır. Buzdolabına bak. Orada iki şişe süt var. Bardaklar da masanın üstündedir. Bardaklara süt koy ve odaya gel.

Where is the milk? The milk is in the kitchen. Look at the fridge. There are two bottles of milk there. The glasses are also on the table. Put the milk into the glasses and come to the room.

Müdürün masası nerede? Şu odanın karşısında bir salon var. Müdürün masası o salondadır. Müdür salonda değil. Onun kitaplarını al ve masasına koy.

Where is the manager's table? There is a hall opposite that room. The manager's room is in that hall. The manager isn't in the hall. Take his books and put on his table.

Questions and Answers to the Reading Passages

Otelin adı nedir?
What is the name of the hotel?

Otelin adı Hilton'dur.
The name of the hotel is Hilton.

Otel nerededir?
Where is the hotel?

Taksim'dedir.
It is in Taksim.

Denize uzak mıdır?
Is it far the sea?

Hayır, uzak değildir. Yakındır.
No, it isn't far. It is near.

Otelde lokanta var mı?
Is there a restaurant in the hotel?

Evet, var.
Yes, there is.

Turistler nerededir?
Where are the tourists?

Onlar odalarındadır.
They are in their rooms.

Süt buzdolabında mı yoksa masanın üstünde mi?
Is the milk in the refrigerator or on the table?

Süt buzdolabındadır.
The milk is in the refrigerator.

Kaç şişe süt var?
How many bottles of milk are there?

İki şişe süt var.
There are two bottles of milk.

Bardaklar nerededir?
Where are the glasses?

Onlar masanın üstündedir.
They are on the table.

Odanın karşısında ne var?
What is there opposite the room?

Bir salon var.
There is a hall.

Müdürün masası nerededir?
Where is the manager's table?

O salondadır.
It is in the hall.

Müdür salonda mı?
Is the manager in the hall?

Hayır, değil.
No, he isn't.

PRACTICE 20

A

Make imperative sentences with the words given.

Example : **ev - gitmek**   ---> **Eve git.**

1. **okul - gelmek**
2. **buzdolabı - koymak**
3. **ofis - gitmek**
4. **ben - bakmak**
5. **defter - yazmak**
6. **Etap Oteli - gelmek**

B

Make questions for which the italicised words could be an answer.

Example : **Öğretmen** *okuldadır.*
   Öğretmen nerededir?

1. **Ahmet** *evdedir.*

2. **Bu** *büyük bir evdir.*
3. **Dükkân** *sinemanın karşısındadır.*
4. **Bu adam** *Ahmet Bey'dir.*
5. **Buzdolabında** *üç şişe süt var.*
6. *Ben iyiyim.*
7. **Burası** *Hilton Oteli'dir.*
8. **Küçük köpek** *masanın altındadır.*

C

Make appropriate imperatives using directional suffixes.

1. **masa**
2. **okul**
3. **ben**
4. **İstanbul**
5. **onun evi**
6. **bizim atımız**
7. **kızın defteri**
8. **işadamı**
9. **mutfak**
10. **otobüs durağı**
11. **Hakan Sineması**

D

Fill the gap.

1. **Kadın... bak.**
2. **Küçük köpek masa... altındadır.**
3. **Ben iyi... .**
4. **Masada kaç şişe su ... ?**
5. **Adam... ayakları büyüktür.**

E

Translate into English.

1. **Salonun karşısında ne var?**
2. **Çocuğun ayağına bak.**
3. **Otobüs durağına gel.**
4. **Ailen nerededir?**

5. **Hangi okul büyüktür?**
6. **Öğrencinin defterine yaz.**
7. **Bardaklara çay koy.**
8. **İsmini bu kitaba yaz.**

F

Translate into Turkish.

1. Put here.
2. Look at the road and come to the room.
3. Their bag isn't white.
4. His father is in the school.
5. The tourists are in this hotel. Go there.
6. The door of the car is open.
7. Look at the boss's house. It is big.
8. Which day is the doctor at home?

PRACTICE 20 - ANSWERS

A. 1. **Okula gel.** 2. **Buzdolabına koy.** 3. **Ofise git.** 4. **Bana bak.** 5. **Deftere yaz.** 6. **Etap Oteli'ne gel.**

B. 1. **Ahmet nerededir?** 2. **Bu nedir?** 3. **Dükkân nerededir?** 4. **Bu adam kimdir?** 5. **Buzdolabında kaç şişe süt var?** 6. **Sen nasılsın?** 7. **Burası neresidir?** 8. **Küçük köpek nerededir?**

C. 1. **Masaya koy.** 2. **Okula gel.** 3. **Bana yaz.** 4. **İstanbul'a git.** 5. **Onun evine gel.** 6. **Bizim atımıza bak.** 7. **Kızın defterine yaz.** 8. **İşadamına bak.** 9. **Mutfağa git.** 10. **Otobüs durağına gel.** 11. **Hakan Sineması'na bak.**

D. 1. **Kadına bak.** 2. **Küçük köpek masanın altındadır.** 3. **Ben iyiyim.** 4. **Masada kaç şişe su var?** 5. **Adamın ayakları büyüktür.**

E. 1. What is there opposite the hall? 2. Look at the child's foot. 3. Come to the bus-stop. 4. Where is your family? 5. Which school is big? 6. Write to the student's note-book. 7. Put (some) tea into the glasses. 8. Write your name on this book.

F. 1. **Buraya koy.** 2. **Sokağa bak ve odaya gel.** 3. **Onların çantası beyaz değildir.** 4. **Onun babası okuldadır.** 5. **Turistler oteldedir. Oraya git.** 6. **Arabanın kapısı açıktır.** 7. **Patronun evine bak. O büyük.** 8. **Doktor hangi gün evdedir?**

temel TÜRKÇE kursu

DERS 21

GAZETE

Gazete masadadır.

NEWSPAPER

The newspaper is on the table.

DERGİ

Dergiye bak.

MAGAZINE

Look at the magazine.

HANIM, KARI, EŞ

Karımın (hanımımın, eşimin) adı Ayten'dir.

WIFE

My wife's name is Ayten.

BEY, KOCA, EŞ

Kocanız (beyiniz, eşiniz) şimdi nerededir?

HUSBAND

Where is your husband now?

MEKTUP

Annene mektup yaz.

LETTER

Write a letter to your mother.

SİGARA

Adamın elinde bir sigara var.

CIGARETTE

There is a cigarette in the man's hand.

BİRA

Bir bardak bira, lütfen.

BEER

A glass of beer, please.

ŞARAP **Bardağa şarap koy.**		WINE Put some wine into the glass.
AÇMAK **Kapıyı aç.**		TO OPEN Open the door.
BULMAK **Çantamı bul.**		TO FIND Find my bag.
ÇALIŞMAK **Bu fabrikada çalış.** **Ders çalış.**		TO WORK, TO STUDY Work in this factory. Study lesson.
BEKLEMEK **Burada otobüs bekle.**		TO WAIT Wait for the bus here.
VERMEK **Kitabı bana ver.**		TO GIVE Give the book to me.
KAPAMAK **Odanın kapısını kapa.**		TO SHUT Shut the door of the room.

IMPERATIVES (Continued)

Remember imperatives are made with the verb root.

Bak.	Look.	**Git.**	Go.
Gel.	Come.	**Yaz.**	Write.

Directional suffixes should be added to nouns used with verbs which describe movement.

Buraya gel.	Come here.
Kapıya git.	Go to the door.
Masaya koy.	Put on the table.
Eve git.	Go home.
Bana bak.	Look at me.
Onlara git.	Go to them.
Hilton Oteli'ne gel.	Come to the Hilton Hotel.
Yatak odasına git.	Go to the bedroom.
Buzdolabına koy.	Put into the refrigerator.

The suffix -i, -ı, -u, -ü is used when the noun is the object of a sentence (the accusative case).

at - atı	horse - the horse
kız - kızı	girl - the girl
ev - evi	house - the house
otel - oteli	hotel - the hotel
top - topu	ball - the ball
salon - salonu	hall - the hall
otobüs - otobüsü	bus - the bus
şoför - şoförü	driver - the driver

The buffer y is used when the noun ends in a vowel.

kapı - kapı-y-ı	door - the door
lokanta - lokanta-y-ı	restaurant - the restaurant
bahçe - bahçe-y-i	garden - the garden
kedi - kedi-y-i	cat - the cat
kutu - kutu-y-u	box - the box
radyo - radyo-y-u	radio - the radio
köprü - köprü-y-ü	bridge - the bridge
ütü - ütü-y-ü	iron - the iron

ağaç - ağacı	tree - the tree
bardak - bardağı	glass - the glass
mutfak - mutfağı	kitchen - the kitchen
kitap - kitabı	book - the book
mektup - mektubu	letter - the letter

ben - beni	I - me
sen - seni	you - you
o - onu	he/she/it - him/her/it
biz - bizi	we - us
siz - sizi	you - you
onlar - onları	they - them

Divan Oteli-n-i	the Divan Hotel
buzdolabı-n-ı	the refrigerator
yatak odası-n-ı	the bedroom
işadamı-n-ı	the businessman

Kızı bekle.	Wait the girl.
Peyniri ye.	Eat the cheese.
Topu al.	Take the ball.
Otobüsü bekle.	Wait for the bus.
Çayı iç.	Drink the tea.
Öğretmeni dinle.	Listen to the teacher.

Kapıyı aç.	Open the door.
Kediyi ver.	Give the cat.

Kutuvu aç.	Open the box.
Radyoyu dinle.	Listen to the radio.
Ütüyü ver.	Give the iron.
Birayı iç.	Drink the beer.
Uçağı bekle.	Wait for the plane.
Kitabı aç.	Open the book.
Mektubu yaz.	Write the letter.
Buzdolabını kapat.	Shut the refrigerator.
Bahçe kapısını aç.	Open the garden gate.
Beni bekle.	Wait for me.
Onu gör.	See her.

The buffer **n** is inserted between the possessed suffix **-i** and the accusative **i**.

odanın kapısı - odanın kapısını
senin öğretmenin - senin öğretmenini
salonun penceresi - salonun penceresini
annemin elbisesi - annemin elbisesini

Odanın kapısını aç.	Open the door of the room.
Öğretmenini dinle.	Listen to your teacher.
Salonun penceresini kapat.	Shut the window of the hall.
Annemin elbisesini ver.	Give my mother's dress.
Onun mektubunu oku.	Read his letter.
Ayşe Hanım'ın ütüsünü al.	Take Ayşe Hanım's iron.

The possessed suffix is also used with **gün** after the names of days as below.

Pazartesi günü	On Monday
Salı günü	On Tuesday
Çarşamba günü	On wednesday
Pazartesi günü gel.	Come on Monday.
Salı günü git.	Go on Tuesday.
Perşembe günü kitapları al.	Take the books on Thursday.
Cuma günü mektubu ver.	Give the letter on Friday.
Pazar günü İzmir'e git.	Go to Izmir on Sunday.

The accusative (suffix) and directional suffixes may be used in the same sentences.

Köpeği kadına ver.	Give the dog to the woman.
Sütü buzdolabına koy.	Put the milk into the refrigerator.
Beyaz çantayı bana ver.	Give the white bag to me.

NEGATIVE IMPERATIVES

Negative imperatives are used to tell someone not to do something. To make negative imperatives, merely add the negative suffix **-me/-ma** to the verb root / positive imperative form.

Bak.	Look.	Bakma.	Don't look.
Gel.	Come.	Gelme.	Don't come.
Yaz.	Write.	Yazma.	Don't write.
Al.	Take.	Alma.	Don't take.
Aç.	Open.	Açma.	Don't open
Kapat.	Shut.	Kapatma.	Don't shut.
Dinle.	Listen.	Dinleme.	Don't listen.
Bekle.	Wait.	Bekleme.	Don't wait.
Çalış.	Work (study).	Çalışma.	Don't work (study).
Git.	Go.	Gitme.	Don't go.
İç.	Drink.	İçme.	Don't drink.
Ye.	Eat.	Yeme.	Don't eat.
Koy.	Put.	Koyma.	Don't put.
Oku.	Read.	Okuma.	Don't read.
Ver.	Give.	Verme.	Don't give.
Bul.	Find.	Bulma.	Don't find.

Bana bakma.	Don't look at me.
Buraya gelme.	Don't come here.
Mektubu yazma.	Don't write the letter.
Kapıyı açma.	Don't open the door.
Pencereyi kapatma.	Don't shut the window.
Odada çalışma.	Don't work (study) in the room.
Onun evine gitme.	Don't go to his house.
Şu defteri alma.	Don't take that note-book.
Adamı dinleme.	Don't listen to the man.
O birayı içme.	Don't drink that beer.
Beni bekleme.	Don't wait for me.
O fabrikada çalışma.	Don't work in that factory.
Peyniri yeme.	Don't eat the cheese.
Sandalyeyi balkona koyma.	Don't put the chair to the balcony.
Kitabı okuma.	Don't read the book.
Topu çocuğa verme.	Don't give the ball to the child.

Beni bekleme.	Don't wait for me.
Onu görme.	Don't see her.

Bahçe kapısını açma.	Don't open the garden gate.
Hilton Oteli'ne gitme.	Don't go to the Hilton Hotel.

Odanın kapısını açma.	Don't open the door of the room.
Onun mektubunu okuma.	Don't read his letter.
Babanın sigarasını içme.	Don't drink your father's cigarette.
Patronun sandalyesine oturma.	Don't sit the boss's chair.

Ablative Case (-den suffix)

We have seen four noun cases. Now we look at the ablative, after which all five noun cases will be summarized.

The ablative suffix is **-dan/-den**, and is used to talk about leaving or taking (English, 'from').

adam - adamdan	man - from the man
kadın - kadından	woman - from the woman
dükkân - dükkândan	shop - from the shop
salon - salondan	hall - from the hall
okul - okuldan	school - from the school
televizyon - televizyondan	television - from the television
balkon - balkondan	balcony - from the balcony
doktor - doktordan	doctor - from the doctor
kapı - kapıdan	door - from the door
lokanta - lokantadan	restaurant - from the restaurant
oda - odadan	room - from the room
masa - masadan	table - from the table
radyo - radyodan	radio - from the radio
araba - arabadan	car - from the car
ev - evden	house - from the house
otel - otelden	hotel - from the hotel
deniz - denizden	sea - from the sea
tren - trenden	train - from the train
sekreter - sekreterden	secretary - from the secretary
defter - defterden	note-book - from the note-book
taksi - taksiden	taxi - from the taxi
hastane - hastaneden	hospital - from the hospital
hemşire - hemşireden	nurse - from the nurse
gemi - gemiden	ship - from the ship
bahçe - bahçeden	garden - from the garden
postane - postaneden	post-office - from the post-office

If the noun ends **ç, f, h, k, p, s, ş, t**, the ablative suffix becomes **-tan, -ten**.

ağaç - ağaçtan	tree - from the tree
yatak - yataktan	bed - from the bed
bardak - bardaktan	glass - from the glass
uçak - uçaktan	plane - from the plane
kitap - kitaptan	book - from the book
otobüs - otobüsten	bus - from the bus

When adding the ablative suffix to compound nouns, **n** is inserted.

Hilton Oteli - Hilton Oteli'nden	Hilton Hotel - from the Hilton Hotel
yatak odası - yatak odasından	bedroom - from the bedroom
buzdolabı - buzdolabından	refrigerator - from the refrigerator
bahçe kapısı - bahçe kapısından	garden gate - from the garden gate
Garanti Bankası - Garanti Bankası'ndan	Garanti Bank - from Garanti Bank

206

benden	from me
senden	from you
ondan	from him/her/it
bizden	from us
sizden	from you
onlardan	from them
buradan	from here
şuradan	from there
oradan	from there

Evden git.	Go from the house.
Pencereden bana bak.	Look at me from the window.
Bahçeden gel.	Come from the garden.
Radyodan dinle.	Listen from the radio.
Hemşireden al.	Take from the nurse.
Köprüden denize bak.	Look at the sea from the bridge.
Antalya'dan gel.	Come from Antalya.

Şuradan bak.	Look from there.
Öğretmeni oradan dinle.	Listen to the teacher from there.

Kitapları benden al.	Take the books from me.

Suyu bardaktan iç.	Drink the water from the glass.
Kitaptan oku.	Read from the book.
Otobüsten bak.	Look from the bus.

Peyniri buzdolabından al.	Take the cheese from the refrigerator.
Bahçe kapısından gel.	Come from the garden gate.

Evden gitme.	Don't go from the house.
Pencereden bana bakma.	Don't look at me from the window.
Bahçeden gelme.	Don't come from the garden.
Radyodan dinleme.	Don't listen from the radio.
Hemşireden alma.	Don't take from the nurse.
Köprüden denize bakma.	Don't look at the sea from the bridge.
Antalya'dan gelme.	Don't come from Antalya.

Şuradan bakma.	Don't look from there.

Kitapları benden alma.	Don't take the books from me.

Suyu bardaktan içme.	Don't drink the water from the glass.
Kitaptan okuma.	Don't read from the book.
Otobüsten bakma.	Don't look from the bus.

Peyniri buzdolabından alma.	Don't take the cheese from the fridge.
Bahçe kapısından gelme.	Don't come from the garden gate.

Summary of Noun Cases

Base Form	**Deniz Salon Şoför Otobüs** **Bahçe Masa Köprü Uçak**
Dative (Directional) *(-e, -a, -ye, ya)*	**Denize Salona Şoföre Otobüse** **Bahçeye Masaya Köprüye Uçağa**
Accusative (Object) *(-i, -ı, -u, -ü) (-yi, -yı, -yu, -yü)*	**Denizi Salonu Şoförü Otobüsü** **Bahçeyi Masayı Köprüyü Uçağı**
Locative (Locational) *(-de, -da, -te, -ta)*	**Denizde Salonda Şoförde Otobüste** **Bahçede Masada Köprüde Uçakta**
Ablative *(-den, -dan) (-ten, -tan)*	**Denizden Salondan Şoförden Otobüsten** **Bahçeden Masadan Köprüden Uçaktan**
Genitive (Possessive) *(-in, -ın, -un, -ün)* *(-nin, -nın, -nun, -nün)*	**Denizin Salonun Şoförün Otobüsün** **Bahçenin Masanın Köprünün Uçağın**

Burası bir bahçedir.	This place is a garden.
Bahçeye gel.	Come to the garden.
Bahçeyi bul.	Find the garden.
Bahçede ne var?	What is there in the garden?
Bahçeden bak.	Look from the garden.
Bahçenin kapısı nerededir?	Where is the door of the garden?
Bu büyük bir masadır.	This is a big table.
Şu masaya gel.	Come to that table.
Masayı şuraya koy.	Put the table there.
Masada tabaklar ve bardaklar var.	There are plates and glasses on the table.
Bu defteri masadan al.	Take this note-book from the table.
Masanın rengi nedir?	What is the colour of the table?
O genç bir şofördür.	He is a young driver.
Bu anahtarı şoföre ver.	Give this key to the driver.
Bizim şoförü dinle.	Listen to our driver.
Şoförde bir gazete var.	The driver has got a newspaper.
Çantayı şoförden al.	Take the bag from the driver.
Şoförün adı nedir?	What is the driver's name?
Uçak şimdi nerede?	Where is the plane now?
Uçağa git.	Go to the plane.
O uçağı bekle.	Wait for that plane.
Uçakta kimler var?	Who is there on the plane?
Uçaktan evlere bak.	Look at the houses from the plane.
Uçağın kapısı kapalıdır.	The door of the plane is shut.

A

Combine the words using accusative and directional suffixes as shown.

Example : **çanta - kadın** ---> **çantayı kadına**

1. **silgi - öğrenci**
2. **kitaplar - öğretmen**
3. **çay - adam**
4. **dergi - babam**
5. **kedi - çocuk**
6. **bardak - doktor**
7. **kuş - ağaç**
8. **top - bahçe**
9. **sandalye - oda**
10. **süt - buzdolabı**

B

Put the words into order to make imperative sentences.

Example : **Gelmek - okul** ---> **Okula gel.**

1. **açmak - kapı**
2. **koymak - bira - buzdolabı**
3. **gitmek - hastane**
4. **açmak - bahçe kapısı**
5. **vermek - o - gazete**
6. **çalışmak - bu - oda**
7. **dinlemek - öğretmen**
8. **beklemek - genç - doktor**

C

Make negative imperative sentences using the above.

Example : **Gelmek - okul** ---> **Okula gelme.**

D

For each noun, list its five noun cases.

1. **kapı**
2. **fabrika**
3. **otel**
4. **ağaç**
5. **buzdolabı**

E

Fill the gaps (using an appropriate suffix).

1. **Kadın... çantası nerede?**	**a) da**	**b) nın**	**c) dan**
2. **Köprü... ne var?**	**a) de**	**b) nün**	**c) ye**
3. **Şimdi park... gel.**	**a) ın**	**b) ı**	**c) a**
4. **Buzdolabı... içinde ne var?**	**a) nın**	**b) na**	**c) nda**
5. **Çanta... anahtarını ver.**	**a) nın**	**b) ya**	**c) dan**

F

Translate into English.

1. **Evin kapısı kapalıdır.**
2. **Bu gazeteyi okuma.**
3. **Şu odada çalış.**
4. **Annenin adını buraya yaz.**
5. **Patronun odası nerededir?**
6. **Evin kapısını kapama.**

G

Translate into Turkish.

1. Don't listen to me.
2. Eat your cheese. Where is the cheese? It is in the refrigerator.
3. Take the cat from the bedroom.
4. Ayşe's house is near the park.
5. There are bags in the shop. Put them into the car.
6. Go to school. Listen to your teacher.

PRACTICE 21 - ANSWERS

A. 1. silgiyi öğrenciye 2. kitapları öğretmene 3. çayı adama 4. dergiyi babama 5. kediyi çocuğa 6. bardağı doktora 7. kuşu ağaca 8. topu bahçeye 9. sandalyeyi odaya 10. sütü buzdolabına

B. 1. **Kapıyı aç.** 2. **Birayı buzdolabına koy.** 3. **Hastaneye git.** 4. **Bahçe kapısını aç.** 5. **O gazeteyi ver.** 6. **Bu odada çalış.** 7. **Öğretmeni dinle.** 8. **Genç doktoru bekle.**

C. 1. **Kapıyı açma.** 2. **Birayı buzdolabına koyma.** 3. **Hastaneye gitme.** 4. **Bahçe kapısını açma.** 5. **O gazeteyi verme.** 6. **Bu odada çalışma.** 7. **Öğretmeni dinleme.** 8. **Genç doktoru bekleme.**

D. 1. kapıyı, kapıya, kapıda, kapıdan, kapının 2. fabrikayı, fabrikaya, fabrikada, fabrikadan, fabrikanın 3. oteli, otele, otelde, otelden, otelin 4. ağacı, ağaca, ağaçta, ağaçtan, ağacın 5. buzdolabını, buzdolabına, buzdolabında, buzdolabından, buzdolabının

E. 1. b 2. a 3. c 4. a 5. c

F. 1. The door of the house is shut. 2. Don't read this newspaper. 3. Work (Study) in that room. 4. Write your mother's name here. 5. Where is the room of the boss? 6. Don't shut the door of the house.

G. 1. **Beni dinleme.** 2. **Peynirini ye. Peynir nerede? O buzdolabındadır. (Buzdolabının içindedir.)** 3. **Kediyi yatak odasından al.** 4. **Ayşe'nin evi parkın yanındadır.** 5. **Dükkânda çantalar var. Onları arabaya koy.** 6. **Okula git. Öğretmenini dinle.**

temel
TÜRKÇE
kursu

DERS 22

VOCABULARY

DURMAK

Evin önünde dur.

TO STOP, TO STAND

Stop in front of the house.

GİRMEK

Odaya girme.

TO ENTER

Don't enter the room.

ÇIKMAK

Mutfaktan çık.

TO GO OUT

Go out of the kitchen.

ATMAK

Topu bana at.

TO THROW

Throw the ball to me.

GÖRMEK

Annen bahçededir. Git
ve onu gör.

TO SEE

Your mother is in the
garden. Go and see her.

KIZ (KIZ EVLAT)

Kızımın adı Sumru'dur.

DAUGHTER

My daughter's name is
Sumru.

OĞUL (ERKEK EVLAT)

Onun oğlu bir mühendistir.

SON

Her son is an engineer.

211

BİRKAÇ Odada birkaç sandalye var.		SOME There are some chairs in the room.
BİRAZ Bardakta biraz süt var.		SOME There is some milk in the glass.
HİÇ Sokakta hiç araba yok.		ANY There aren't any cars in the street.
ADRES Doktorun evinin adresi nedir?		ADRESS What is the adress of the doctor's house?
YOL Yolda iki çocuk var.		ROAD, WAY There are two children on the road.
SAĞ Lokanta sağdadır.		RIGHT The restaurant is on the right.
SOL Evin solunda ne var?		LEFT What is there on the left of the house?

OĞLAN, OĞUL (OĞLU)

Oğul (= son) is the base form, which becomes **oğlu** when suffixes are added.

oğul	son
benim oğlum **senin oğlun**	my son your son

212

onun oğlu	his/her son
bizim oğlumuz	our son
sizin oğlunuz	your son
onların oğlu	their son
Ayşe'nin oğlu	Ayşe's son

| Benim oğlum bir öğrencidir. | My son is a student. |
| Onun oğlu yakışıklıdır. | Her son is handsome. |

The word **oğlan** (= boy), however, doesn't change when suffixes are added.

| Oğlan nerede? | Where is the boy? |
| Benim oğlum nerede? | Where is my son? |

| Şu oğlan iyi bir öğrencidir. | That boy is a good student. |
| Onun oğlu iyi bir öğrencidir. | Her son is a good student. |

| Oğlanlar sinemada mı? | Are the boys in the cinema? |
| Senin oğlun sinemada mı? | Is your son in the cinema? |

KIZ, KIZ EVLAT

Turkish does not distinguish between 'daughter' and 'girl', **kız** being used for them both, while **kız evlat** is used less commonly for 'daughter.

| Bu kız güzeldir. | This girl is beautiful. |
| Benim kızım güzeldir. | My daughter is beautiful. |

| Kızlar bahçede mi? | Are the girls in the garden? |
| Senin kızın bahçede mi? | Is your daughter in the garden? |

| Bu kızın adı Aysel'dir. | This girl's name is Aysel. |
| Onun kızının adı nedir? | What is her daughter's name? |

SAĞ(IN)DA, SOL(UN)DA

Expressions for place like **sağda, solda, sağında, solunda** use the locative suffix.

| sağda | on the right |
| solda | on the left |

Postane sağdadır.	The post-office is on the right.
Onların evi sağdadır.	Their house is on the right.
Kapı sağdadır.	The door is on the right.

Garanti Bankası soldadır.	Garanti Bank is on the left.
Mutfak soldadır.	The kitchen is on the left.
Müdürün odası soldadır.	The manager's room is on the left.

213

Sağda küçük bir ev var.	There is a small house on the right.
Solda ne var?	What is there on the left?
Sağda hastane yok.	There isn't a hospital on the right.
Solda bir otel var mı?	Is there a hotel on the left?
Otel solda değildir.	The hotel isn't on the left.
Kapı sağda mıdır?	Is the door on the right?

The expressions **sağında**, **solunda** are used in sentences specifying what something is on the right/left of. This relationship is shown by use of the genitive, as in the examples below.

okulun sağında	on the right of the school
kapının sağında	on the right of the door
bankanın solunda	on the left of the bank
adamın solunda	on the left of the man
fabrikanın sağında	on the right of the factory
yatağın solunda	on the left of the bed
benim sağımda	on the right of me
onun solunda	on the left of him
yatak odasının sağında	on the right of the bedroom
Konyalı Lokantası'nın solunda	on the left of Konyalı Restaurant
Okulun sağında büyük bir park var.	There is a big park on the right of the school.
Sandalyeler kapının sağındadır.	The chairs are on the right of the door.
Bankanın solunda ne var?	What is there on the left of the bank?
Adamın solunda bir çocuk var.	There is a child on the left of the man.
Fabrikanın sağında bir hastane var.	There is a hospital on the right of the factory.
Köpek yatağın solundadır.	The dog is on the left of the bed.
Benim sağımda Ali var.	There is Ali on the right of me.
Öğretmen onun solundadır.	The teacher is on the left of him.
Yatak odasının sağında mutfak var.	There is the kitchen on the right of the bedroom.
Ofis Konyalı Lokantası'nın solundadır.	The office is on the left of Konyalı Restaurant.

BİRKAÇ, BİRAZ

These words are adjectives of quantity, placed before the noun. **Birkaç** determines the noun in terms of number, and is usually used before countable nouns.

birkaç	some
birkaç kalem	some pencils

birkaç çocuk	some children
birkaç ev	some houses
birkaç çanta	some bags
birkaç öğretmen	some teachers
birkaç gazete	some newspapers

Çantada bir kalem var.	There is one pencil in the bag.
Çantada dört kalem var.	There are four pencils in the bag.
Çantada birkaç kalem var.	There are some pencils in the bag.

Bahçede birkaç çocuk var.	There are some children in the garden.
Okulda birkaç öğretmen var.	There are some teachers in the school.
Masada birkaç çanta var.	There are some bags on the table.
Birkaç gazete sandalyenin üstündedir.	Some newspapers are on the chair.
Fabrikanın yanında birkaç ev var.	There are some houses near the factory.

Biraz determines the noun in terms of amount, and is usually used before uncount nouns.

biraz	some
biraz süt	some milk
biraz su	some water
biraz bira	some beer
biraz çay	some tea
biraz kahve	some coffee
biraz şeker	some sugar

Şişede biraz süt var.	There is some milk in the bottle.
Bardakta biraz su var.	There is some water in the glass.
Fincanda biraz kahve var.	There is some coffee in the cup.
Kutuda biraz şeker var.	There is some sugar in the box.
Fincanda biraz çay var mı?	Is there some tea in the cup?
Buzdolabında biraz bira var.	There is some beer in the refrigerator.

HİÇ

Hiç (= not any) refers to negativity. Used before nouns it indicates that there are none. Used before adjectives it indicates that the noun does not have that quality. It can also be used before verbs. We shall look here at its usage before nouns.

Hiç is used for both count and uncount nouns. Positive sentences in English using the word **some** are formed in the negative and as questions with 'any' - this 'any' is **hiç** in Turkish. It is also possible in English to make questions with some, for example when a positive answer is expected. This is not possible in Turkish (ie **birkaç** and **biraz** are not used in questions).

Bahçede birkaç çocuk var.	There are some children in the garden.
Bahçede hiç çocuk var mı?	Are there any children in the garden?
Bahçede hiç çocuk yok.	There aren't any children in the garden.
Çantada hiç kalem yok.	There aren't any pencils in the bag.
Bahçede hiç çocuk yok.	There aren't any children in the garden.
Okulda hiç öğretmen yok.	There aren't any teachers in the school.
Masada hiç çanta yok.	There aren't any bags on the table.
Sandalyenin üstünde hiç gazete yok.	There aren't any newspapers on the chair.
Fabrikanın yanında hiç ev yok.	There aren't any houses near the factory.
Şişede hiç süt yok.	There isn't any milk in the bottle.
Bardakta hiç su yok.	There isn't any water in the glass.
Fincanda hiç kahve yok.	There isn't any coffee in the cup.
Kutuda hiç şeker yok.	There isn't any sugar in the box.
Fincanda hiç çay yok.	There isn't any tea in the cup.
Buzdolabında hiç bira yok.	There isn't any beer in the refrigerator.
Çantada hiç kalem var mı?	Are there any pencils in the bag?
Bahçede hiç çocuk var mı?	Are there any children in the garden?
Okulda hiç öğretmen var mı?	Are there any teachers in the school?
Masada hiç çanta var mı?	Are there any bags on the table?
Şişede hiç süt var mı?	Is there any milk in the bottle?
Fincanda hiç kahve var mı?	Is there any coffee in the cup?
Kutuda hiç şeker var mı?	Is there any sugar in the box?
Buzdolabında hiç bira var mı?	Is there any beer in the refrigerator?

OKUL

Bu bir okuldur. Büyük ve güzel bir okul. Önünde büyük bir bahçe de var. Birkaç öğrenci şimdi bahçededir. Onlar bir ağacın yanındadır.

SCHOOL

This is a school. It is a big and nice school. There is also a big garden in front of it. Some students are in the garden now. They are near a tree.

Burası bir sınıf. Öğrenciler sınıftadır. Bu Zerrin Hanım. O genç bir kadındır. Bu sınıfın öğretmenidir. Zerrin Hanım'ın masası kapının sağındadır. Masanın üzerinde birkaç kitap ve kalem var. Zerrin Hanım'ın çantası da masanın üzerindedir.

This place is a classroom. The students are in the classroom. This is Zerrin Hanım. She is a young woman. She is this classroom's teacher. Zerrin Hanım's table is on the right of the door. There are some books and pencils on the table. Zerrin Hanım's bag is also on the table.

Bu Ayten. On beş yaşında. O Zerrin Hanım'ın kızıdır. İyi bir öğrencidir. onun solunda Serdar var. O da on beş yaşında.

This is Ayten. She is fifteen years old. She is Zerrin Hanım's daughter. She is a good student. Serdar is on the left of her. He is also fifteen years old.

Burası müdürün odası. Odada birkaç güzel çiçek var. Müdürün masası duvarın önündedir. Duvarda üç resim var. Masaya bak. Orada bir fincan var. Fincanın içinde biraz kahve var.

This place is the headmaster's room. There are some nice flowers in the room. The headmaster's table is in front of the wall. There are three pictures on the wall. Look at the table. There is a cup there. There is some coffee in the cup.

Questions and Answers to the Reading Passage

Okul nasıldır?
What is the school like?

Büyük ve güzeldir.
It is big and nice.

Okulun önünde ne var?
What is there in front of the school?

Büyük bir bahçe var.
There is a big garden.

Bahçede kim var?
Who is there in the garden?

Birkaç öğrenci var.
There are some students.

Onlar nerededir?
Where are they?

Onlar bir ağacın yanındadır.
They are near a tree.

Öğrenciler sınıfta mıdır?
Are the students in the classroom?

Evet, sınıftadır.
Yes, they are.

Öğretmenin adı nedir?
What is the teacher's name?

Zerrin'dir.
It is Zerrin.

O yaşlı mı yoksa genç midir?
Is she old or young?

O gençtir.
She is young.

Zerrin Hanım'ın masası nerededir?
Where is Zerrin Hanım's table?

O kapının sağındadır.
It is on the right of the door.

Masanın üzerinde ne var?	**Birkaç kitap, kalem ve Zerrin**
What are there on the table?	**Hanımın çantası var.**
	There are some books, pencils and
	Zerrin Hanım's bag.
Ayten kaç yaşındadır?	**On beş yaşındadır.**
How old is Ayten?	She is fifteen years old.
O kötü bir öğrenci midir?	**Hayır, kötü değildir. İyi bir öğrencidir.**
Is she a bad student?	No, She isn't bad student. She is a
	good student.
Ayten'in solunda kim var?	**Serdar var.**
Who is there on the left of Ayten?	There is Serdar.
Müdürün odasında hiç çiçek var mı?	**Evet, var.**
Are there any flowers in the	Yes, there are.
headmaster's room?	
Müdürün masası nerededir?	**Duvarın önündedir.**
Where is the headmaster's table?	It is in front of the wall.
Duvarda kaç tane resim var?	**Üç tane var.**
How many pictures are there on the wall?	There are three pictures.
Fincanda hiç kahve var mı?	**Evet, biraz kahve var.**
Is there any coffee in the cup?	Yes, there is some.

PRACTICE 22

A

Fill the gaps with appropriate suffixes to make sentences.

1. **Okul... sağ... ağaçlar var.**
2. **Lokanta... sol... ne var?**
3. **Bahçe kapısı... sağ... bir adam var.**
4. **Yatak... sol... dolap var.**
5. **Otobüs... sağ... şoför var.**

218

B

Fill the gaps with **biraz** or **birkaç** as appropriate.

    1. **Buzdolabında ... şişe süt var.**
    2. **Bahçede ... ağaç var.**
    3. **Kutuda ... şeker var.**
    4. **Masada ... çanta var.**
    5. **Tabakta ... peynir var.**
    6. **Patronun masasında ... dergi var.**

C

Change into negative and question forms using **hiç**.

    1. **Arabada birkaç çocuk var.**
    2. **Mutfakta biraz ekmek var.**
    3. **Balkonda birkaç sandalye var.**
    4. **Çantada birkaç anahtar var.**
    5. **Bardakta biraz çay var.**

D

Using the words given, make positive or negative imperatives as indicated.

Example : **gitmek - oraya (Olumlu Emir)**
       Oraya git.

    1. **içmek - benim - çayım (Olumsuz E.)**
    2. **okumak - bu - dergi (Olumlu E.)**
    3. **kapamak - ev - kapı (Olumlu E.)**
    4. **vermek - bu - mektuplar - bana (Olumsuz E.)**
    5. **yazmak - sen - ad - defter (Olumlu E.)**
    6. **koymak - bu - çanta - sandalye (Olumsuz E.)**

E

Translate into English.

    1. **Oğlunun adı nedir?**
    2. **Kızımı okulun önünde bekle.**
    3. **Hastanenin sağında bir eczane var.**

4. Sepette bir kaç elma var.
5. Şişede biraz bira var.
6. Buzdolabında hiç et yok.
7. Benim çantamı oraya koyma.
8. Ofisin solunda bir banka var.

F

Translate into Turkish.

1. His wife is old.
2. Don't listen to your mother and father.
3. There are some carpets in the house.
4. There isn't any sugar on the table.
5. Are there any pictures on the wall?
6. Shut the window of the hall.
7. There is a kitchen on the left of the bedroom.
8. There is some water in the glass. The glass is on the table. Drink it.

PRACTICE 22 - ANSWERS

A. 1. **Okulun sağında ağaçlar var.** 2. **Lokantanın solunda ne var?** 3. **Bahçe kapısının sağında bir adam var.** 4. **Yatağın solunda dolap var.** 5. **Otobüsün sağında şoför var.**

B. 1. **birkaç** 2. **birkaç** 3. **biraz** 4. **birkaç** 5. **biraz** 6. **birkaç**

C. 1. **Arabada hiç çocuk var mı?** 2. **Mutfakta hiç ekmek var mı?** 3. **Balkonda hiç sandalye var mı?** 4. **Çantada hiç anahtar var mı?** 5. **Bardakta hiç çay var mı?**

1. **Arabada hiç çocuk yok.** 2. **Mutfakta hiç ekmek yok.** 3. **Balkonda hiç sandalye yok.** 4. **Çantada hiç anahtar yok.** 5. **Bardakta hiç çay yok.**

D. 1. **Benim çayımı içme.** 2. **Bu dergiyi oku.** 3. **Evin kapısını kapa.** 4. **Bu mektupları bana verme.** 5. **Senin adını deftere yaz.** 6. **Bu çantayı sandalyeye koyma.**

E. 1. What is your son's name? 2. Wait for my daughter in front of the school. 3. There is a chemist's on the right of the hospital. 4. There are some apples in the basket. 5. There is some beer in the bottle. 6. There isn't any meat in the refrigerator. 7. Don't put my bag there. 8. There is a bank on the left of the office.

F. 1. **Onun karısı yaşlıdır.** 2. **Anne ve babanı dinleme.** 3. **Evde birkaç halı var.** 4. **Masada hiç şeker yok.** 5. **Duvarda hiç resim var mı?** 6. **Salonun penceresini kapat.** 7. **Yatak odasının solunda mutfak var.** 8. **Bardakta biraz su var. Bardak masanın üstündedir. Onu iç.**

t e m e l
TÜRKÇE
k u r s u

DERS 23

PATATES

İki kilo patates, lütfen.

POTATO

Two kilos of potatoes, please.

DOMATES

Domatesler taze mi?

TOMATO

Are the tomatoes fresh?

TAZE

Bu taze mi yoksa bayat mı?

FRESH

Is this fresh or stale?

BAYAT

Bu ekmek bayat.

STALE

This bread is stale.

FASULYE

Buzdolabında biraz fasulye var.

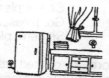

BEAN(S)

There are some beans in the fridge.

ÜZÜM

Manavda üzüm var mı?

GRAPE

Are there any grapes in the greengrocer's?

221

BİNMEK		TO GET ON
Bu otobüse bin.		Get on this bus.

İNMEK		TO GET OFF/GET OUT OF
Trenden inme.		Don't get off the train.

KOŞMAK		TO RUN
Otobüs durağına koş.		Run to the bus-stop.

OTURMAK		TO SIT
Evin önünde otur.		Sit in front of the house.

KALKMAK		TO STAND UP; TO GET UP; TO LEAVE; TO START; TO DEPART
O sandalyeden kalkma.		Don't stand up that chair.

Formal/Polite Imperatives

We have seen the direct form of imperatives. Imperatives can also be made using structures which are more formal or polite. As in English, personal pronouns are not usually used with imperatives.

Gel.	Come.
Git.	Go.
Buraya otur.	Sit here.

Lütfen can be added to soften an imperative.

Gel, lütfen.	Come, please.
Git, lütfen.	Go, please.
Buraya otur, lütfen.	Sit here, please.

In English there is only one verb form associated with the imperative (the verb root spoken directly to a second person). Turkish grammar has a third-person imperative form, requests or instructions to be given to another. To make this, add the suffix **-sın, -sin, -sun, -sün**.

Using the verb root alone is the imperative form used to those we address as **sen**. To those we address as **siz** (for politeness, to show respect, or to more than one person) the suffix used is **-(y)ın, -(y)in, -(y)un, (y)ün**.

Imperative Form

Ben	none
Sen	gel.
O	gelsin.
Biz	none
Siz	gelin.
Onlar	gelsin(ler).

Sen	O	Siz	Onlar
al	alsın	alın	alsın(lar)
bekle	beklesin	bekleyin	beklesin(ler)
dinle	dinlesin	dinleyin	dinlesin(ler)
gel	gelsin	gelin	gelsin(ler)
git	gitsin	gidin*	gitsin(ler)
gör	görsün	görün	görsün(ler)
koy	koysun	koyun	koysun(lar)
oku	okusun	okuyun	okusun(lar)
otur	otursun	oturun	otursun(lar)
yaz	yazsın	yazın	yazsın(lar)

* Used to make second-person imperatives, the t in **gitmek** becomes **d**.

Oraya gelsin.	Let him come there.
	(Tell/ask him to come there.)
O okula gitsin.	Let him go to school.
	(Tell/ask him to go to school.)
Ahmet mektubu yazsın.	Let Ahmet write the letter.
	(Tell/ask Ahmet to write the letter.)
Çocuk öğretmeni dinlesin.	Let the child listen to the teacher.
	(Tell/ask the child to listen to the teacher.)
Herkes burada beklesin.	Wait here, everybody.
Şu çiçekleri alsınlar.	Let them take these flowers.
	(Tell/ask them to take these flowers.)
Bu kitapları çantaya koysunlar.	Let them put these books into the bag.
	(Tell/ask them to put these books into the bag.)
Bu odada otursunlar.	Let them sit in this room.
	(Tell/ask them to sit in this room.)

Use a second-person imperative form to those addressed as **siz**.

Buraya gelin.	Come here.
Şimdi oraya gidin.	Go there now.
Şu kitabı okuyun.	Read this book.

Müdürün odasında bekleyin.	Wait in the manager's office.
Çiçekleri buraya koyun.	Put the flowers here.
Patrona bakın.	Look at the boss.
Burada oturun.	Sit here.
Tabakları masadan alın.	Take the plates from the table.
Şu mektupları yazın.	Write these letters.

Lütfen added to the above sentences makes them more polite.

Oraya gidin, lütfen.	Come here, please.
Şu kitabı okuyun, lütfen.	Read this book, please.
Öğretmeni dinleyin, lütfen.	Listen to the teacher, please.
Müdürün odasında bekleyin, lütfen.	Wait in the manager's room, please.
Burada oturun, lütfen.	Sit here, please.
Şu mektupları yazın, lütfen.	Write those letters, please.

Here are negative forms.

Oraya gelmesin.	Don't let him come there.
	(Tell/ask him not to come there.)
O okula gitmesin.	Don't let him go to this school.
	(Tell/ask him not to go this school.)
Ahmet mektubu yazmasın.	Don't let Ahmet write the letter.
	(Tell/ask Ahmet not to write the letter.)
Çocuk öğretmeni dinlemesin.	Don't let the child listen to the teacher.
	(Tell/ask the child not to listen to the teacher.)
Burada beklemesin.	Don't let him wait here.
	(Tell/ask him not to wait here.)
Şu çiçekleri almasınlar.	Don't let them take those flowers.
	(Tell/ask them not to take those flowers.)
Bu kitapları çantaya koymasınlar.	Don't let them put these books into the bag.
	(Tell/ask them not to put these books into the bag.)
Bu odada oturmasınlar.	Don't let them sit in this room.
	(Tell/ask them not to sit in this room.)

Buraya gelmeyin.	Don't come here.
Şimdi oraya gitmeyin.	Don't go there now.
Şu kitabı okumayın.	Don't read that book.
Müdürün odasında beklemeyin.	Don't wait in the manager's room.
Çiçekleri buraya koymayın.	Don't put the flowers here.
Patrona bakmayın.	Don't look at the boss.
Burada oturmayın.	Don't sit here.
Tabakları masadan almayın.	Don't take the plates from the table.
Şu mektupları yazmayın.	Don't read those letters.

*When **gidin** is used for negative imperatives, the **t** reverts to a **d**.

Oraya gitmeyin, lütfen.	Don't go there, please.

Şu kitabı okumayın, lütfen.	Don't read that book, please.
Müdürün odasında beklemeyin, lütfen.	Don't wait in the manager's room, please.
Burada oturmayın, lütfen.	Don't sit here, please.

To make imperatives even more polite or formal, add the suffix -(y)ınız, -(y)iniz, -(y)unuz, -(y)ünüz. (It is possible in English to express this using expressions like 'can/could you ...')

Oraya gidiniz.	Go there (please).
Buraya geliniz.	Come here (please).
Tabakları masadan alınız.	Take the plates from the table (please).
Şu mektupları yazınız.	Write those letters (please).
Burada oturunuz.	Sit here (please).
Patrona bakınız.	Look at the boss (please).

Öğretmeni dinleyiniz.	Listen to the teacher (please).
Şu kitabı okuyunuz.	Read that book (please).
Müdürün odasında bekleyiniz.	Wait in the manager's room (please).

Oraya gitmeyiniz.	Don't go there (please).
Buraya gelmeyiniz.	Don't come here (please).
Şu mektupları yazmayınız.	Don't write those letters (please).
Burada oturmayınız.	Don't sit here (please).
Öğretmeni dinlemeyiniz.	Don't listen to the teacher (please).
Şu kitabı okumayınız.	Don't read that book (please).

Kaç Lira, Kaç Para / How much

These questions are used to find out cost of something.

| Kaç lira? | How much? |
| Kaç para? | How much? |

Bu kaç lira?	How much is this?
O kaç lira?	How much is that?
Bu çanta kaç lira?	How much is this bag?
Şu kitap kaç lira?	How much is that book?
Şu domatesler kaç lira?	How much are those tomatoes?

Bu kaç para?	How much is this?
O kaç para?	How much is it?
Ekmek kaç para?	How much is the bread?
Şu top kaç para?	How much is that ball?
O halı kaç para?	How much is that carpet?

Bir şişe süt kaç para?	How much is a bottle of milk?
İki kilo elma kaç para?	How much are two kilos of apples?
Üç kilo patates kaç lira?	How much are three kilos of potatoes?
Bir paket çay kaç para?	How much is a packet of tea?

225

Bir kutu şeker kaç lira?	How much is a box of sugar?
Bir bardak çay kaç para?	How much is a glass of tea?

Ne kadar is also used.

Bu ne kadar?	How much is this?
Şu ne kadar?	How much is that?
O ne kadar?	How much is it?

Bu elbise ne kadar?	How much is this dress?
Şu defter ne kadar?	How much is that note-book?
O kalem ne kadar?	How much is that pencil?

Bir kilo et ne kadar?	How much is a kilo of meat?
İki kilo üzüm ne kadar?	How much are two kilos of grapes?
Bir şişe süt ne kadar?	How much is a bottle of milk?

Etin kilosu ne kadar?	How much is a kilo of meat?
Portakalın kilosu kaç para?	How much is a kilo of oranges?

Bu kalemlerin tanesi ne kadar?	How much is one of these pens?
Sütün şişesi kaç para?	How much is a bottle of milk?
Çayın paketi kaç lira?	How much is a packet of tea?

Here are answers using numbers to talk about price.

Bu elbise ne kadar?	How much is this dress?
Bu elbise kaç lira?	How much is this dress?
Bu elbise kaç para?	How much is this dress?

Answer is;

O sekiz yüz bin lira.	It is 800 000 liras.
İki yüz bin lira.	It is 200 000 liras.

Bu araba ne kadar?	How much is this car?
Bir milyar lira.	It is one billion liras.

Şu halı ne kadar?	How much is that carpet?
Beş bin dolar.	It is five thousand dollars.

İki kilo patates kaç lira?	How much are two kilos of potatoes?
Yirmi bin lira.	They are twenty thousand liras.

Bir şişe süt kaç para?	How much is a bottle of milk?
Yirmi beş bin lira.	It is twenty five thousand liras.

226

Buyurun (Buyrun)

Buyurun, or more commonly **buyrun** is a polite expression. It may be used to greet guests or customers, or to answer the phone (like welcome, hello, etc.).

Buyrun, çayınız. (sizin çayınız)	Here it is, your tea.
Buyrun, kitaplarınız. (sizin kitaplarınız)	Here they are, your books.
Buyrun, elbiseniz.	Here it is, your dress.

The above examples show **buyrun** used when giving or offering something to a guest/customer (there is no exact English equivalent).

- **Affedersiniz ... .**	Excuse me.
- **Buyrun.**	Yes.
- **Buralarda bir postane var mı?**	Is there a post-office near here?

Efendim

Efendim, another polite expression, might by added to **buyurun** to make it more polite (like the English 'sir/madam').

Buyurun efendim.	Here you are sir (Yes, sir).
İyi günler efendim.	Have a nice day, sir.

When a person is called by name, **buyrun** or **efendim** might be used in response (like 'yes').

- **Ayşe!**	Ayşe!
- **Efendim!**	Yes!
- **Neredesin?**	Where are you?
- **Banyodayım.**	I am in the bathroom.

Words Used in the Dialogues

yemek	food
salata	salad
garson	waiter
Şerefe!	Cheers!
Hesap lütfen.	The bill, please.
Üstü kalsın.	Keep the change.
Peki efendim.	Okay/Yes sir/madam.

DIALOGUES

MANAVDA / AT THE GROCERY

- Günaydın.	Good morning.
- Günaydın. Buyrun efendim.	Good morning. Come in sir.
- Domates var mı?	Have you got any tomatoes?
- Var efendim.	Yes, sir.
- Taze mi?	Are they fresh?
- Evet efendim.	Yes, sir.
- Bir kilo lütfen.	A kilo please.
- Peki.	All right.
- Kilosu ne kadar?	How much a kilo of?
- Yirmi beş bin lira.	Twenty five thousand liras.
- Üzüm de var mı?	Have you got grapes, too?
- Evet var.	Yes, we have.
- Üzümün kilosu kaç lira?	How much a kilo of grapes?
- Elli bin lira.	Fifty thousand liras.
- Yarım kilo üzüm lütfen.	Half a kilo of grapes, please.
- Peki efendim.	All right sir.
- İki kilo da patates lütfen.	And two kilos of potatoes, please.
- Peki.	All right.
- Parayı buyrun. Teşekkür ederim.	Here is the money. Thank you.
- Ben de teşekkür ederim.	I also thank you sir.
- İyi günler.	Good bye. (Have a nice day.)
- İyi günler.	Good bye. (Have a nice day.)

LOKANTADA / IN A RESTAURANT

İki kadın bir lokantadalar. Masaları
pencerenin yanındadır.

A : Bu lokantanın yemekleri güzeldir.	The food in this restaurant is good.
B : Evet güzel. İyi bir şarap da var mı?	Yes, it is. Have they also got a good wine?
A : Garson!	Waiter!
G : Buyrun efendim.	Yes, madam.
A : Bize iyi bir şarap lütfen.	A good wine for us, please.
G : Peki efendim.	All right, madam.

Şimdi bardaklarda kırmızı şarap var.   Now, there is red wine in the glasses.

A : Şerefe!	Cheers!
B : Şerefe!	Cheers!
A : Salata da ye. Çok taze.	Have some salad, too. It's very fresh.
B : Peki. Sen de biraz et ye.	All right. (You) eat some meat.
....	
A : Bu akşam kızın evde mi?	Is your daughter at home tonight?
B : Evet, evde arkadaşı da var.	Yes, she is with her friend at home.

Senin oğlun nerede?	Where is your son?
A : O teyzesinin evinde. Kocam da annesinde.	He is in his aunt's house. My husband is at his mother's.
B : Benim kocam şimdi ofiste.	My husband is in the office now.
A : Garson nerede?	Where is the waiter?
B : Bak! Şurada.	Look! Over there.
A : Garson!	Waiter!
G : Buyrun efendim.	Yes, madam.
A : Hesap lütfen.	The bill, please.
G : Peki efendim.	All right.
A : Üstü kalsın.	Keep the change.
G : Çok teşekkür ederim. İyi akşamlar.	Thank you very much. Good evening.
A,B : İyi akşamlar.	Good evening.

PRACTICE 23

A

Make the imperatives more polite (using a second-person suffix.)

1. **Buraya gel.**
2. **Bu sandalyeye otur.**
3. **Kitabı oku.**
4. **Topu çocuğa at.**
5. **Bu otobüse bin.**
6. **Ayağa kalk.**
7. **O trenden in.**
8. **Burada bekle.**

B

Make imperatives using the third-person singular.

1. **yemek - bu - peynir**
2. **koşmak - otobüs**
3. **bakmak - şu - resim**
4. **almak - kitaplar - masa**
5. **vermek - şu çanta - müdür**

C

Make the answers to question 'A' even more polite.

D

Ask the price of the item given and then answer (writing out the numbers).

Example : **kalem - 25 000**
Kalem kaç para?/ne kadar?/kaç lira?
Yirmi beş bin lira.

1. **Bu ev - 2 milyar**
2. **Bir şişe süt - 18 000**
3. **Etin kilosu - 350 000**
4. **Bir kilo peynir - 370 000**
5. **Bir paket çay - 45 000**

E

Translate into English.

1. **Bir kilo üzüm ne kadar?**
2. **Şu resime bakın lütfen.**
3. **Adamın şapkası sandalyenin arkasındadır.**
4. **Manavda hiç patates var mı?**
5. **Yatağın üzerinde birkaç elbise var.**
6. **Senin kocan şimdi nerede? Müdürün odasındadır.**
7. **Buzdolabından peyniri almayın lütfen.**

F

Translate into Turkish.

1. There are some tomatoes on the table.
2. How much is that brown hat?
3. Waiter! The bill please. Keep the change.
4. Get out of this bus, and get on that bus, please.
5. Don't take her bag, please.
6. What colour is her dress?
7. There isn't any water in the bottle.

PRACTICE 23 - ANSWERS

A. 1. **Buraya gelin.** 2. **Bu sandalyeye oturun.** 3. **Kitabı okuyun.** 4. **Topu çocuğa atın.** 5. **Bu otobüse binin.** 6. **Ayağa kalkın.** 7. **O trenden inin.** 8. **Burada bekleyin.**

B. 1. **Bu peyniri yesin.** 2. **Otobüse koşsun.** 3. **Şu resime baksın.** 4. **Kitapları masadan alsın.** 5. **Şu çantayı müdüre versin.**

C. 1. **Buraya geliniz.** 2. **Bu sandalyeye oturunuz.** 3. **Kitabı okuyunuz.** 4. **Topu çocuğa atınız.** 5. **Bu otobüse bininiz.** 6. **Ayağa kalkınız.** 7. **O trenden ininiz.** 8. **Burada bekleyiniz.**

D. 1. **Bu ev ne kadar? İki milyar lira.** 2. **Bir şişe süt kaç lira? On sekiz bin lira.** 3. **Etin kilosu kaç para? Üç yüz elli bin lira.** 4. **Bir kilo peynir kaç lira? Üç yüz yetmiş bin lira.** 5. **Bir paket çay kaç para? Kırk beş bin lira.**

E. 1. How much is one kilo of grapes? 2. Look at this picture, please. 3. The man's hat is behind the chair. 4. Are there any potatoes in the greengrocer's. 5. There are some dresses on the bed. 6. Where is your hasband now? He is in the manager's room. 7. Don't take the cheese from the fridge.

F. 1. **Masanın üstünde birkaç domates var.** 2. **Şu kahverengi şapka ne kadar?** 3. **Garson! Hesap lütfen. Üstü kalsın.** 4. **Bu otobüsten in ve şu otobüse bin lütfen.** 5. **Onun çantasını almayın, lütfen.** 6. **Onun elbisesi ne renktir?** 7. **Şişede hiç su yok.**

230

temel
TÜRKÇE
kursu

DERS 24

VOCABULARY

ADA

Bu adada güzel evler var.

ISLAND

There are nice houses on this island.

KONUŞMAK

Annem öğretmenle konuşuyor.

TO SPEAK, TO TALK

My mother is talking to the teacher.

KÖY

Bugün köye gidiyoruz.

VILLAGE

We are going to the village today.

UYUMAK

Bu yatakta uyuyun, lütfen.

TO SLEEP

Sleep on this bed, please.

PALTO

Onun paltosu ne renktir?

OVERCOAT

What is the colour of her overcoat?

YARIN

Yarın nereye gidiyorsun?

TOMORROW

Where are you going tomorrow?

TEMİZLEMEK

Annem evi temizliyor.

TO CLEAN

My mother is cleaning the house.

231

OYNAMAK

Burada oynamayın, lütfen.

TO PLAY

Don't play here, please.

YAPMAK

Burada ne yapıyorsun?

TO DO, TO MAKE

What are you doing here?

PRESENT CONTINUOUS

Up to this point we have seen verbs in the infinitive and imperative forms. Now we look at tenses, starting in this lesson with the present continuous.

As in English, present tenses are used to talk about things which are true at the moment of speaking. Verbs used in the present continuous tense typically refer to actions occurring at that moment (though there are other uses, as we shall see).

To make the present continuous, the suffix **-yor** is added followed by the person ending.

Infinitive   : **okumak**
Root   : **oku**
Present Continuous Suffix   : **-yor**

oku -yor   (root + present continuous suffix)

(Ben) oku -yor -um. (root + present continuous suffix + person ending)

The following points should be noted:

a) When added to a root with a consonant ending, **-yor** is preceded by **-ı, -i, -u, -ü**, according to vowel harmony. Look at the examples below.

Infinitive	*Root*	*Buffer*	*Pres. Cont. Suffix*
almak	**al**	**-ı**	**-yor**
gelmek	**gel**	**-i**	**-yor**
konuşmak	**konuş**	**-u**	**-yor**
görmek	**gör**	**-ü**	**-yor**

b) When the verb ends with the vowel **a** or **e**, this is omitted and replaced with the buffer **ı** or **u** (for **a**), **i** or **ü** (for **e**). These are known as 'irregular' verbs.

yemek	**ye**	**yi-**	**-yor**
demek*	**de**	**di-**	**-yor**
söylemek*	**söyle**	**söylü-**	**-yor**
anlamak*	**anla**	**anlı-**	**-yor**
toplamak*	**topla**	**toplu-**	**-yor**
dinlemek	**dinle**	**dinli-**	**-yor**

c) When the verbs **Gitmek, etmek** are used in the present continuous, their **t** becomes **d**.

gitmek*	git	gid-i-	-yor
etmek*	et	ed-i-	-yor

*Additional verbs used in this lesson:

demek	to say
söylemek	to say
anlamak	to understand
toplamak	to collect; to gather; to add; to pick
etmek	to do, to make

Examples of Present Continuous Structure

Ben	gel	-i	-yor	-um.
Sen	gel	-i	-yor	-sun.
O	gel	-i	-yor	-.
Biz	gel	-i	-yor	-uz.
Siz	gel	-i	-yor	-sunuz.
Onlar	gel	-i	-yor	-lar.
Adam	gel	-i	-yor	-.
Arkadaşım	gel	-i	-yor	-.

Ben	otur	-u	-yor	-um.
Sen	otur	-u	-yor	-sun.
O	otur	-u	-yor	-.
Biz	otur	-u	-yor	-uz.
Siz	otur	-u	-yor	-sunuz.
Onlar	otur	-u	-yor	-lar.
Adam	otur	-u	-yor	-.
Arkadaşım	otur	-u	-yor	-.

Ben	oku	-	-yor	-um.
Sen	oku	-	-yor	-sun.
O	oku	-	-yor	-.
Biz	oku	-	-yor	-uz.
Siz	oku	-	-yor	-sunuz.
Onlar	oku	-	-yor	-lar.
Adam	oku	-	-yor	-.
Arkadaşım	oku	-	-yor	-.

Ben	söyle (ü)	-	-yor	-um.
Sen	söyle (ü)	-	-yor	-sun.
O	söyle (ü)	-	-yor	-.
Biz	söyle (ü)	-	-yor	-uz.
Siz	söyle (ü)	-	-yor	-sunuz.
Onlar	söyle (ü)	-	-yor	-lar.
Adam	söyle (ü)	-	-yor	-.
Arkadaşım	söyle (ü)	-	-yor	-.

233

Ben oturuyorum.	I am sitting.
Sen oturuyorsun.	You are sitting.
O oturuyor.	He/She is sitting.
Biz oturuyoruz.	We are sitting.
Siz oturuyorsunuz.	You are sitting.
Onlar oturuyorlar.	They are sitting.

When making sentences, place the object, adverb, etc between the subject and the verb.

1) subject + verb

Ben oturuyorum.	I am sitting.
Sen geliyorsun.	You are coming.
Biz yürüyoruz.	We are walking.

Çocuklar oynuyorlar.	The children are playing.
Adam bakıyor.	The man is looking.
Annem dinliyor.	My mother is listening.
Fikret yürüyor.	Fikret is walking.
Köpek koşuyor.	The dog is running.

2) subject + object + verb

Ben peynir yiyorum.	I am eating some cheese.
Biz resime bakıyoruz.	We are looking at the picture.
O öğretmeni dinliyor.	She is listening to the teacher.

Arkadaşı mektubu veriyor.	Her friend is giving the letter.
Kedi süt içiyor.	The cat is drinking milk.
Kadın kapıyı açıyor.	The woman is opening the door.
Çocuk ekmek yiyor.	The child is eating bread.
Mehmet gazeteyi okuyor.	Mehmet is reading the newspaper.

3) subject + adverb + verb

O parka gidiyor.	He is going to the park.
Ben sandalyede oturuyorum.	I am sitting on the chair.
Ben şimdi yazıyorum.	I am writing now.

Adverbs can be used in combination.

Ben şimdi sandalyede oturuyorum.	I am sitting on the chair now.
Gül Hanım bugün köye gidiyor.	Gül Hanım is going to the village today.
Annem yarın elbiseyi veriyor.	My mother is giving the dress tomorrow.

4) verb + object + adverb

Ben mutfakta gazete okuyorum.	I am reading a newspaper in the kitchen.
Biz evde radyo dinliyoruz.	We are listening to the radio at home.

Öğrenciler okulda öğretmeni dinliyorlar.	The students are listening to the teacher at school.

The object and adverb can change places.

Ben gazeteyi mutfakta okuyorum.	I am reading the newspaper in the kitchen.
Biz radyoyu evde dinliyoruz.	We are listening to the radio at home.
Öğrenciler öğretmeni okulda dinliyorlar.	The students are listening to the teacher at school.
Ben yiyorum.	I am eating.
Ben bir elma yiyorum.	I am eating an apple.
Ben mutfakta bir elma yiyorum.	I am eating an apple in the kitchen.
Ben gidiyorum.	I am going.
Sen gidiyorsun.	You are going.
Onlar gidiyorlar.	They are going.
Onlar bahçeye gidiyorlar.	They are going to the garden.
Çocuklar bahçeye gidiyorlar.	The children are going to the garden.
Kızlar eve gidiyorlar.	The girls are going to the house.
Biz oraya gidiyoruz.	We are going there.
Ben kitap okuyorum.	I am reading a book.
Onlar bahçede oturuyorlar.	They are sitting in the garden.
Müdürün odasında bekliyoruz.	We are waiting in the manager's room.
O şimdi geliyor.	He is coming now.
Sekreter mektupları okuyor.	The secretary is reading the letters.
Babam eve bakıyor.	My father is looking at the house.
Siz su içiyorsunuz.	You are drinking water.
Adamlar buraya geliyorlar.	The men are coming here.
Biz kahve içiyoruz.	We are drinking coffee.
O bir mektup yazıyor.	She is writing a letter.
Kadın şimdi odayı temizliyor.	The woman is cleaning the room now.
Arkadaşın çay içiyor.	Your friend is drinking tea.
Ahmet taksiye koşuyor.	Ahmet is running to the taxi.

In the following sentences, the subject need not be specified by a personal pronoun, as the person ending of the verb gives this information. This is not possible in English.

Ben oturuyorum.	or	**Oturuyorum.**	I am sitting.
Sen oturuyorsun.	or	**Oturuyorsun.**	You are sitting.
O oturuyor.	or	**Oturuyor.**	He is sitting.
Biz oturuyoruz.	or	**Oturuyoruz.**	We are sitting.
Siz oturuyorsunuz.	or	**Oturuyorsunuz.**	You are sitting.
Onlar oturuyorlar.	or	**Oturuyorlar.**	They are sitting.

Sınıfta oturuyoruz.	We are sitting in the class.
Kitap okuyorlar.	They are reading a book.
Sinemaya gidiyorum.	I am going to the cinema.
Babası kitapları masanın üstüne koyuyor.	His father is putting the books on the table.
Kedi süt içiyor.	The cat is drinking milk.
Çantayı dolaba koyuyorum.	I am putting the bag in the cupboard.
Kadın pencereyi temizliyor.	The woman is cleaning the window.
Ayşe bir kitap okuyor.	Ayşe is reading a book.
Çocuklar bahçede oturuyorlar.	The children are sitting in the garden.
Kız bir mektup yazıyor.	The girl is writing a letter.
Babam radyo dinliyor.	My father is listening to the radio.

Usage of the Present Continuous

The present continuous tense has three main uses.

1. To talk about things happening at the moment:

Onlar şimdi çalışıyorlar.	They are working now.
Biz şimdi ofise gidiyoruz.	We are going to the office now.
Adam resime bakıyor.	The man is looking at the picture.

2. To talk about regular events, such as habits, or conditional states of affairs (things that are generally true):

Sabah süt içiyoruz.	We drink milk in the morning.
Çocuklar bu parkta oynuyorlar.	The children play in this park.
Bu fabrikada çalışıyor.	He works in this factory.

3. To talk about future plans:

Yarın İzmir'e gidiyorum.	I am going to Izmir tomorrow.
Babası yarın eve geliyor.	Her father is coming home tomorrow.
Bu akşam sinemaya gidiyorlar.	They are going to the cinema this evening.

Words Used in the Reading Passage

öğle yemeği	lunch
yardımcı	assistant
dosya	file

OTEL

HOTEL

Kenan Bey bu otelin müdürüdür. Şimdi odasında oturuyor. Masanın üzerinde mektuplar var. Kenan Bey mektupları okuyor.

Kenan Bey is the manager of this hotel. He is sitting in his room now. There are letters on the table. Kenan Bey is reading the letters.

Onun sekreteri Selma Hanım'dır. Şimdi içeri giriyor. O genç bir kadındır. Elinde bir bardak çay var. Onu Kenan Bey'e veriyor ve sandalyesine oturuyor.

His secretary is Selma Hanım. She is entering now. She is a young woman. There is a glass of tea in her hand. She is giving it to Kenan Bey and she is sitting on her chair.

Masanın üzerinde bir bilgisayar var. Selma Hanım mektupları yazıyor. Dolaptan bir dosya alıyor ve okuyor.

There is a computer on the table. Selma Hanım is writing the letters. She is taking a file from the cupboard and reading it.

Odaya bir adam giriyor. O, Kenan Bey'in yardımcısı Hasan Bey'dir. Kenan Bey'e bir mektup veriyor. Onlar konuşuyorlar, ve öğle yemeğine gidiyorlar.

A man is entering the room. He is Hasan Bey, Kenan Bey's assistant. He is giving a letter to Kenan Bey. They are talking, and going to lunch.

Bugün Cuma. Kenan Bey şimdi otelden ayrılıyor. Bu akşam eşiyle beraber sinemaya gidiyor.

Today is Friday. Kenan Bey is leaving the hotel now. This evening he is going to the cinema with his wife.

Questions and Answers to the Reading Passage

Kenan Bey müdür mü yoksa işçi midir?
Is Kenan Bey a manager or a worker?

O bir müdürdür.
He is manager.

Şimdi nerededir?
Where is he now?

Şimdi odasında oturuyor.
He is sitting in his room.

Masanın üzerinde ne var?
What are there on the table?

Masanın üzerinde mektuplar var.
There are letters on the table.

Kenan Bey ne yapıyor?
What is Kenan bey doing?

O mektupları okuyor.
He is reading the letters.

Sekreterinin adı nedir?
What is his secretary's name?

Selmadır.
Her name is Selma.

Selma Hanım genç mi yoksa yaşlı mıdır? Is Selma Hanım young or old?	**O gençtir.** She is young.
Onun elinde ne var? What is there in her hand?	**Bir bardak çay var.** There is a glass of tea in her hand.
Çayı kim içiyor? Who is drinking the tea?	**Kenan Bey içiyor.** Kenan Bey is drinking.
Selma Hanım nereye oturuyor? Where is Selma Hanım sitting?	**O masasına oturuyor.** She is sitting at her table.
Masanın üzerinde ne var? What is there on the table?	**Masanın üzerinde bir bilgisayar var.** There is a computer on the table.
O şimdi ne okuyor? What is she reading now?	**Bir mektup okuyor.** She is reading a letter.
Odaya kim giriyor? Who is entering the room?	**Kenan Bey'in yardımcısı giriyor.** Kenan Bey's assistant is entering.
Onun adı nedir? What is his name?	**Hasan Bey'dir.** Hasan Bey.
Hasan Bey, Kenan Bey'e ne veriyor? What is Hasan Bey giving to Kenan Bey?	**O, Kenan Beye bir mektup veriyor.** He is giving a letter to Kenan Bey.
Onlar nereye gidiyorlar? Where are they going?	**Onlar öğle yemeğine gidiyorlar.** They are going to lunch.
Kenan Bey bu akşam nereye gidiyor? Where is Kenan Bey going this evening?	**O sinemaya gidiyor.** He is going to the cinema.
Sinemaya eşi de gidiyor mu? Is his wife also going to the cinema?	**Evet, gidiyor.** Yes, she is.

PRACTICE 24

A

Make sentences using the present continuous.

Example : **o - koşmak** ---> **O koşuyor.**

1. **kadın - oturmak**
2. **biz - uyumak**
3. **çocuk - oynamak**
4. **sen - görmek**
5. **siz - beklemek**
6. **ben - dinlemek**
3. **sekreter - yazmak**
8. **annesi - çay içmek**

9. **patron - bakmak**
10. **çocuklar - oynamak**

B

Rewrite using the pronoun in brackets (with appropriate person ending).

Example : **Öğretmen öğrenciye bakıyor. (o)** ---> **O öğrenciye bakıyor.**

1. **Sekreter mektupları yazıyor. (ben)**
2. **Çocuklar portakal yiyorlar. (biz)**
3. **Bir kitap okuyorum. (sen)**
4. **Kızı okula gidiyor. (onlar)**
5. **Parkta yürüyoruz. (siz)**
6. **Öğrenciler uyuyor. (Ayşe)**
7. **Siz orada çalışıyorsunuz. (ben)**
8. **O adama bakıyorum. (sen)**

C

Put the word in brackets into the sentence as its object.

Example : **Ben okuyorum. (kitap)** ---> **Ben kitabı okuyorum.**

1. **Biz çalışıyoruz. (ders)**
2. **Çocuk yiyor. (elma)**
3. **Arkadaşım biliyor. (adres)**
4. **Adam okuyor. (mektup)**
5. **Kadın kesiyor. (ekmek)**
6. **Müdür alıyor. (para)**

D

Put the word in brackets into the sentence as an expression of time or place (adverb).

Example : **Ben okuyorum. (salon)** ---> **Ben salonda okuyorum.**

1. **Biz oynuyoruz. (park)**
2. **Yaşlı kadın gidiyor. (eve)**
3. **Onlar kalıyorlar. (otel)**
4. **Ahmet dönüyor. (şimdi)**
5. **Fatoş oturuyor. (sandalye)**
6. **İşadamı biniyor. (şimdi, uçak)**

E

Put the words in brackets into the sentence as adverb and object.

Example : **Ben dinliyorum. (salon, radyo)** ---> **Ben salonda radyo dinliyorum.**

1. **Biz içiyoruz. (otel, çay)**
2. **Annem alıyor. (şimdi, çanta)**
3. **Kadın temizliyor. (şimdi, oda)**

4. Çocuk oynuyor. (park, top)
5. Babam okuyor. (oda, gazete)
6. Onlar yiyorlar. (şimdi, portakal)

F

Translate into English.

1. Onlar bugün geliyorlar.
2. Biz kahve içiyoruz.
3. Kadın bu odada oturuyor.
4. Kedi süt içiyor.
5. Kitabı okuyoruz.
6. Öğretmen sınıfta oturuyor.
7. Oğlu bir otelde çalışıyor.
8. Şimdi bir mektup yazıyor.

G

Translate into Turkish.

1. Mehmet are playing in the garden.
2. Sevim Hanım is cleaning her car.
3. They are running to the bus.
4. The girl is drinking a cup of coffee in the kitchen.
5. The man is sleeping under the tree.
6. Pınar and Emre are talking in the garden.
7. My father is drinking a glass of beer.
8. We are going to a nice island today.

PRACTICE 24 - ANSWERS

A. 1. Kadın oturuyor. 2. Biz uyuyoruz. 3. Çocuk oynuyor. 4. Sen görüyorsun 5. Siz bekliyorsunuz. 6. Ben dinliyorum. 7. Sekreter yazıyor. 8. Annesi çay içiyor. 9. Patron bakıyor. 10. Çocuklar oynuyor.

B. 1. Ben mektupları yazıyorum. 2. Biz portakal yiyoruz. 3. Sen bir kitap okuyorsun. 4. Onlar okula gidiyorlar. 5. Siz parkta yürüyorsunuz. 6. Ayşe uyuyor. 7. Ben orada çalışıyorum. 8. Sen o adama bakıyorsun.

C. 1. Biz dersi çalışıyoruz. 2. Çocuk elmayı yiyor. 3. Arkadaşım adresi biliyor. 4. Adam mektubu okuyor. 5. Kadın ekmeği kesiyor. 6. Müdür parayı alıyor.

D. 1. Biz parkta futbol oynuyoruz. 2. Yaşlı kadın eve gidiyor. 3. Onlar otelde kalıyorlar. 4. Ahmet şimdi dönüyor. 5. Fatoş sandalyede oturuyor. 6. İşadamı şimdi uçağa biniyor.

E. 1. Biz otelde çay içiyoruz. 2. Annem şimdi çanta alıyor. 3. Kadın şimdi odayı temizliyor. 4. Çocuklar parkta top oynuyor. 5. Babam odada gazete okuyor. 6. Onlar şimdi portakal yiyorlar.

F. 1. They are coming today. 2. We are drinking coffee. 3. The woman is sitting in this room. 4. The cat is drinking milk. 5. We are reading the book. 6. The teacher is sitting in the classroom. 7. His son is working in a hotel. 8. She is writing a letter now.

G. 1. Mehmet bahçede oynuyor. 2. Sevim Hanım arabasını temizliyor. 3. Onlar otobüse koşuyorlar. 4. Kız mutfakta bir fincan kahve içiyor. 5. Adam ağacın altında uyuyor. 6. Pınar ve Emre bahçede konuşuyorlar. 7. Babam bir bardak bira içiyor. 8. Biz bugün güzel bir adaya gidiyoruz.

temel
TÜRKÇE
kursu

DERS 25

VOCABULARY

SİGARA İÇMEK

Burada sigara içmeyin, lütfen.

TO SMOKE

Don't smoke here, please.

BİRÇOK

Masada birçok tabak var.

MANY

There are many plates on the table.

TEPSİ

Garsonun elinde bir tepsi var.

TRAY

There is a tray in waiter's hand.

MİSAFİR

Bu akşam Londra'dan misafirler geliyor.

GUEST

The guests are coming from London this evening.

YEMEK

Yemeğini nerede yiyorsun?

FOOD; MEAL; DISH

Where are you eating your food?

YEMEK YAPMAK Annem mutfakta yemek yapıyor.		**TO COOK** My mother is cooking in the kitchen.
SANDVİÇ Bir peynirli sandviç, lütfen.		**SANDWICH** A cheese sandwich, please.
SEYRETMEK Çocuklar salonda televizyon seyrediyorlar.		**TO WATCH** The children are watching TV in the hall.
SATMAK Yarın arabasını satıyor.		**TO SELL** She is selling her car tomorrow.
İSTEMEK Temiz bir tabak istiyorum.		**TO WANT** I want a clean plate.
HAVLU Banyoda hiç havlu var mı?		**TOWEL** Are there any towels in the bathroom?

PRESENT CONTINUOUS (Continued)

Negative Form

We now introduce negative and question forms in the present continuous tense.

We have seen negative and question forms with the be-suffix.

O doktordur.
O doktor değildir.
O doktor mudur?

He is a doctor.
He isn't a doctor.
Is he a doctor?

Bu araba pahalıdır.

This car is expensive.

Bu araba pahalı değildir.	This car isn't expensive.
Bu araba pahalı mıdır?	Is this car expensive?

Sen bir mühendissin.	You are an engineer.
Sen bir mühendis değilsin.	You aren't an engineer.
Sen bir mühendis misin?	Are you an engineer?

Biz bugün evdeyiz.	We are at home today.
Biz bugün evde değiliz.	We aren't at home today.
Biz bugün evde miyiz?	Are we at home today?

To make the negative with the present continuous, the negative suffix **-mı, -mi, -mu, -mü** is added to the verb root, followed by **-yor** and then the person ending.

Geliyorum.	I am coming.
Gel-mi-yor-um.	I am not coming.

Burada oturuyoruz.	We are sitting here.
Burada otur-mu-yor-uz.	We aren't sitting here.

Kitabı okuyorlar.	They are reading the book.
Kitabı oku-mu-yor-lar.	They aren't reading the book.

Süt içiyor.	He is drinking some milk.
Süt iç-mi-yor.	He isn't drinking any milk.

Evi satıyorum.	I am selling the house.
Evi sat-mı-yor-um.	I am not selling the house.

* **yemek, demek, söylemek, anlamak, toplamak, dinlemek, seyretmek, gitmek**; in positive forms these verbs become irregular as seen previously. Used in the negative, however, they become regular again.

Söylüyorum.	I am saying.
Söylemiyorum. (söylemek)	I am not saying.

Öğretmeni dinliyorlar.	They are listening to the teacher.
Öğretmeni dinlemiyorlar. (dinlemek)	They aren't listening to the teacher.

Televizyon seyrediyoruz.	We are watching TV.
Televizyon seyretmiyoruz. (seyretmek)	We aren't watching TV.

Çocuk sandviç yiyor.	The child is eating a sandwich.
Çocuk sandviç yemiyor. (yemek)	The child isn't eating a sandwich.

Japonya'ya gidiyorum.	I am going to Japan.
Japonya'ya gitmiyorum. (gitmek)	I am not going to Japan.

Kitabı çantaya koymuyorum.	I am not putting the book into the bag.
Patron odaya girmiyor.	The boss isn't entering the room.

Kadın tabakları masadan almıyor.	The woman isn't taking the plates from the table.
Annen pencereleri temizlemiyor.	Your mother isn't cleaning the windows.
Öğrenci öğretmeni dinlemiyor.	The student isn't listening to the teacher.
İşadamı bira içmiyor.	The businessman isn't drinking beer.
Adam kapıyı kapamıyor.	The man isn't shutting the door.
Çocuk meyve yemiyor.	The child isn't eating fruit.
Burada sigara içmiyoruz.	We aren't smoking cigarette here.
Bu odada uyumuyorlar.	They aren't sleeping in this room.
Ahmet parkta oynamıyor.	Ahmet isn't playing in the park.
Sekreter mektupları okumuyor.	The secretary isn't reading the letters.
Selma Hanım doktoru beklemiyor.	Selma Hanım isn't waiting for the doctor.
Arkadaşlarım televizyon seyretmiyor.	My friends aren't watching TV.

Question Form

The question marker is added before the person ending (after the **-yor** present continuous suffix), and makes a new word.

Ben sigara içiyorum.	I am smoking.
Ben sigara içmiyorum.	I am not smoking.
Ben sigara içiyor muyum?	Am I smoking?

Ben sigara içiyor muyum?	Am I smoking?
Sen sigara içiyor musun?	Are you smoking?
O sigara içiyor mu?	Is he smoking?
Biz sigara içiyor muyuz?	Are we smoking?
Siz sigara içiyor musunuz?	Are you smoking?
Onlar sigara içiyor(lar) mı?	Are they smoking?

Examine the verb forms below (present continuous tense in positive, negative and question forms).

O sandviç yiyor.	He is eating a sandwich.
O sandviç yemiyor.	He isn't eating a sandwich.
O sandviç yiyor mu?	Is he eating a sandwich?

Televizyon seyrediyoruz.	We are watching TV.
Televizyon seyretmiyoruz.	We aren't watching TV.
Televizyon seyrediyor muyuz?	Are we watching TV?

Öğretmeni dinliyorlar.	They are listening to the teacher.
Öğretmeni dinlemiyorlar.	They aren't listening to the teacher.
Öğretmeni dinliyorlar mı?	Are they listening to the teacher?

Japonya'ya gidiyorum.	I am going to Japan.
Japonya'ya gitmiyorum.	I am not going to Japan.
Japonya'ya gidiyor muyum?	Am I going to Japan?

Kitabı çantaya koyuyor mu?	Is he putting the book into the bag?
Patron odaya giriyor mu?	Is the boss entering the room?

Kadın tabakları masadan alıyor mu?	Is the woman taking the plates from the table?
Arkadaşların televizyon seyrediyor mu?	Are your friends watching TV?
Bu odada uyuyor muyuz?	Are we sleeping in this room?
Burada sigara içiyor musunuz?	Are you smoking here?
Öğrenci öğretmeni dinliyor mu?	Is the student listening to the teacher?
Çocuk meyve yiyor mu?	Is the child eating fruit?
Ahmet parkta oynuyor mu?	Is Ahmet playing in the park?
Sekreter mektupları okuyor mu?	Is the secretary reading the letters?
İşadamı bira içiyor mu?	Is the businessman drinking beer?
Doktoru bekliyor musun?	Are you waiting for the doctor?
Kapıyı kapıyor musunuz?	Are you shutting the door?

Present Continuous Negative Structure

Subject	Root	Negative Suffix	Pres. Cont. Suffix	Person Ending
Ben	yap	mı	yor	um
Sen	gör	mü	yor	sun
O	oku	mu	yor	-
Biz	iç	mi	yor	uz
Siz	git	mi	yor	sunuz
Onlar	uyu	mu	yor	(lar)

Present Continuous Question Structure

Subject	Root	Buffer Vowel	Pres. Cont. Suffix	Question Suffix with Person Ending
Ben	yap	ı	yor	muyum?
Sen	gör	ü	yor	musun?
O	oku	-	yor	mu?
Biz	iç	i	yor	muyuz?
Siz	git	(d)i	yor	musunuz?
Onlar	uyu	-	yor	(lar) mı?

Questions in the Present Continuous

Question words ne, nereye, nerede, nereden, kim, kaç (tane) can be used in the present continuous.

Ne yiyorsunuz?	What are you eating?
Ne okuyor?	What is he reading?
Ne yapıyorsun?	What are you doing?
Ne koyuyorlar?	What are they putting?
Ne yazıyorsun?	What are you writing?
Nereye gidiyorsun?	Where are you going?
Nereye bakıyorsunuz?	Where are you looking?
Nereye oturuyorlar?	Where are they sitting?

Nereye koyuyoruz?	Where are we putting?
Nerede oturuyorsun?	Where are you sitting?
Nerede yiyorlar?	Where are they eating?
Nerede seyrediyorsunuz?	Where are you watching?
Nerede bekliyor?	Where is she waiting?
Nereden geliyorsun?	Where are you coming from?
Nereden bakıyorsunuz?	Where are you looking from?
Nereden alıyorlar?	Where are they taking from?
Nereden okuyorum?	Where am I reading from?
Kim uyuyor?	Who is sleeping?
Kim bakıyor?	Who is looking?
Kim oturuyor?	Who is sitting?
Kim sigara içiyor?	Who is smoking?
Kaç öğrenci geliyor?	How many students are coming?
Kaç adam oturuyor?	How many men are sitting?
Kaç mühendis çalışıyor?	How many engineers are working?
Kaç turist geliyor?	How many tourists are coming?

Question words need not come at the beginning of sentences. They may be preceded by all other types of word - pronouns, adverbs, etc - except the main verb.

Onlar lokantada ne yiyorlar?	What are they eating in the restaurant?
Baban ne okuyor?	What is your father reading?
Şimdi evde ne yapıyorsun?	What are you doing in the house now?
Kadın çantaya ne koyuyor?	What is the woman putting into the bag?
Masada ne yazıyorsunuz?	What are you writing on the table?
Bu öğretmen nereye oturuyor?	Where is this teacher sitting?
Yaşlı adam nereye gidiyor?	Where is the old man going?
Siz şimdi nereye bakıyorsunuz?	Where are you looking now?
Adamlar bu sebze ve meyveleri nereye koyuyorlar?	Where are the men putting these vegetables and fruits?
Baban nerede çalışıyor?	Where is your father working?
Çocuklar nerede televizyon seyrediyorlar?	Where are the children watching TV?
Karınız nerede bekliyor?	Where is your wife waiting?
Öğretmenler nerede oturuyor?	Where are the teachers sitting?
Öğretmen nereden okuyor?	Where is the teacher reading from?
Çocuk nereden bakıyor?	Where is the child looking from?
Patron nereden geliyor?	Where is the boss coming from?
Şu tabakları nereden alıyorsun?	Where are you taking those plates from?
Şu odada kim uyuyor?	Who is sleeping in this room?
Bu koltukta kim oturuyor?	Who is sitting in this armchair?
Evinizi kim temizliyor?	Who is cleaning your house?

Şükrü Bey'in mektuplarını kim yazıyor? Who is writing Şükrü Bey's letters?

Bu okula kaç öğrenci geliyor?

How many students are coming to this school?

Ağacın altında kaç adam oturuyor?

How many men are sitting under the tree?

Bu fabrikada kaç mühendis çalışıyor?

How many engineers are working in this factory?

Bugün kaç turist geliyor?

How many tourists are coming today?

Şimdi ne yapıyorsun?
Yemek yapıyorum.

What are you doing now?
I am cooking.

Yarın nereye gidiyorsunuz?
Marmarise gidiyoruz.

Where are you going tomorrow?
We are going to Marmaris.

Arkadaşların nerede bekliyorlar?
Otobüs durağında bekliyorlar.

Where are your friends waiting?
They are waiting at the bus-stop.

Çocuk nereden bakıyor?
Balkondan bakıyor?

Where is the child looking from?
He is looking from balcony.

Evinizi kim temizliyor?
Ayten Hanım temizliyor.

Who is cleaning your house?
Ayten Hanım is cleaning.

Bu lokantada kaç garson çalışıyor?
Altı garson çalışıyor.

How many waiters are working in this restaurant?
Six waiters are working.

BİRÇOK

Birçok (= many, a lot of) is used before nouns, when the exact number is not specified.

birçok kitap	a lot of books
birçok şişe	a lot of bottles
birçok misafir	a lot of guests
birçok havlu	a lot of towels
birçok hemşire	a lot of nurses
birçok taksi	a lot of taxis

The noun following **birçok** need not be in the plural, unlike English.

Birçok is used in positive, negative and question forms (English typically uses 'a lot of' in the positive and 'many' for negatives and questions).

Masada birçok kitap var.
Bu okulda birçok sınıf var.

There are a lot of books on the table.
There are a lot of classrooms in this school.

Otelde birçok turist var.

There are a lot of tourists in the hotel.

247

Sokakta birçok araba var.	There are a lot of cars in the street.
Duvarda birçok resim var.	There are a lot of pictures on the wall.
Çantada birçok anahtar var.	There are a lot of keys in the bag.
Banyoda birçok sabun var.	There are a lot of bars of soap in the bathroom.
Köprüde birçok otobüs var.	There are a lot of buses on the bridge.
Fabrikada birçok işçi var.	There are a lot of workers in the factory.
Ofiste birçok bilgisayar var.	There are a lot of computers in the office.
Masada birçok kitap yok.	There aren't many books on the table.
Bu okulda birçok sınıf yok.	There aren't many classrooms in this school.
Otelde birçok turist yok.	There aren't many tourists in the hotel.
Sokakta birçok araba yok.	There aren't many cars in the street.
Çantada birçok anahtar yok.	There aren't many keys in the bag.
Banyoda birçok sabun yok.	There aren't many bars of soap in the bathroom.
Köprüde birçok otobüs yok.	There aren't many buses on the bridge.
Masada birçok kitap var mı?	Are there many books on the table?
Bu okulda birçok sınıf var mı?	Are there many classrooms in this school?
Otelde birçok turist var mı?	Are there many tourists in the hotel?
Ofiste birçok bilgisayar var mı?	Are there many computers in the office?
Fabrikada birçok işçi var mı?	Are there many workers in the factory?
Banyoda birçok sabun var mı?	Are there many bars of soap in the bathroom?
Sokakta birçok araba var mı?	Are there many cars in the street?

Words Used in the Dialogue

kalmak	to stay
telefon numarası	telephone number
Bilmiyorum.	I don't know.

DIALOGUE

TOLGA : Yarın nereye gidiyorsunuz?	Where are you going tomorrow?
AYLİN : Çeşme'ye.	To Çeşme.
TOLGA : Annen de geliyor mu?	Is your mother coming, too?
AYLİN : Evet, geliyor.	Yes, she is.
TOLGA : Otelde mi yoksa bir evde mi kalıyorsunuz?	Are you staying in a hotel or in a house?
AYLİN : Otelde. Çeşmede birçok otel var.	In a hotel. There are many hotels in Çeşme.
TOLGA : Otelin adı ne?	What is the name of the hotel?
AYLİN : Güneş Otel.	Güneş Hotel.
TOLGA : Telefon numarası ne?	What is the telephone number?
AYLİN : Bilmiyorum.	I don't know.
TOLGA : Şimdi nereye gidiyorsun?	Where are you going now?
AYLİN : Markete. Sen de gel, lütfen.	To the supermarket. You come, please.
TOLGA : Peki.	All right.
AYLİN : Teşekkürler.	Thanks.

A

Change into negative sentences.

1. Annem bugün geliyor.
2. Onlar okulda çalışıyor.
3. Biz bir bardak şarap içiyoruz.
4. Adam yemek yapıyor.
5. Çocuk öğretmeni dinliyor.
6. Arkadaşlarım odada bekliyor.
7. Yaşlı kadın doktoru bekliyor.
8. Sekreter mektupları okuyor.

B

Change the above into yes/no questions.

C

Answer using the words in brackets.

Example : Çocuk ne yapıyor? (süt - içmek)   ---> Çocuk süt içiyor.

1. Kadın ne yapıyor? (uyumak)
2. Ahmet Bey nereye gidiyor? (Ankara)
3. Annen ne yapıyor? (yemek yapmak)
4. O adam ne yapıyor? (çay - içmek)
5. Öğretmen nereden geliyor? (Fransa)
6. Bu gazeteyi kim okuyor? (işadamı)
7. Bu fabrikada kaç işçi çalışıyor? (birçok)
8. Babam nerede oturuyor? (koltuğu)
9. Mühendis nereye bakıyor? (şu ev)
10. Kızın ne okuyor? (bir dergi)

D

Make appropriate questions (with question words).

Example : Biz süt içiyoruz.   ---> Siz ne içiyorsunuz? (Siz ne yapıyorsunuz?)

1. O Antalya'ya gidiyor.
2. Kadın odada uyuyor.
3. Doktorlar İspanyadan geliyorlar.
4. Ayten Hanım evi temizliyor.
5. Bu ofiste iki müdür çalışıyor.

E

Translate into English.

1. Çocuklar nerede oynuyorlar?
2. Salonda birçok sandalye ve koltuk var.
3. İşadamı uçakta uyuyor mu?
4. Şoför takside sigara içiyor.
5. Arkadaşım bana biraz para veriyor.
6. Bu odada kim uyuyor?
7. Salonda kaç kadın oturuyor?
8. Karısı bu akşam televizyon seyretmiyor.

F

Translate into Turkish.

1. Her husband is working here.
2. The men are getting off the train now.
3. There are many potatoes in the greengrocer's.
4. The secretaray isn't drinking her coffee.
5. Is the dentist reading his newspaper?
6. Where are the girls waiting?
7. Who is waiting for the lawyer?
8. The workers are eating sandwiches and oranges.

PRACTICE 25 - ANSWERS

A. 1. Annem bugün gelmiyor. 2. Onlar okulda çalışmıyorlar. 3. Biz bir bardak şarap içmiyoruz. 4. Adam yemek yapmıyor. 5. Çocuk öğretmeni dinlemiyor. 6. Arkadaşlarım odada beklemiyor. 7. Yaşlı kadın doktoru beklemiyor. 8. Sekreter mektupları okumuyor.

B. 1. Annem bugün geliyor mu? 2. Onlar okulda çalışıyor mu? 3. Biz bir bardak şarap içiyor muyuz? 4. Adam yemek yapıyor mu? 5. Çocuk öğretmeni dinliyor mu? 6. Arkadaşların odada bekliyor mu? 7. Yaşlı kadın doktoru bekliyor mu? 8. Sekreter mektupları okuyor mu?

C. 1. Kadın uyuyor. 2. Ahmet Bey Ankara'ya gidiyor. 3. Annem yemek yapıyor. 4. O adam çay içiyor. 5. Öğretmen Fransa'dan geliyor. 6. Bu gazeteyi işadamı okuyor. 7. Bu fabrikada birçok işçi çalışıyor. 8. Babam koltuğunda oturuyor. 9. Mühendis şu eve bakıyor. 10. Kızım bir dergi okuyor.

D. 1. O nereye gidiyor? 2. Kadın nerede uyuyor? 3. Doktorlar nereden geliyor? 4. Ayten Hanım ne yapıyor? 5. O ofiste kaç müdür çalışıyor?

E. 1. Where are the children playing? 2. There are many chairs and armchairs in the hall. 3. Is the businessman sleeping on the plane? 4. The driver is smoking in the taxi. 5. My friend is giving some money to me. 6. Who is sleeping in this room? 7. How many women are sitting in the hall? 8. His wife isn't watching TV this evening.

F. 1. Kocası burada çalışıyor. 2. Adamlar şimdi trenden iniyorlar. 3. Manavda birçok patates var. 4. Sekreter kahvesini içmiyor. 5. Dişçi gazetesini okuyor mu? 6. Kızlar nerede bekliyorlar? 7. Avukatı kim bekliyor? (Kim avukatı bekliyor?) 8. İşçiler sandviç ve portakalları yiyor.

temel TÜRKÇE kursu

DERS 26

ÖĞRENMEK

Arkadaşım İspanyolca öğreniyor.

TO LEARN

My friend is learning Spanish.

ÖĞRETMEK

Bu kadın bize Japonca öğretiyor.

TO TEACH

This woman is teaching us Japanese.

GECE

Bu gece evde değilim.

NIGHT

I am not at home tonight.

MÜZİK

Odada müzik dinliyorlar.

MUSIC

They are listening to music in the room.

YÜRÜMEK

Oğlanlar sokakta yürüyorlar.

TO WALK

The boys are walking in the street.

UN

Evde hiç un var mı?

FLOUR

Is there any flour at home?

ZEYTİN

Buzdolabında bir kilo zeytin var.

OLIVE

There is a kilo of olives in the fridge.

KAR

Evlerin üstünde kar var.

SNOW

There is snow on the houses.

TELEFON ETMEK

Bu akşam bana telefon et, lütfen.

TO (TELE)PHONE

Phone me this evening, please.

TEREYAĞI

Bir paket tereyağı, lütfen.

BUTTER

A packet of butter, please.

YAĞMAK (KAR, YAĞMUR)

Yağmur yağıyor mu?

TO RAIN, TO SNOW

Is it raining?

almak - satın almak

The verb **almak** may mean 'take' or 'buy', the meaning intended being understood from the context. **Satın almak** means only 'buy'.

Kitapları çantadan al.	Take the books from the bag.
Sandalyeleri odadan alıyorum.	I am taking the chairs from the room.
Peyniri buzdolabından alın, lütfen.	Take the cheese from the refrigerator, please.

Annem bu elbiseyi (satın) alıyor.	My mother is buying this dress.
Marketten ne (satın) alıyorsunuz?	What are you buying from the supermarket?
Bu koltukları (satın) alın, lütfen.	Buy these armchairs, please.

oturmak - yaşamak

The verb **oturmak** may mean 'sit' or 'live' (in a certain place, like 'reside'). **Yaşamak** just means 'live'.

Amcam şimdi odada oturuyor.	My uncle is sitting in the room now.
Bu sandalyede müdür oturuyor.	The manager is sitting on this chair.
Kadın ağacın altında oturuyor.	The woman is sitting under the tree.

Bu evde oturuyorlar (yaşıyorlar).	They are living in this house.
Öğretmen Merter'de oturuyor (yaşıyor).	The teacher is living in Merter.
Onun oğlu Japonya'da oturuyor (yaşıyor).	Her son is living in Japan.

gün - günü

Gün (= day) with the possessed suffix **-ü** follows the name of a day to give an adverbial, as below.

günü

pazartesi günü	on Monday
salı günü	on Tuesday
perşembe günü	on Thursday
cumartesi günü	on Saturday
pazar günü	on Sunday

In English this is expressed with the preposition 'on'.

Pazartesi günü fabrikaya gel.	Come to the factory on Monday.
Perşembe günü nereye gidiyor?	Where is he going on Thursday?
Cumartesi günü ne yapıyorsunuz?	What are you doing on Saturday?
Pazar günü sinemaya gidiyoruz.	We are going to the cinema on Sunday.

sabahleyin

Words like **sabah, akşam, gece** are made adverbial by adding the suffix **-leyin**. ('in' or 'at' is used in English).

sabahleyin	in the morning
akşamleyin	in the evening
geceleyin	at night

Onlar sabahleyin balkonda yemek yiyorlar.	They are eating the meal in the balcony in the morning.
Akşamleyin sinemaya gidiyor musun?	Are you going to the cinema in the evening?
Geceleyin burada uyuyoruz.	We are sleeping here at night.

İÇİN

İçin (= for) follows nouns (which need no suffix).

çocuk için	for the child
annem için	for my mother
arkadaşı için	for her friend
kızı için	for his daughter
öğretmen için	for the teacher
işadamı için	for the businessman
salon için	for the hall
yaşlı adam için	for the old man

Çocuk için bir yatak var mı?	Is there a bed for the child?
Bu sandalyeler salon içindir.	These chairs are for the hall.
Babam annem için güzel bir elbise alıyor.	My father is buying a nice dress for my mother.
Kızı için bir kitap okuyor.	He is reading a book for his daughter.
Bu oda öğretmenler içindir.	This room is for the teacher.
Bu mektup arkadaşın için mi?	Is this letter for your friend?
Hasan Bey için şu gazeteyi al.	Buy that newspaper for Hasan Bey.
Bu süt yaşlı adam için değildir.	This milk isn't for the old man.
Bu taksi işadamı için geliyor.	This taxi is coming for the businessman.
Bu ayakkabıları kızım için alıyorum.	I'm buying these shoes for my daughter.

İLE

We have seen the conjunction **ile**. Let us recall this introduce another of its uses.

We saw two functions of **ile**.

1. Used to mean 'and'.

kadın ve adam	the woman and the man
kapı ve pencere	the door and the window
Ahmet ve Mehmet	Ahmet and Mehmet
kadın ile adam	the woman and the man
kapı ile pencere	the door and the window
Ahmet ile Mehmet	Ahmet and Mehmet
Kız ile annesi eve giriyor.	The girl and her mother is entering the house.
Kapı ile pencere kapalıdır.	The door and the window is shut.
Doktor ile hemşire hastaneye gidiyor.	The doctor and the nurse is going to the hospital.

2. Used to mean 'with'.

İşadamı sekreter iledir.	The businessman is with the secretary.
Arkadaşları ile sinemaya gidiyor.	He is going to the cinema with his friends.
Babası ile yürüyor.	She is walking with her father.
Aydın ile odada oturuyoruz.	We are sitting in the room with Aydın.
Ekmeği peynir ile yiyorlar.	They are eating the bread with cheese.
Oğlun Hande ile odada müzik dinliyor.	Your son is listening to the music in the room with Hande.
Karısı ile televizyon seyrediyor.	He is watching TV with his wife.
Köpeğim ile parkta oturuyorum.	I am sitting in the park with my dog.

As mentioned before, **ile** is commonly used in the **-le/-la** suffix form, with **y** being used as a buffer if the word ends in a vowel.

adamla karısı	the man and his wife
Ahmet'le Mehmet	Ahmet and Mehmet
kapıyla pencere	the door and the window
kediyle köpek	the cat and the dog

Kızla annesi evdedir.
Hemşireyle doktor hastaneye gidiyor.

İşadamı sekreterledir.
Arkadaşlarıyla sinemaya gidiyor.
Babasıyla yürüyor.
Aydın'la odada oturuyoruz.
Ekmeği peynirle yiyorlar.
Oğlun Hande'yle odada müzik dinliyor.
Karısıyla televizyon seyrediyor.
Köpeğimle parkta oturuyorum.

3. ile is also employed to talk about methods of transport used (English, 'by') - again usually in suffix form.

otobüsle	by bus	**taksiyle**	by taxi
uçakla	by plane	**gemiyle**	by ship
trenle	by train		

ne ile (neyle)	by what, on what

Okula neyle gidersin?	How do you go to school?
Okula trenle giderim.	I go to school by train.

yaya(n), yürüyerek / on foot

When no transport is used, ie for walking, use this.

Eve neyle gidersin?	How do you go to the house?
Yürüyerek giderim.	I go on foot.
Ofise otobüsle gidiyorlar.	They are going to the office by bus.
Yarın uçakla Antalya'ya gidiyoruz.	We are going to Antalya tomorrow by plane.
Doktor oraya trenle gitmiyor.	The doctor isn't going there by train.
Fabrikaya taksiyle gidiyorsunuz.	You are going to the factory by taxi.
Ev uzak değil. Yürüyerek gelin.	The house isn't far. Come on foot.
Oraya neyle gidiyorlar?	How do they go there?
Uçakla gidiyorlar.	They are going by plane.
Mektubu uzun bir kalemle yazıyor.	He is writing the letter with a long pen.
Onu çatalla ye, lütfen.	Eat it with a fork, please.

Çayı fincanla içiyoruz.	We are drinking the tea with a cup.
Ekmeği bıçakla kesiyorum.	I am cutting the bread with a knife.
Mektupları bilgisayarla yazıyor musun?	Are you writing the letters with a computer?

VE

Ve (= and) can be used to join words or sentences.

çocuk ve top	the child and the ball
oda ve halı	the room and the carpet
zeytin ve peynir	the olive and the cheese

Adam eve giriyor ve bir koltuğa oturuyor.	The man is entering the house and sitting into an armchair.
Çayı al ve babana ver.	Take the tea and give your father.
Kadın çantayı alıyor ve parayı veriyor.	The woman is buying the bag and giving the money.

Words Used in the Reading Passage

meşrubat	beverage
müşteri	customer
erkek arkadaş	boy friend
bilgisayar programcısı	computer programmer
şirket	company

KAFETERYA

CAFETERIA

Güzel bir pazar günü. Hava sıcak. Parkta çocuklar oynuyor. Parkın yanında büyük bir kafeterya var.	It is a nice Sunday. It is hot. The children are playing in the garden. There is a large café near the park.

256

Kafeteryanın masaları küçük ve kırmızıdır. Masalarda insanlar oturuyor. Boş masalar da var. Yeni insanlar kafeteryaya geliyor ve boş masalara oturuyorlar.

The tables of the café are small and red. The people are sitting at the tables. There are also free tables. New people are coming to the café and sitting at free tables.

Garsonlar insanlara çay, kahve, meşrubat veriyorlar. Sandviçler yapıyorlar. Müşteriler bira da içiyor.

The waiters are giving tea, coffee and beverage to the people. They are making sandwiches. The customers are also drinking beer.

Şimdi genç bir kız ve erkek kafeteryaya giriyor ve çiçeklerin yanında bir masaya oturuyorlar.

Now, a young girl and a boy are entering the café and sitting at a table near the flowers.

Kızım adı Elif. İstanbul Üniversitesi'nde öğrenci. O yirmi yaşında. Erkek arkadaşının adı Tahsin. O bir bilgisayar programcısı. Tahsin yirmi üç yaşında. Büyük bir şirkette çalışıyor.

The girl's name is Elif. She is a student at İstanbul University. She is twenty years old. Her boy friend's name is Tahsin. He is a computer programmer. Tahsin is twenty three years old. He is working in a big company.

Garson geliyor. Elif bir bardak portakal suyu, Tahsin bir şişe bira içiyor. Onlar konuşuyorlar.

The waiter is coming. Elif is drinking a glass of orange juice, Tahsin is drinking a bottle beer. They are talking.

Akşamleyin kafeteryadan çıkıyorlar. Elif'in evi Bakırköy'de. Tahsin'in arabasıyla oraya gidiyorlar.

They are going out of the café in the evening. Elif's house is in Bakırköy. They are going there by Tahsin's car.

Questions and Answers to the Reading Passage

Hava soğuk mu?
Is it cold?

Hayır, sıcak.
No, it isn't. It's hot.

Kafeterya nerede?
Where is the café?

Parkın yanındadır.
It is near the park.

Kafeteryanın masalarının rengi nedir?
What colour of the tables of the café?

Kırmızıdır.
They are red.

Boş masa var mı?
Is there a free table?

Evet, var.
Yes, there is.

Garsonlar müşterilere ne veriyorlar?
What are the waiters giving to the customers?

Çay, kahve ve meşrubat veriyorlar.
They are giving tea, coffee and beverage.

Bira da var mı?
Is there any beer?

Evet, var.
Yes, there is.

Kafeteryaya kim giriyor?
Who is entering the café?

Genç bir kız ve erkek giriyor.
A young girl and a man are entering.

Kızın adı nedir?
What is the girl's name?

Onun adı Elif'tir.
Her name is Elif.

Elif kaç yaşındadır?
How old is Elif?

O yirmi yaşındadır.
She is twenty years old.

Erkeğin adı nedir?
What is the man's name?

Tahsin'dir.
His name is Tahsin.

Tahsin kaç yaşındadır?
How old is Tahsin?

O yirmi üç yaşındadır.
He is twenty three years old.

Nerede çalışıyor?
Where is he working?

Bir şirkette çalışıyor.
He is working in a company.

Elif ne içiyor?
What is Elif drinking?

Bir bardak portakal suyu içiyor.
She is drinking a glass of orange juice.

Tahsin ne içiyor?
What is Tahsin drinking?

Bir şişe bira içiyor.
He is drinking a bottle of beer.

Elif'in evi nerede?
Where is Elif's house?

O Bakırköy'dedir.
It is in Bakırköy.

Oraya neyle gidiyorlar?
How do they go there?

Tahsin'in arabasıyla gidiyorlar.
They are going there by Tahsin's car.

PRACTICE 26

A

Put into the correct order.

1. oğlu / kadın / için / alıyor / bir top
2. ne / oradan / ile / geliyorlar?
3. nerede / seyrediyorlar / çocuklar / televizyon?
4. hastaneye / gidiyor / doktor / hemşireyle
5. annem / için / bir / güzel / elbise / satın / alıyor / babam

B

Change into question and negative forms.

1. İki kadın evin önünde konuşuyor.
2. Japon işadamları yarın İstanbula geliyor.
3. Turistler bu otele giriyorlar.
4. Yatak odası için yeni bir halı alıyor.
5. Mutfakta yemek yapıyorum.
6. O Fransızca öğretiyor.
7. Bu akşam eve yürüyoruz.
8. Kızım bu okulda İngilizce öğreniyor.

C

Rewrite changing ile into suffix form.

1. Kız ile annesi eve giriyor.
2. Arkadaşları ile sinemaya gidiyor.
3. Köpeğim ile parkta oturuyorum.
4. Ofise taksi ile gidiyoruz.
5. Mektupları bilgisayar ile mi yazıyorsun?

D

Change into negative sentences.

1. Tereyağı buzdolabında değildir.
2. Banyoda havlu var mı?
3. Bu kapıyı açma, lütfen.
4. Okula annemle gitmiyorum.
5. O bizim İngilizce öğretmenimiz değildir.
6. Yarın sinemaya gidiyor muyuz?
7. Mühendis bu otelde mi?
8. Biz evimizi satmıyoruz.

Translate into English.

1. **Bugün okula yürüyerek gidiyoruz.**
2. **Bu elbise annem içindir.**
3. **Bu okulda kim Fransızca öğretiyor?**
4. **Mektubu bu kalemle yazın, lütfen.**
5. **Kız arkadaşıyla nereye gidiyor?**
6. **Sabahleyin kediye süt veriyoruz.**
7. **Yağmur yağıyor mu?**

Translate into Turkish.

1. The doctors aren't coming by plane.
2. The man and his wife are walking to the sea.
3. We aren't going there on foot.
4. Your son is sitting with Ayşe in the park.
5. These books are for your father.
6. The woman isn't cleaning the windows.
7. My friend is learning Japanese.

PRACTICE 26 - ANSWERS

A. 1. Kadın oğlu için bir top alıyor. 2. Oradan ne ile geliyorlar? 3. Çocuklar nerede tele-vizyon seyrediyorlar? 4. Doktor hemşireyle hastaneye gidiyor. 5. Babam annem için gü-zel bir elbise satın alıyor.

B. 1. İki kadın evin önünde konuşuyor mu? İki kadın evin önünde konuşmuyor. 2. Japon işadamları yarın İstanbul'a geliyor mu? Japon işadamları yarın İstanbul'a gelmiyor. 3. Turistler bu otele giriyorlar mı? Turistler bu otele girmiyorlar. 4. Yatak odası için yeni bir halı alıyor mu? Yatak odası için yeni bir halı almıyor. 5. Mutfakta yemek yapıyor mu-yum? Mutfakta yemek yapmıyorum. 6. O Fransızca öğretiyor mu? O Fransızca öğretmi-yor. 7. Bu akşam eve yürüyor muyuz? Bu akşam eve yürümüyoruz. 8. Kızım bu okulda İngilizce öğreniyor mu? Kızım bu okulda İngilizce öğrenmiyor.

C. 1. Kızla annesi eve giriyor. 2. Arkadaşlarıyla sinemaya gidiyor. 3. Köpeğimle parkta oturuyorum. 4. Ofise taksiyle gidiyoruz. 5. Mektupları bilgisayarla mı yazıyorsun?

D 1. Tereyağı buzdolabındadır. 2. Banyoda havlu var. 3. Bu kapıyı aç, lütfen. 4. Okula annemle gidiyorum. 5. O bizim İngilizce öğretmenimizdir. 6. Yarın sinemaya gidiyoruz. 7. Mühendis bu oteldedir. 8. Biz evimizi satıyoruz.

E. 1. We are going to school on foot today. 2. This dress is for my mother. 3. Who is teac-hing French in this school? 4. Write the letter with this pen, please. 5. Where is he going with his girl friend? 6. We are giving milk to the cat in the morning. 7. Is it raining?

F. 1. Doktorlar uçakla gelmiyorlar. 2. Adam ve karısı denize yürüyorlar. 3. Oraya yürüye-rek gitmiyoruz. 4. Oğlun Ayşe'yle parkta oturuyor. 5. Bu kitaplar baban içindir. 6. Kadın pencereleri temizlemiyor. 7. Arkadaşım Japonca öğreniyor.

temel
TÜRKÇE
kursu

DERS 27

VOCABULARY

BEBEK

Bebek yatak odasında uyuyor.

BABY

The baby is sleeping in the bedroom.

KİBRİT

Kibriti ver, lütfen.

MATCH

Give the match, please.

ÇOK

Çok kahve var mı?

MANY, MUCH, A LOT OF

Is there much coffee?

DURMAK (AYAKTA DURMAK)

O adam nerede? Şurada duruyor.

TO STAND

Where is that man? He is standing there.

GETİRMEK

Garson iki şişe su getiriyor.

TO BRING

The waiter is bringing two bottles of water.

FUTBOL

Çocuklar bahçede futbol oynuyorlar.

FOOTBALL

The children are playing football in the garden.

MÜZE		MUSEUM
Turistler müzeye giriyorlar.		The tourists are entering the museum.

NE ZAMAN		WHEN
Ne zaman evdesin?		When are you at home?

ÇOK

The word **çok** (= many, much, a lot of, very, a lot) has one basic meaning but a variety of grammatical functions, as it can precede nouns, adjectives or verbs.

We saw **birçok** in the last lesson (as usually used before count nouns).

Çantada birçok kalem var.	There are a lot of (many) pencils in the bag.
Masada birçok tabak var.	There are a lot of (many) plates on the table.

In the above sentences, **çok** instead of **birçok** could be used.

Çantada çok kalem var.	There are a lot of (many) pencils in the bag.
Masada çok tabak var.	There are a lot of (many) plates on the table.

Çok is used with both count and uncount nouns. Also, as mentioned previously, **çok** is used with positive, negative and question forms. Turkish does not have the distinction of the English 'a lot of' and 'many/much'.

Çantada çok kalem var.	There are a lot of pencils in the bag.
Çantada çok kalem yok.	There aren't many pencils in the bag.
Çantada çok kalem var mı?	Are there many pencils in the bag?
Pakette çok çay var.	There is a lot of tea in the packet.
Pakette çok çay yok.	There isn't much tea in the packet.
Pakette çok çay var mı?	Is there a lot of tea in the packet?
Evde çok sandalye var.	There are a lot of chairs in the house.
Hastanede çok doktor var.	There are a lot of doctors in hospital.
Sokakta çok araba var.	There are a lot of cars in the street.
Ofiste çok bilgisayar var.	There are a lot of computers in the office.
Orada çok ev var.	There are a lot of houses there.
Manavda çok portakal var.	There are a lot of oranges in the greengrocer's.

Şişede çok süt var.	There is a lot of milk in the bottle.
Bahçede çok kar var.	There is a lot of snow in the garden.
Çantada çok para var.	There is a lot of money in the bag.
Bardakta çok su var.	There is a lot of water in the glass.
Kutuda çok şeker var.	There is a lot of sugar in the box.
Tabakta çok tereyağı var.	There is a lot of butter on the plate.
Evde çok sandalye yok.	There aren't many chairs in the house.
Sokakta çok araba yok.	There aren't many cars in the street.
Manavda çok portakal yok.	There aren't many oranges in the green-grocer's.
Şişede çok süt yok.	There isn't much milk in the bottle.
Çantada çok para yok.	There isn't much money in the bag.
Tabakta çok tereyağı yok.	There isn't much butter on the plate.
Hastanede çok doktor var mı?	Are there many doctors in hospital?
Ofiste çok bilgisayar var mı?	Are there many computers in the office?
Orada çok ev var mı?	Are there many houses there?
Bahçede çok kar var mı?	Is there much snow in the garden?
Bardakta çok su var mı?	Is there much water in the glass?
Kutuda çok şeker var mı?	Is there much sugar in the box?

Used before adjectives **çok** means 'very'.

Bu kız çok güzel.	This girl is very beautiful.
Babam çok yorgun.	My father is very tired.
Bu kalem çok uzun.	This pencil is very long.
O çok zor.	It is very difficult.
Arkadaşımın evi çok uzak.	My friend's house is very far.
Onun elbisesi çok kısa.	Her dress is very short.
Hava çok soğuk.	It is very cold.
Oda çok sıcak.	The room is very hot.
Tabaklar çok pis.	The plates are very dirty.
Fatma'nın kocası çok zengin.	Fatma's husband is very rich.
Ekmek çok bayat.	The bread is very stale.
Bu mutfak çok küçük.	This kitchen is very small.
Baban çok yaşlı.	Your father is very old.
Bu palto çok yeni.	This overcoat is very new.
Babam çok yorgun değil.	My father isn't very tired.
Arkadaşımın evi çok uzak değil.	My friend's house isn't very far.
Onun elbisesi çok kısa değil.	Her dress isn't very short.
Ekmek çok bayat değil.	The bread isn't very stale.
Baban çok yaşlı değil.	Your father isn't very old.
Oda çok sıcak değil.	The room isn't very hot.
Tabaklar çok pis mi?	Are the plates very dirty?
O kız çok güzel mi?	Is this girl very beautiful?
Oda çok sıcak mı?	Is the room is very hot?

Fatma'nın kocası çok zengin mi?	Is Fatma's husband very rich?
Ekmek çok bayat mı?	Is the bread very stale?
O mutfak çok küçük mü?	Is that kitchen very small?

Used before verbs, **çok** means 'a lot'.

Annesi çok konuşuyor.	His mother is talking a lot.
Çocuklar çok peynir yiyorlar.	The children are eating cheese a lot.
Kadınlar çok yürüyorlar.	The women are walking a lot.
Bebek çok uyuyor.	The baby is sleeping a lot.
Çok sigara içiyorsun.	You are smoking a lot.
Sekreter çok çay içiyor.	The secretary is drinking tea a lot.
Kadın bugün çok yemek yapıyor.	The woman is cooking a lot today.

Annesi çok konuşmuyor.	His mother isn't talking a lot.
Kadınlar çok yürümüyorlar.	The women aren't walking a lot.
Çok sigara içmiyorsun.	You aren't smoking very much.
Sekreter çok çay içmiyor.	The secretary isn't drinking tea very much.

Kadın bugün çok yemek yapıyor mu?	Is the woman cooking a lot today?
Bebek çok uyuyor mu?	Is the baby sleeping a lot?
Çocuklar çok peynir yiyorlar mı?	Are the children eating cheese a lot?
Annesi çok konuşuyor mu?	Is his mother talking a lot?

NE ZAMAN

Ne zaman, (= when, what time), is a question word used to find out the time of occurrence.

Ne zaman evdesin?	When are you at home?
Baban ne zaman ofistedir?	When is your father in the office?
Ne zaman istanbul'dayız?	When are we in Istanbul?

Ne zaman fabrikaya gidiyorsun?	When are you going to the factory?
Kadın ne zaman evi temizliyor?	When is the woman cleaning the house?
Doktor ne zaman hastaneye geliyor?	When is the doctor coming to hospital?
Bebek ne zaman uyuyor?	When is the baby sleeping?
Annen ne zaman yemek yapıyor?	When is your mother cooking?
Ne zaman televizyon seyrediyorsunuz?	When are you watching TV?
Müdür ne zaman ofise geliyor?	When is the manager coming to the office?

Evlerini ne zaman satıyorlar?	When are they selling their house?
Ne zaman sigara içiyoruz?	When are we smoking?
Ne zaman müzik dinliyor?	When is he listening to music?

The object of the sentence and **ne zaman** can change places without changing the basic meaning.

Fabrikaya ne zaman gidiyorsun?	When are you going to the factory?
Kadın evi ne zaman temizliyor?	When is the woman cleaning the house?
Doktor hastaneye ne zaman geliyor?	When is the doctor coming to hospital?
Müdür ofise ne zaman geliyor?	When is the manager coming to the office?
Ne zaman evlerini satıyorlar?	When are they selling their house?

Let us see some answers which could be given here.

Fabrikaya ne zaman gidiyorsun?
When are you going to the factory?

Yarın gidiyorum.
I am going (there) tomorrow.

Kadın evi ne zaman temizliyor?
When is the woman cleaning the house?

Bugün temizliyor.
She is cleaning it today.

Ne zaman müzik dinliyor?
When is he listening to music?

Akşamleyin dinliyor.
He is listening to music in the evening.

Müdür ne zaman ofise geliyor?
When is the manager coming
to the office?

Sabahleyin geliyor.
He is coming in the morning.

Ne zaman evdesin?
When are you at home?

Yarın evdeyim.
I am at home tomorrow.

-Kİ

When a word like **bahçede, okulda, evde**, etc is used to make a defining clause, after the locative suffix in these words **-ki** is added (put another way, **-deki/-daki** is added to the place word). Note that the **-ki** suffix is always the same - it doesn't follow the rules of vowel harmony.

The suffix **-ki** can be thought of as answering the question 'which?'. (Which tree? The tree in the garden.)

bahçedeki	in the garden
okuldaki	at school
evdeki	at home
fabrikadaki	in the factory
sandalyedeki	on the chair
çantadaki	in the bag
uçaktaki	on the plane
ağaçtaki	in the tree
ofisteki	in the office
otobüsteki	on the bus

265

noun+deki + noun

bahçedeki ağaç	the tree in the garden
okuldaki çocuk	the child at school
evdeki adam	the man at home
fabrikadaki işçi	the worker in the factory
sandalyedeki çanta	the bag on the chair
çantadaki para	the money in the bag
fincandaki süt	the milk in the cup
sokaktaki araba	the car in the street
buzdolabındaki et	the meat in the fridge
oteldeki kadın	the woman at the hotel
hastanedeki doktor	the doctor in hospital
uçaktaki kız	the girl on the plane
ağaçtaki kedi	the cat in the tree
ofisteki bilgisayar	the computer in the office
otobüsteki turist	the tourist on the bus
Ankara'daki otel	the hotel in Ankara
İstanbul'daki fabrika	the factory in Istanbul
masanın üstündeki tabak	the plate on the table
ağacın altındaki top	the ball under the tree
bankanın yanındaki lokanta	the restaurant next to the bank
koltuğun arkasındaki ayakkabı	the shoe behind the armchair
evin önündeki bahçe	the garden in front of the house

Bahçedeki ağaç uzundur.	The tree in the garden is long.
Okuldaki çocuk öğrencidir.	The child at school is a student.
Sokaktaki araba sarıdır.	The car in the street is yellow.
Oteldeki kadın benim annemdir.	The woman at the hotel is my mother.
Hastanedeki doktor genç mi?	Is the doctor in hospital young?
Fabrikadaki işçi yorgundur.	The worker in the factory is tired.
Sandalyedeki çanta Ayşe'nin çantasıdır.	The bag on the chair is Ayşe's bag.
Çantadaki parayı alıyor.	She is taking the money in the bag.
Fincandaki sütü iç.	Drink the milk in the cup.
Uçaktaki kız benim arkadaşımdır.	The girl on the plane is my friend.
Ofisteki bilgisayar yenidir.	The computer in the office is new.
Otobüsteki turist müzeye gidiyor.	The tourist on the bus is going to the museum.
Ankara'daki otel çok büyüktür.	The hotel in Ankara is very big.
İstanbul'daki fabrikaya ne zaman gidiyorsun?	When are you going to the factory in Istanbul?
Masanın üstündeki tabakta ne var?	What is there on the plate on the table?
Ağacın altındaki topla oyna.	Play with the ball under the tree.
Bankanın yanındaki lokanta ucuzdur.	The restaurant next to the bank is cheap.
Çocuklar evin önündeki bahçede oynuyor.	The children are playing in the garden in front of the house.

266

Summary of Question Words

Ne

Bu nedir?	What is this?
Onlar nedir?	What are those?

Çocuğun elinde ne var?	What is there in child's hand?
Odada ne var?	What is there in the room?
Lokantada ne var?	What is there in the restaurant?

Ne dinliyorsun?	What are you listening?
Marketten ne alıyorlar?	What are they buying from the supermarket?
Ne satıyor?	What is she selling?
Burada ne yapıyoruz?	What are we doing here?

Nerede

Annenin çantası nerede?	Where is your mother's bag?
Postane nerede?	Where is the post-office?
Müdürün odası nerede?	Where is the manager's room?
Hilton Oteli nerede?	Where is the Hilton Hotel?

Nerede iyi bir lokanta var?	Where is there a good restaurant?
Nerede iyi bir sinema var?	Where is there a good cinema?

Kadınlar nerede oturuyor?	Where are the women sitting?
Ağabeyin nerede çalışıyor?	Where is your elder brother working?
Nerede sigara içiyorsun?	Where are you smoking?
Nerede İngilizce öğreniyorsun?	Where are you learning English?

Nereye

Yarın nereye gidiyorsun?	Where are you going tomorrow?
Adamlar nereye bakıyorlar?	Where are the men looking?
İşadamı nereye oturuyor?	Where is the businessman sitting?

Nereden

Amcası nereden geliyor?	Where is her uncle coming from?
Nereden bakıyorsun?	Where are you looking from?
Bu sandviçleri nereden alıyor?	Where is he buying these sandwiches from?

Ne Zaman

Ahmet ne zaman uyuyor?	When is Ahmet sleeping?
Kocan fabrikadan ne zaman geliyor?	When is your husband coming from the factory?
Ne zaman müzik dinliyor?	When is he listening to music?

Kim

Bu odayı kim temizliyor?	Who is cleaning this room?
Kim mektup yazıyor?	Who is writing letter?
Bahçede kim oynuyor?	Who is playing in the garden?
Kim odada sigara içiyor?	Who is smoking in the room?
Kim müdürle konuşuyor?	Who is talking to the manager?

Hangi

Hangi ev büyüktür?	Which house is big?
Hangi adam zengindir?	Which man is rich?
Hangi müze açıktır?	Which museum is open?
Hangi adam bize bakıyor?	Which man is looking at us?
Hangi sekreter mektubu yazıyor?	Which secretary is writing the letter?
Hangi doktor hastaneye gidiyor?	Which doctor is going to hospital?

Hangisi

Hangisi ucuzdur?	Which one is cheap?
Hangisi yaşlıdır?	Which of them is older?
Hangisi patronun arabasıdır?	Which of them is the boss's car?
Hangisi otobüse biniyor?	Which of them is getting on the bus?
Hangisi Almanca öğreniyor?	Which of them is learning German?
Hangisi sigara içiyor?	Which of them is smoking?
Onun kitabı hangisidir?	Which is her book?
Kadının sandviçi hangisidir?	Which is the woman's sandwich?
Bu odanın halısı hangisidir?	Which is the carpet of this room?

PRACTICE 27

A

Make positive, negative and question form sentences adding **çok**.

1. **Bu elbise kısadır.**
2. **Bahçede kar var.**
3. **Tabakta tereyağı var.**
4. **Çantada kitap var.**
5. **Manavda portakal var.**
6. **Masada tabak ve bardak var.**
7. **Duvardaki resimler eskidir.**
8. **Evde halı var.**

B

Put **çok** into the sentences in an appropriate place.

1. **Bu ekmek bayat.**
2. **Kızın elbisesi kısa.**
3. **İşadamı yorgun.**
4. **Sigara içiyor.**
5. **Tabaklar pis.**
6. **Kadın çay içiyor.**
7. **Parkın yanındaki ev pahalı.**
8. **O adam konuşuyor.**

C

Make new sentences using the suffix **-ki** (to make defining clauses).

Example : **Buzdolabında taze et var.**
Buzdolabındaki et tazedir.

1. **Masada temiz tabak var.**
2. **O evde kötü bir kadın var.**
3. **Bu dükkânda ucuz ayakkabı var.**
4. **Bahçede uzun ağaçlar var.**
5. **Manavda taze fasulye var.**
6. **Caddede pahalı bir araba var.**
7. **Ofiste yeni bilgisayar var.**

D

Fill the gaps with **ne, nereye, nerede, ne zaman, kim**.

1. **Dolabın içinde ... var?**
2. **Bu pencereleri ... temizliyor?**
3. **Patron yarın ... gidiyor?**
4. **Yaşlı kadınlar ... bekliyor?**
5. **Siz ... televizyon seyrediyorsunuz?**
6. **Baban ... Londradan geliyor?**
7. **Orada ... sigara içiyor?**
8. **Ahmet mutfakta ... yapıyor?**

E

Translate into English.

1. **Otobüste çok öğrenci var.**
2. **Salondaki koltuklar eskidir.**
3. **Fabrikada çok işçi var mı?**
4. **Sekreter mektupları ne zaman okuyor?**

5. **Doktor çok sigara içiyor.**
6. **Masadaki kahveyi içiyor musun?**
7. **Hangi kadın Mehmet'in annesidir?**

F

Translate into Turkish.

1. Are there many pictures on the wall?
2. This dress is very old.
3. She is taking the money in the bag.
4. Where is there a good hotel?
5. When is he selling his car?
6. The man is sleeping a lot.
7. The house near the cinema is very old.

PRACTICE 27 - ANSWERS

A. 1. **Bu elbise çok kısadır. Bu elbise çok kısa değil. Bu elbise çok kısa mı?** 2. **Bahçede çok kar var. Bahçede çok kar yok. Bahçede çok kar var mı?** 3. **Tabakta çok tereyağı var. Tabakta çok tereyağı yok. Tabakta çok tereyağı var mı?** 4. **Çantada çok kitap var. Çantada çok kitap yok. Çantada çok kitap var mı?** 5. **Manavda çok portakal var. Manavda çok portakal yok. Manavda çok portakal var mı?** 6. **Masada çok tabak ve bardak var. Masada çok tabak ve bardak yok. Masada çok tabak ve bardak var mı?** 7. **Duvardaki resimler çok eskidir. Duvardaki resimler çok eski değil. Duvardaki resimler çok eski mi?** 8. **Evde çok halı var. Evde çok halı yok. Evde çok halı var mı?**

B. 1. **Bu ekmek çok bayat.** 2. **Kızın elbisesi çok kısa.** 3. **İşadamı çok yorgun.** 4. **Çok sigara içiyor.** 5. **Tabaklar çok pis.** 6. **Kadın çok çay içiyor.** 7. **Parkın yanındaki ev çok pahalı.** 8. **O adam çok konuşuyor.**

C. 1. **Masadaki tabak temizdir.** 2. **O evdeki kadın kötüdür.** 3. **Bu dükkândaki ayakkabı ucuzdur.** 4. **Bahçedeki ağaçlar uzundur.** 5. **Manavdaki fasulye tazedir.** 6. **Caddedeki araba pahalıdır.** 7. **Ofisteki bilgisayar yenidir.**

D. 1. **Dolabın içinde ne var?** 2. **Bu pencereleri kim temizliyor?** 3. **Patron yarın nereye gidiyor?** 4. **Yaşlı kadınlar nerede bekliyor?** 5. **Siz nerede/ne zaman televizyon seyrediyorsunuz?** 6. **Baban ne zaman Londra'dan geliyor?** 7. **Orada kim sigara içiyor?** 8. **Ahmet mutfakta ne yapıyor?**

E. 1. There are a lot of students on the bus. 2. The armchairs in the hall are old. 3. Are there many workers in the factory? 4. When is the secretary reading the letters? 5. The doctor is smoking very much. 6. Are you drinking the coffee on the table? 7. Which woman is Mehmet's mother?

F. 1. **Duvarda çok resim var mı?** 2. **Bu elbise çok eskidir.** 3. **Çantadaki parayı alıyor.** 4. **Nerede iyi bir otel var?** 5. **Arabasını ne zaman satıyor?** 6. **Adam çok uyuyor.** 7. **Sinemanın yanındaki ev çok eskidir.**

270

temel
TÜRKÇE
kursu

DERS 28

VOCABULARY

FİLM

Bu film çok güzel.

FILM

This film is very good.

TUVALET

Tuvalet nerede?

TOILET

Where is the toilet?

ŞEHİR

Hangi şehirde kalıyorsun?

CITY

Which city are you staying in?

KASAP

Kasap bakkalın yanındadır.

BUTCHER, BUTCHER'S

The butcher's is next to the grocer's.

BAKKAL

Bakkala git ve bir kilo şeker al

GROCER, GROCER'S

Go to the grocer's and buy one kilo of sugar.

PAZAR

Ne zaman pazara gidiyorsun?

MARKET

When are you going to the market?

BİLET

Biletler çantanın içindedir.

TICKET

The tickets are in the bag.

271

SÖYLEMEK

Babana ne söylüyorsun?

TO SAY, TO TELL

What are you saying to your father?

YATMAK

Bebek ne zaman yatıyor?

TO GO TO BED, TO LIE

When is the baby going to bed?

ETEK

Kızın eteği yeşildir.

SKIRT

The girl's skirt is green.

... (ların)lerin biri (ikisi, üçü, birkaçı, birazı)

To talk about a specific number or amount of a group of things or people, use one of the structures above as is new described.

You remember that **-ler/-lar** is added to make plurals.

> kalem - kalemler
> sandalye - sandalyeler
> hemşire - hemşireler
> bilet - biletler
> şehir - şehirler
>
> kadın - kadınlar
> lokanta - lokantalar
> televizyon - televizyonlar
> yumurta - yumurtalar
> uçak - uçaklar

We have not yet seen compound nouns in plural forms - let us see some examples of this.

Compound nouns are formed by combining two nouns. For example the compound noun **bahçe kapısı** is formed from **bahçe** and **kapı**. The relationship of possession is indicated by the **-ı** suffix (**-sı** here), but the possessor suffix **-(n)ın** is not used (with **bahçe** here). To make compound nouns plural **-ları/-leri** is added (**--lar/-ler** for the plural + **ı/i** for possession).

bahçe kapısı	bahçe kapıları
Hilton Oteli	Hilton Otelleri
Divan Pastanesi	Divan Pastaneleri
çocuk odası	çocuk odaları
buzdolabı (buz + dolap)	buzdolapları
işadamı (iş + adam)	işadamları

To make plural nouns into the genitive, add the **-in** suffix.

kalemlerin ...	...of the pencils
sandalyelerin ...	...of the chairs
hemşirelerin ...	...of the nurses
biletlerin ...	...of the tickets
şehirlerin ...	...of the cities
kadınların ...	...of the women
lokantaların ...	...of the restaurants
yumurtaların ...	...of the eggs
televizyonların ...	...of the televisions
uçakların ...	...of the planes

To make compound nouns into the genitive, the buffer **n** must be added.

bahçe kapılarının	...of the garden gates
yatak odalarının	...of the bedrooms
Hilton Otelleri'nin	...of the Hilton Hotels
buzdolaplarının	...of the refrigerators
işadamlarının	...of the businessmen
kalemlerin biri	one of the pencils
sandalyelerin ikisi	two of the chairs
hemşirelerin üçü	three of the nurses
biletlerin dördü	four of the tickets
şehirlerin ikisi	two of the cities
kadınların biri	one of the women
lokantaların ikisi	two of the restaurants
yumurtaların beşi	five of the eggs
televizyonların üçü	three of the televisions
uçakların ikisi	two of the planes
ağaçların dördü	four of the trees
bahçe kapılarının ikisi	two of the garden gates
yatak odalarının biri	one of the bedrooms
Hilton Otelleri'nin üçü	three of the Hilton Hotels
buzdolaplarının dördü	four of the refrigerators
işadamlarının ikisi	two of the businessmen
kadınların birkaçı	some of the women
hemşirelerin birkaçı	some of the nurses
biletlerin birkaçı	some of the tickets
bardakların birkaçı	some of the glasses
lokantaların birkaçı	some of the restaurants
uçakların birkaçı	some of the planes
ağaçların birkaçı	some of the trees
buzdolaplarının birkaçı	some of the refrigerators
işadamlarının birkaçı	some of the businessmen

Hilton Otelleri'nin birkaçı	some of the Hilton Hotels
etin birazı	some of the meat
şekerin birazı	some of the sugar
kahvenin birazı	some of the coffee
tuzun birazı	some of the salt
paranın birazı	some of the money

As mentioned previously, uncount nouns do not usually take the **-ler/-lar** plural suffix.

Here we see this structure used in sentences.

Kadınların biri bahçededir.	One of the women is in the garden.
Hemşirelerin biri odadadır.	One of the nurses is in the room.
Lokantaların biri büyüktür.	One of the restaurants is big.
Ağaçların biri uzundur.	One of the trees is long.
Sandalyelerin biri yatak odasındadır.	One of the chairs is in the bedroom.

Buzdolaplarının biri nerede?	Where is the one of the refrigerators?
Hilton Otelleri'nin biri İstanbul'dadır.	One of the Hilton Hotels is in Istanbul.
İşadamlarının biri yaşlıdır.	One of the businessmen is old.

Çocukların üçü bahçededir.	Three of the children are in the garden.
Arabaların beşi köprüdedir.	Five of the cars are on the bridge.
Şoförlerin ikisi otobüsün yanındadır.	Two of the drivers are near the bus.
İşçilerin onu fabrikada değildir.	Ten of the workers aren't in the factory.
Pencerelerin ikisi kapalıdır.	Two of the windows are shut.
Biletlerin ikisi masanın üstündedir.	Two of the tickets are on the table.
Anahtarların üçü çantadadır.	Three of the keys are in the bag.
Turistlerin dördü müzededir.	Four of the tourists are in the museum.

Buzdolaplarının dördü dükkândadır.	Four of the refrigerators are in the shop.
Yatak odalarının ikisi küçüktür.	Two of the bedrooms are small.
Bahçe kapılarının ikisi açıktır.	Two of the garden gates are open.

Misafirlerin birkaçı bahçededir.	Some of the guests are in the garden.
Tabakların birkaçı mutfakta değildir.	Some of the plates aren't in the kitchen.
Sigaraların birkaçı kutunun içindedir.	Some of the cigarettes are in the box.
Dergilerin birkaçı müdürün odasındadır.	Some of the magazines are in the manager's room.
Bilgisayarların birkaçı ofistedir.	Some of the computers are in the office.

Sütün birazı bardaktadır.	Some of the milk is in the glass.
Paranın birazı çantadadır.	Some of the money is in the bag.
Kahvenin birazını al, lütfen.	Take some of the coffee, please.
Şekerin birazını verin.	Give some of the sugar, please.
Etin birazı buzdolabındadır.	Some of the meat is in the refrigerator.

İşçilerin biri patronu bekliyor.	One of the workers is waiting for the boss.

274

Çocukların ikisi televizyon seyrediyor.	Two of the children are watching TV.
Ağaçların birinin altında bir adam oturuyor.	A man is sitting under one of the trees.
Biletlerin ikisini sana veriyorum.	I am giving two of the tickets to you.
Öğretmenlerin üçü bu okulda İngilizce öğretiyor.	Three of the teachers are teaching English in this school.
Turistlerin dördü otobüs durağında bekliyor.	Four of the tourists are waiting at the bus-stop.
Hemşirelerin beşi hastanede çalışıyor.	Five of the nurses are working in hospital.
Arkadaşlarımın biri Japonca öğreniyor.	One of my friends are learning Japanese.
İşadamlarının biri Almanya'ya gidiyor.	One of the businessmen are going to Germany.
Bahçe kapılarının birini açıyor.	He is opening one of the garden gates.
Kadın yatak odalarının birini temizliyor.	The woman is cleaning one of the bedrooms.

When this type of structure is used as the object of a sentence, it is the quantifier which takes the accusative suffix, with buffer n, (eg **biletlerin ikisi-ni, bahçe kapı-larının biri-ni**).

Misafirlerin birkaçı bahçede oturuyor.	Some of the guests are sitting in the garden.
Sigaraların birkaçını kutuya koyuyorum.	I am putting some of the cigarettes into the box.
O dergilerin birkaçını okuyor.	He is reading some of those magazines.
Paranın birazını çantaya koy, lütfen.	Put some of the money into the bag, please.
Kedi sütün birazını içiyor.	The cat is drinking some of the milk.
Annem etin birazını pişiriyor.	My mother is cooking some of the meat.

The ablative suffix **-dan/-den** may also be used, as below.

kadınlardan biri	one of the women
hemşirelerden biri	one of the nurses
kapılardan biri	one of the doors
turistlerden biri	one of the tourists
yatak odalarından biri	one of the bedrooms
Hilton Otelleri'nden biri	one of the Hilton Hotels
misafirlerden birkaçı	some of the guests
sigaralardan birkaçı	some of the cigarettes
dergilerden birkaçı	some of the magazines

The ablative suffix is not often used for uncount nouns in this structure.

Kadınlardan biri buradadır.	One of the women is here.
Hemşirelerden ikisi hastanede değildir.	Two of the nurses aren't in hospital.
Kapılardan biri kapalıdır.	One of the doors is shut.

Hilton Otelleri'nden biri İstanbul'dadır.   One of the Hilton Hotels is in Istanbul.
Bahçe kapılarından biri açıktır.   One of the garden gates is open.

Misafirlerden birkaçı salondadır.   Some of the guests are in the hall.
Dergilerden birkaçı masanın üstündedir.   Some of the magazines are on the table.

İşçilerden biri patronu bekliyor.   One of the workers is waiting for the boss.
Çocuklardan ikisi televizyon seyrediyor. Two of the children are watching TV.
Turistlerden dördü otobüs durağında bekliyor.   Four of the tourists are waiting at the bus-stop.
Hemşirelerden beşi hastanede çalışıyor.   Five of the nurses are working in hospital.

İşadamlarından biri Almanyaya gidiyor.   One of businessmen is going to Germany.
Bahçe kapılarından birini açıyor.   He is opening one of the garden gates.

Sigaralardan birkaçını kutuya koyu-yorum.   I am putting some of the cigarettes into the box.
Misafirlerden birkaçı bahçede oturuyor. Some of the guests are sitting in the garden.
Tabaklardan birkaçını bana ver.   Give some of the plates to me.

Words Used in the Reading Passage

tren istasyonu	train station
yolcu	passenger
bavul	suitcase
büfe	buffet
bisküvi	biscuit

TREN İSTASYONU   TRAIN STATION

Burası bir tren istasyonu.
İstasyonda çok yolcu var. Yolcu-
lardan birkaçı banklarda oturuyor.
Onlar tren bekliyorlar. Birkaç

This is a train station. There are
a lot of passengers at the station.
Some of the passengers are sitting
on the benches. They are waiting for

yolcu ayakta duruyor. Yolcuların
yanında çanta ve bavullar var.

train. Some passengers are standing.
There are bags and suitcases near the
passengers.

Yeni bir tren kalkıyor. Bu tren
Ankara'ya gidiyor. Yolcular trene
biniyor. Bir adam ve bir kadın
istasyona giriyor. Onlar trene
koşuyorlar.

A new train is departing. This train
is going to Ankara. The passengers are
getting on the train. A man and a woman
are entering the station. They are
running to the train.

Bankların birinde genç bir adam
oturuyor. Onun elinde bir gazete
var. Gazeteyi okuyor. Onun treni
şimdi istasyona giriyor. Genç
adamın yanında bir oğlan var.
Onlar Eskişehir'e gidiyorlar.

A young man is sitting on one of the
benches. There is a newspaper in his
hand. He is reading the newspaper. His
train is entering the station now. There
is a boy with the young man. They are
going to Eskişehir.

İstasyonda büyük bir büfe var.
Büfedeki adam çay, kahve,
meşrubat, bisküvi, sandviç ve gazete
satıyor.

There is a big buffet in the station.
The man in the buffet is selling tea,
coffee, beverages, biscuits, sandwiches
and newspapers.

Bir kadın büfeye geliyor ve
iki bardak çay ve iki peynirli sandviç
alıyor. Bankta yaşlı bir adam
oturuyor. Kadın sandviçleri
onunla yiyor. Şimdi onların
treni de geliyor. Kadın ve
yaşlı adam trene biniyorlar.
Onlar İzmir'e gidiyorlar.

A woman is coming to the buffet and
buying two glasses of tea and two
cheese sandwiches. An old man
is sitting on the bench. The woman
is eating the sandwiches with him.
Now their train is also coming. The
woman and the old man are getting on
the train. They are going to Izmir.

Questions and Answers to the Reading Passage

Tren istasyonunda çok yolcu var mı?
Are there many passengers at
the station?

Evet, var.
Yes, there are.

Yolculardan birkaçı nerede oturuyor?
Where are some of the passengers
sitting?

Onlar bankta oturuyor.
They are sitting on the bench.

Çanta ve bavullar nerededir?
Where are the bags and suitcases?

Yolcuların yanındadır.
They are near the passengers.

İstasyona kimler giriyor?
Who are entering the station?

Bir adam ve bir kadın giriyor.
A man and a woman are (entering).

277

Onlar nereye koşuyorlar?
Where are they running?

Trene koşuyorlar.
They are running to the train.

Genç adam nerede oturuyor?
Where is the young man sitting?

O bir bankta oturuyor.
He is sitting on a bench.

Onun elinde ne var?
What is there in his hand?

Bir gazete var.
There is a newspaper.

Gazeteyle ne yapıyor?
What is he doing with the newspaper?

Onu okuyor.
He is reading it.

Onun yanında kim var?
Who is there near him?

Bir oğlan var.
There is a boy.

Onlar nereye gidiyorlar?
Where are they going?

Eskişehir'e gidiyorlar.
They are going to Eskişehir.

İstasyonda büfe var mı?
Is there a buffet at the station?

Evet, var.
Yes, there is.

Büfede neler var?
What is there in the buffet?

Çay, kahve, meşrubat, bisküvi, sandviç ve gazete var.
There is tea, coffee, beverage, sandwich and newspaper.

Kadın büfeden ne alıyor?
What is the woman buying from the buffet?

İki bardak çay ve iki peynirli sandviç alıyor.
She is buying two glasses of tea and two cheese sandwiches.

Sandviçleri kimle yiyor?
Who is she eating the sandwiches with?

Yaşlı bir adamla yiyor.
She is eating them with an old man.

Onlar nereye gidiyorlar?
Where are they going?

İzmir'e gidiyorlar.
They are going to Izmir.

PRACTICE 28

A

Rewrite as in the example.

Example : **Bahçede bir adam var.** ---> **Adamların biri bahçededir.**

1. **Bir işçi patronu bekliyor.**
2. **Burada iki lokanta var.**
3. **İki arkadaşım Almanca öğreniyor.**

4. Üç turist müzenin önündedir.
5. İki yatak odası küçüktür.
6. Dört işadamı ofise geliyor.
7. Birkaç dergi müdürün odasındadır.
8. Kutuda biraz şeker var.
9. Birkaç öğretmen sandviç yiyor.
10. Annem biraz para veriyor.

B

Rewrite using the **-dan/-den** suffix.

Example : **Adamların biri bahçededir.**
Adamlardan biri bahçededir.

1. İşçilerin biri patronu bekliyor.
2. Turistlerin üçü oteldedir.
3. Dergilerin birkaçı yatak odasındadır.
4. Öğretmenlerin birkaçı kahve içiyor.
5. Yatak odalarının ikisi küçüktür.

C

Fill the gaps with appropriate question words.

1. Adamlar ... bakıyor?
2. Bu tren ... kalkıyor?
3. Masadaki kutunun içinde ... var?
4. Çocuklar ... futbol oynuyorlar?
5. Odada bizi ... bekliyor?
6. ... öğrenci sigara içiyor?
7. Siz akşamleyin ... yapıyorsunuz?

D

Answer the questions.

1. Adınız nedir?
2. Kaç yaşındasınız?
3. Nerede oturuyorsunuz? (yaşıyorsunuz)
4. Nerelisiniz?
5. Öğrenci misiniz yoksa çalışıyor musunuz?

E

Translate into English.

1. Elbiselerden biri yeşildir.
2. Biletlerin ikisini ona veriyorum.

3. **Etin birazını buzdolabına koy, lütfen.**
4. **Arabanın içindeki adama bakıyorum.**
5. **Köprüde çok araba yok.**
6. **Sandviçlerden birkaçını mühendisler yiyor.**
7. **Oteldeki adam ne zaman uyuyor?**

F

Translate into Turkish.

1. Some of the bags are here.
2. The post-office is on the left of this street.
3. Eat one of the oranges.
4. Some of the guests are in the hall.
5. She is opening one of the garden gates.
6. The cat is drinking some of the milk.
7. Where is one of the teachers?

PRACTICE 28 - ANSWERS

A. 1. **İşçilerin biri patronu bekliyor.** 2. **Lokantaların ikisi buradadır.** 3. **Arkadaşlarımın ikisi Almanca öğreniyor.** 4. **Turistlerin üçü müzenin önündedir.** 5. **Yatak odalarının ikisi küçüktür.** 6. **İşadamlarının dördü ofise geliyor.** 7. **Dergilerin birkaçı müdürün odasındadır.** 8. **Şekerin birazı kutudadır.** 9. **Öğretmenlerin birkaçı sandviç yiyor.** 10. **Paranın birazını annem veriyor.**

B. 1. **İşçilerden biri patronu bekliyor.** 2. **Turistlerden üçü oteldedir.** 3. **Dergilerden birkaçı yatak odasındadır.** 4. **Öğretmenlerden birkaçı kahve içiyor.** 5. **Yatak odalarından ikisi küçüktür.**

C. 1. **nereye/kime** 2. **ne zaman** 3. **ne** 4. **nerede** 5. **kim** 6. **hangi** 7. **ne**

D. Bu bölümde yanıtlar kişiye göre değişecektir. Ancak yine de örnek olması açısından yanıtları yazalım. Parantez içinde verilen bölümler değişebilen bölümlerdir.

1. **Adım (Aydın).** 2. **(28) yaşındayım.** 3. **(Merter) de oturuyorum.** 4. **(İstanbul) luyum.** 5. **(Öğrenciyim.) ya da (Çalışıyorum.)**

E. 1. One of the dresses is green. 2. I am giving two of the tickets to her. 3. Put some of the meat into the fridge, please. 4. I am looking at the man in the car. 5. There aren't many cars on the bridge. 6. The engineers are eating some of the sandwiches. 7. When is the man in the hotel sleeping?

F. 1. **Çantalardan/Çantaların birkaçı buradadır.** 2. **Postane bu caddenin solundadır.** 3. **Portakalların/Portakallardan birini ye.** 4. **Misafirlerin/Misafirlerden birkaçı salondadır.** 5. **Bahçe kapılarından/kapıların birini açıyor.** 6. **Kedi sütün birazını içiyor.** 7. **Öğretmenlerin/Öğretmenlerden biri nerede?**

temel
TÜRKÇE
kursu

DERS 29

VOCABULARY

KULLANMAK		TO USE
Bu sabunu kullanıyor musun?		Are you using this soap?

SORU		QUESTION
Kitaptaki sorular çok zor.		The questions in the book are very difficult.

SORMAK		TO ASK
Öğretmen ne soruyor?		What is the teacher asking?

HEPSİ		ALL
Doktorların hepsi hastanededir.		All of the doctors are in hospital.

HİÇBİR, HİÇBİRİ		NONE, ANY
Bu sandviçlerin hiçbirini yeme.		Don't eat any of these sandwiches.

MESLEK, İŞ		JOB
Babanın mesleği (işi) nedir?		What is your father's job?

BAZI

Kitaplardan bazısı (bazıları) buradadır.

SOME

Some of the books are here.

CEVAP VERMEK, YANITLAMAK

Müdür sorulara cevap veriyor.
(Soruları yanıtlıyor.)

TO ANSWER

The manager is answering
the questions.

AYNI

Onlar aynı evde oturuyorlar.

SAME

They are living in the same
house.

HEPSİ

The structure introduced in the last lesson can be used with the word **hepsi** (= all).

kadınların hepsi	all of the women
soruların hepsi	all of the questions
arabaların hepsi	all of the cars
mühendislerin hepsi	all of the engineers
kibritlerin hepsi	all of the matches
kitapların hepsi	all of the books
resimlerin hepsi	all of the pictures
mektupların hepsi	all of the letters

yatak odalarının hepsi	all of the bedrooms
işadamlarının hepsi	all of the businessmen
Hilton Otelleri'nin hepsi	all of the Hilton Hotels
buzdolaplarının hepsi	all of the refrigerators

Soruların hepsi kolay.	All of the questions are easy.
Kibritlerin hepsi kutudadır.	All of the questions are in the box.
Kitapların hepsi okulda mı?	Are all of the books at school?
Kadınların hepsi bahçededir.	All of the women are in the garden.
Mektupların hepsi sekreterin masasının üstündedir.	All of the letters are on the secretary's table.
Çantaların hepsi dükkândadır.	All of the bags are in the shop.
Kapıların hepsi açıktır.	All of the doors are open.
Portakalların hepsi tazedir.	All of the oranges are fresh.

İşadamlarının hepsi buradadır.	All of the businessmen are here.
Yatak odalarının hepsi büyüktür.	All of the bedrooms are large.
Buzdolaplarının hepsi fabrikadadır.	All of the fridges are in the factory.
Çocukların hepsi televizyon seyrediyor.	All of the children are watching TV.

282

Biletlerin hepsini sana veriyorum.	I am giving all of the tickets to you.
Turistlerin hepsi otobüs durağında bekliyor.	All of the tourists are waiting at the bus-stop.
Bu öğretmenlerin hepsi İngilizce öğretiyor.	All of these teachers are teaching English.
Dergilerin hepsini okuyorum.	I am reading all of the magazines.

| Yatak odalarının hepsini temizliyor. | She is cleaning all of the bedrooms. |
| Buzdolaplarının hepsini satıyorlar. | They are selling all of the refrigerators. |

| Kadın etin hepsini yiyor. | The woman is eating all of the meat. |
| Kedi sütün hepsini içiyor. | The cat is drinking all of the milk. |

HİÇBİR, HİÇBİRİ / NONE, ANY

These are not used for singular or uncountable nouns. They are used as negatives or in negative sentences.

soruların hiçbiri	any of the questions /none of the questions
kalemlerin hiçbiri	any of the pencils /none of the pencils
dişçilerin hiçbiri	any of the dentists /none of the dentists
kapıların hiçbiri	any of the doors /none of the doors
işçilerin hiçbiri	any of the workmen /none of the workmen
lokantaların hiçbiri	any of the restaurants /none of the restaurants
mektupların hiçbiri	any of the letters /none of the letters
kadınların hiçbiri	any of the women /none of the women
çantaların hiçbiri	any of the bags /none of the bags
yatak odalarının hiçbiri	any of the bedrooms /none of the bedrooms
Hilton Otelleri'nin hiçbiri	any of the Hilton Hotels/none of the Hilton Hotels
buzdolaplarının hiçbiri	any of the fridges/none of the fridges

Soruların hiçbiri kolay değil.	None of the questions are easy.
Kalemlerin hiçbiri masada değil.	None of the pencils are on the table.
Dişçilerin hiçbiri hastanede değil.	None of the dentists are in the hospital.
Mektupların hiçbiri çantada değil.	None of the letters are in the bag.
Kadınların hiçbiri evde değil.	None of the women are at home.
Kapıların hiçbiri açık değil.	None of the doors are open.

| Yatak odalarının hiçbiri büyük değil. | None of the bedrooms are big. |
| Buzdolaplarının hiçbiri dükkânda değil. | None of the fridges are in the shop. |

| İşçilerin hiçbiri orada beklemiyor. | None of the workmen are waiting there. |
| Öğretmenlerin hiçbiri Almanca öğretmez. | None of the teachers teach German. |

Kalemlerin hiçbirini kullanmam.	I don't use any of the pencils.
Kitapların hiçbirini okumuyorlar.	They aren't reading any of the books.
Sekreter mektupların hiçbirini yazmıyor.	The secretary isn't writing any of the letters.
Kadınların hiçbiri oraya gitmiyor.	None of the women are going there.
Kapıların hiçbirini açma, lütfen.	Don't open any of the doors, please.
Bahçe kapılarının hiçbirini açmayız.	We don't open any of the gates.
Buzdolaplarının hiçbirini satın almıyor.	They aren't buying any of the fridges.

Similar sentences can be formed using **-den, -dan**.

İşçilerden hiçbiri orada beklemiyor.	None of the workmen are waiting there.
Kalemlerden hiçbirini kullanmam.	I don't use any of the pencils.
Sekreter mektuplardan hiçbirini okumuyor.	The secretary isn't reading any of the letters.
Yatak odalarından hiçbiri büyük değil.	None of the bedrooms are big.
Bahçe kapılarından hiçbirini açmayız.	We don't open any of the gates.

As in English nouns which are usually uncount (eg 'coffee') can also be used as count nouns (eg 'Two coffees, please').

Kahvelerin hiçbirini içmiyorlar.	They aren't drinking (any of) the coffees.
Çocuk etlerin hiçbirini yemiyor.	The child isn't eating (any of) the meats.

Hiçbir can be placed before the noun and act as an adjective.

hiçbir adam	no men
hiçbir palto	no coats
hiçbir müze	no museums
hiçbir şirket	no companies
hiçbir süt	no milk
hiçbir asker	no soldiers
hiçbir arkadaş	no friends

Hiçbir otobüs burada değil.	No busses are here.
Hiçbir bilgisayar çalışmıyor.	No computers are working.
Hiçbir soru kolay değil.	No questions are easy.
Hiçbir asker uyumuyor.	No soldiers are sleeping.
Hiçbir arkadaşım sinemaya gitmiyor.	None of my friends are going to the cinema.
Hiçbir çocuk sandviç yemiyor.	No children are eating sandwiches.
Hiçbir işçi çalışmıyor.	No workmen are working.

BAZI, BAZISI / SOME, SOME OF

soruların bazısı	some of the questions
işçilerin bazısı	some of the workers
kutuların bazısı	some of the boxes

yumurtaların bazısı	some of the eggs
misafirlerin bazısı	some of the guests
köylerin bazısı	some of the villages
koltukların bazısı	some of the armchairs
ceketlerin bazısı	some of the jackets
yatak odalarının bazısı	some of the bedrooms
işadamlarının bazısı	some of the businessmen

Bazısı becomes **bazıları** when used with plural nouns.

soruların bazıları	some of the questions
işçilerin bazıları	some of the workers
müdürlerin bazıları	some of the managers
yumurtaların bazıları	some of the eggs
köpeklerin bazıları	some of the dogs
koltukların bazıları	some of the armchairs
işadamlarının bazıları	some of the businessmen

The **-den/-dan** suffix can also be used.

sorulardan bazıları	some of the questions
köylerden bazıları	some of the villages
ceketlerden bazıları	some of the jackets
misafirlerden bazıları	some of the guests
işadamlarından bazıları	some of the businessmen
atlardan bazısı	some of the horses
sorulardan bazısı	some of the questions
işçilerden bazısı	some of the workers
şirketlerden bazısı	some of the companies
işadamlarından bazısı	some of the businessmen

Soruların bazısı kolaydır.	Some of the questions are easy.
Öğretmenlerin bazısı bahçededir.	Some of the teachers are in the garden.
İşçilerin bazısı çalışmıyor.	Some of the workers aren't working.
Köylerin bazısı çok uzaktır.	Some of the villages are very far.
Kutuların bazısı mutfaktadır.	Some of the boxes are in the kitchen.
Misafirlerin bazısı balkonda oturuyor.	Some of the guests are sitting in the balcony.
Ceketlerin bazısı eskidir.	Some of the jackets are old.
Sandviçlerin bazısı peynirlidir.	Some of the sandwiches have cheese in them.
Mühendislerin bazısı köyde çalışıyor.	Some of the engineers are working in the village.
İşadamlarının bazısı şirkete geliyor.	Some of the businessmen are coming to the company.
Yatak odalarının bazısı pistir.	Some of the bedrooms are dirty.
Soruların bazıları kolaydır.	Some of the questions are easy.

Öğretmenlerin bazıları bahçededir.	Some of the teachers are in the garden.
Müşterilerin bazıları markettedir.	Some of the customers are in the shop.
Kutuların bazıları mutfaktadır.	Some of the boxes are in the kitchen.
Ceketlerin bazıları eskidir.	Some of the jackets are old.
Misafirlerin bazıları balkonda oturuyor.	Some of the guests are sitting in the balcony.
İşadamlarının bazıları şirkete geliyor.	Some of the businessmen are coming to the company.
Sorulardan bazıları kolaydır.	Some of the questions are easy.
Ceketlerden bazıları eskidir.	Some of the jackets are old.
Öğrencilerden bazıları bahçededir.	Some of the students are in the garden.
Misafirlerden bazıları balkonda oturuyor.	Some of the guests are sitting on the balcony.
İşadamlarından bazıları şirkete geliyor.	Some of the businessmen are coming to the company.

As with **hiçbir**, **bazı** also precedes nouns and acts as an adjective. Unlike **hiçbir**, however, the noun following **bazı** takes the plural suffix.

bazı dergiler	some magazines
bazı taksiler	some taxis
bazı sorular	some questions
bazı dersler	some lessons
bazı avukatlar	some lawyers
bazı evler	some houses
bazı kızlar	some girls
bazı resimler	some pictures
bazı polisler	some policemen
bazı işadamları	some businessmen

Bazı dergiler masanın üstündedir.	Some magazines are on the table.
Bazı resimlere bakıyoruz.	We are looking at some pictures.
Bazı dersler çok kolay.	Some lessons are very easy.
Bazı avukatlar ona telefon ediyor.	Some lawyers are telephoning him.
Bazı kızlar burada sigara içiyor.	Some girls are smoking here.
İşadamı bu köydeki bazı evleri satın alıyor.	The businessman is buying some houses in this village.
Bazı polisler bankanın önünde bekliyor.	Some policemen are waiting in front of the bank.
Müdür bazı sorulara cevap veriyor. (Bazı soruları yanıtlıyor.)	The manager is answering some questions.

PROFESSION, JOB

There are different question forms used to find out a person's occupation.

Mesleğiniz nedir?	What is your job?
İşiniz nedir?	What is your job?
Ne iş yapıyorsunuz?	What do you do?
Neci?	What is he?

286

İşin ne?	What is your job?
Baban ne iş yapıyor?	What is your father's job?
Onun mesleği nedir?	What is his job?
Anneniz ne iş yapıyor?	What is your mother's job?
Annenin mesleği nedir?	What is your mother's job?
Amcanın işi nedir?	What is your uncle's job?
O kadın ne iş yapıyor?	What is that woman's job?
Genç adamın mesleği nedir?	What is the young man's job?
Arkadaşının işi ne?	What is your friend's job?
Mehmet Bey ne iş yapıyor?	What is Mehmet Bey's job?

Here are some answers.

Ben bilgisayar programcısıyım.	I am a computer programmer.
Babam öğretmendir.	My father is a teacher.
Annem hemşiredir.	My mother is a nurse.
Amcam işçidir.	My uncle is a worker.
O kadın memurdur.	That woman is an official.
Arkadaşım öğrencidir.	My friend is a student.
Mehmet Bey bu şirketin müdürüdür.	Mehmet Bey is the manager of this company.

A Word Used in the Dialogue

iş, çalışma	work

DIALOGUE

CANDAN : Şirketten ne zaman çıkıyorsun?

When are you going out of the company?

ARİF : Akşam. Bugün çok iş var.

In the evening. There is lots of work to do.

CANDAN : Bu akşam güzel bir lokantaya gidiyoruz. Sen de gel.

We are going to a nice restaurant tonight. Why don't you come?

ARİF : Lokanta nerede? Uzak mı?

Where is the restaurant? Is it far?

CANDAN : Hayır, değil. Şirkete yakın. Yeni bir arkadaş da geliyor. Güzel bir kız arkadaş.

No, it isn't. It's near the company. A new friend is also coming. A beautiful girl friend.

ARİF : Oo! Adı ne?

Oo! What is her name?

CANDAN : Meltem. Benim okul arkadaşım.	Meltem. My school friend.
ARİF : Kaç yaşında? Ne iş yapıyor?	How old is she? What is her job?
CANDAN : Yirmi dört yaşında. İngilizce öğretmeni.	She is twenty four years old. She is an English teacher.
ARİF : Çok iyi. Hangi okulda çalışıyor?	Very good. Which school is she working at?
CANDAN : Işık Lisesi. Çok iyi bir öğretmen.	Işık Lisesi. She is a very good teacher.
ARİF : Tamam. Bu akşam geliyorum.	All right. I am coming this evening.
CANDAN : Nerede bekliyorsun? Şirkette mi yoksa lokantada mı?	Where are you waiting? In the company or in the restaurant?
ARİF : Lokanta nerede?	Where is the restaurant?
CANDAN : Etiler'de. Adı, "Kallavi". Canlı müzik de var.	In Etiler. Its name is "Kallavi". There is also live music.
ARİF : Siz şirkete gelin, lütfen.	Come to the company, please.
CANDAN : Tamam. Görüşürüz.	All right. See you.

PRACTICE 29

A

Rewrite using **hepsi**.

Example : **Kapı açıktır.**   --- >   **Kapıların hepsi açıktır.**

1. **Soru kolaydır.**
2. **Kitap okulda mı?**
3. **Yatak odası küçüktür.**
4. **Bileti ona veriyorum.**
5. **Gazeteyi okuyorum.**
6. **Turist otobüs durağında bekliyor.**
7. **Kapıyı açıyoruz.**
8. **Manav portakal satıyor.**
9. **İşadamı buradadır.**
10. **Kadın salonda oturuyor.**

B

Rewrite as in the example given.

Example : **Çocukların hiçbiri bahçede değil.** ---> **Hiçbir çocuk bahçede değil.**

1. **Kadınların hiçbiri genç değil.**
2. **Turistlerin hiçbiri otelde değil.**
3. **Misafirlerin hiçbiri balkolda oturmuyor.**
4. **Yatakların hiçbiri bebeğin değil.**
5. **Sandalyelerin hiçbiri mutfakta değil.**
6. **Defterlerin hiçbiri çantada değil.**
7. **Öğrencilerin hiçbiri İngilizce öğrenmiyor.**
8. **Odaların hiçbirini temizlemiyor.**
9. **Bilgisayarların hiçbiri ofiste değil.**
10. **Adaların hiçbiri yakın değil.**

C

Rewrite as in the example given.

Example : **Soruların bazısı zordur.** ---> **Sorulardan bazıları zordur.**

1. **Kitapların bazısı onundur.**
2. **Taksilerin bazısı buraya geliyor.**
3. **İşçilerin bazısı çalışıyor.**
4. **Müzelerin bazısı açıktır.**
5. **Misafirlerin bazısı gidiyor.**
6. **Fincanların bazısı mutfaktadır.**

D

Rewrite as in the example given.

Example : **adam - öğretmen**
          Adam ne iş yapıyor?(Adamın mesleği/işi nedir?)
          O öğretmendir.

1. **sen - öğrenci**
2. **babanız - manav**
3. **kardeşin - doktor**
4. **onun annesi - dişçi**
5. **kadın - memur**
6. **Ahmet Bey - kasap**
7. **Leyla - mühendis**

E

Translate into English.

1. Kitaplarımın hepsi odamdadır.
2. Garson tepsilerin hepsini getiriyor.
3. Arkadaşlarımdan hiçbiri bana telefon etmiyor.
4. Gömleklerin bazısı mavidir.
5. Bu caddedeki bazı evler eskidir.
6. Erkek arkadaşının mesleği nedir?
7. Öğrencilerden bazıları sigara içiyor.

F

Translate into Turkish.

1. What is your aunt's job?
2. The policemen are looking at some pictures.
3. Some of the hotels are very expensive.
4. All of the banks are open.
5. He is working in none of the factories.
6. It is raining a lot.
7. Some waiters are bringing fresh fruits.

PRACTICE 29 - ANSWERS

A. 1. Soruların hepsi kolaydır. 2. Kitapların hepsi okulda mı? 3. Yatak odalarının hepsi küçüktür. 4. Biletlerin hepsini ona veriyorum. 5. Gazetelerin hepsini okuyorum. 6. Turistlerin hepsi otobüs durağında bekliyor. 7. Kapıların hepsini açıyoruz. 8. Manav portakalların hepsini satıyor. 9. İşadamlarının hepsi buradadır. 10. Kadınların hepsi salonda oturuyor.

B. 1. Hiçbir kadın genç değil. 2. Hiçbir turist otelde değil. 3. Hiçbir misafir balkonda oturmuyor. 4. Hiçbir yatak bebeğin değil. 5. Hiçbir sandalye mutfakta değil. 6. Hiçbir defter çantada değil. 7. Hiçbir öğrenci İngilizce öğrenmiyor. 8. Hiçbir odayı temizlemiyor. 9. Hiçbir bilgisayar ofiste değil. 10. Hiçbir ada yakın değil.

C. 1. Kitaplardan bazıları onundur. 2. Taksilerden bazıları buraya geliyor 3. İşçilerden bazıları çalışıyor. 4. Müzelerden bazıları açıktır. 5. Misafirlerden bazıları gidiyor. 6. Fincanlardan bazıları mutfaktadır.

D. 1. Ne iş yapıyorsun?/İşin ne?, Ben öğrenciyim. 2. Babanız ne iş yapıyor?, O manavdır. 3. Kardeşinin mesleği nedir?, O doktordur. 4. Onun annesi ne iş yapıyor?, O dişçidir. 5. Kadının işi nedir?, O memurdur. 6. Ahmet Bey ne iş yapıyor?, O kasaptır. 7. Leyla ne iş yapıyor?, O mühendistir.

E. 1. All of my books are in my room. 2. The waiter is bringing all of the trays. 3. None of my friends telephone me. 4. Some of the shirts are blue. 5. Some houses in this street are old. 6. What is your boy friend's job? 7. Some of the students are smoking.

F. 1. Teyzenin mesleği nedir? 2. Polisler bazı resimlere bakıyorlar. 3. Otellerin bazıları çok pahalıdır. 4. Bankaların hepsi açıktır. 5. O fabrikaların hiçbirinde çalışmıyor. 6. Çok yağmur yağıyor. 7. Bazı garsonlar taze meyve getiriyor.

temel
TÜRKÇE
kursu

VOCABULARY

DOLU

Bu şişe sütle doludur.

FULL

This bottle is full of milk.

BOŞ

Yatak odası boştur.

EMPTY

The bedroom is empty.

TİYATRO

Bu akşam tiyatroya gidiyorlar.

THEATRE

They are going to the theatre.

EV HANIMI

Annen ne iş yapıyor?
O ev hanımıdır.

HOUSEWIFE

What is your mother's job?
She is a housewife.

ÜNİVERSİTE

Ağabeyim bu üniversiteye gidiyor.

UNIVERSITY

My elder brother is going to this university.

SEVMEK, - DE(A)N HOŞLANMAK

Bu odayı sever.
Bu odadan hoşlanır.

TO LIKE

She likes this room.

HER

Her akşam televizyon seyrederiz.

EVERY

We watch TV every evening.

PRESENT SIMPLE

The present simple tense is used for habits and routines (eg 'She walks in the park every morning.' 'They watch TV in the evening.')

Let us look at how it is formed.

To make the present simple **r** is added to the verb root, which is followed by the personal suffix. If the root ends with a consonant a buffer is used, any of the following -

a, e, ı, i, u, ü

(Ben)	yap	- a	- r	- ım
(Sen)	yap	- a	- r	，sın
(O)	yap	- a	- r	
(Biz)	yap	- a	- r	- ız
(Siz)	yap	- a	- r	- sınız
(Onlar)	yap	- a	- r	- (lar)

(Ben)	bekle	- r	- im
(Sen)	bekle	- r	- sin
(O)	bekle	- r	
(Biz)	bekle	- r	- iz
(Siz)	bekle	- r	- siniz
(Onlar)	bekle	- r	- (ler)

Ben

Alırım.	I take.
Kalkarım.	I get up/stand up.
Girerim.	I enter
Öğrenirim.	I learn.
Giderim.*	I go.
Konuşurum.	I speak.
Görürüm.	I see.
Yürürüm.	I walk.
Uyurum.	I sleep.
Yerim.	I eat.

*The verb **gitmek** is an exception. As in the present continuous the **t** becomes a **d**.

Sen

Alırsın.	You take.
Kalkarsın.	You get up/stand up.
Girersin.	You enter.
Öğrenirsin.	You learn.
Gidersin.	You go.
Konuşursun.	You speak.
Görürsün.	You see.
Yürürsün.	You walk.
Uyursun.	You sleep.
Yersin.	You eat.

O

Alır.	He takes.
Kalkar.	He gets up/stands up.
Girer.	He enters.
Öğrenir.	He learns.
Gider.	He goes.
Konuşur.	He speaks.
Görür.	He sees.
Yürür.	He walks.
Uyur.	He sleeps.
Yer.	He eats.

Biz

Alırız.	We take.
Kalkarız.	We get up/stand up.
Gireriz.	We enter.
Öğreniriz.	We learn.
Gideriz.	We go.
Konuşuruz.	We speak.
Görürüz.	We see.
Yürürüz.	We walk.
Uyuruz.	We sleep.
Yeriz.	We eat.

Siz

Alırsınız.	You take.
Kalkarsınız.	You get up/stand up.
Girersiniz.	You enter.
Öğrenirsiniz.	You learn.
Gidersiniz.	You go.
Konuşursunuz.	You speak.
Görürsünüz.	You see.

Yürürsünüz.	You walk.
Uyursunuz.	You sleep.
Yersiniz.	You eat.

Onlar

Alır(lar).	They talk.
Kalkar(lar).	They get up/stand up.
Girer(ler).	They enter.
Öğrenir(ler).	They learn.
Gider(ler).	They go.
Konuşur(lar).	They speak.
Görür(ler).	They see.

Yürür(ler).	They walk.
Uyur(lar).	They sleep.
Yer(ler).	They eat.

In English the only personal suffix is the third person 's' (eg he sits); In Turkish all subjects have a personal suffix.

Bir fincan kahve içerim.	I drink a cup of coffee.
Bu odada uyursun.	You sleep in this room.
İstanbul'daki üniversiteye gider.	She goes to the university in Istanbul.
Mutfakta yemek yaparız.	We cook in the kitchen.
Masada mektup yazarsınız.	You write letter on the table.
Bahçede otururlar.	They sit in the garden.

Çocuk ve annesi her gün parka giderler.	The child and his mother go to the park every day.
Her gün kitap okurum.	I read books every day.
Her sabah bu otobüse binerim.	I get on this bus every morning.
Her hafta evi temizleriz.	We clean the house every week.
Aysel her gece bu odada uyur.	Aysel sleeps in this room every night.
İşçiler her gün fabrikaya gelir.	The workers come to the factory every day.
Her gün futbol oynarsın.	You play football every day.
Ali her akşam bir bardak bira içer.	Ali drinks a glass of beer every evening.
Öğretmen her gün bu sınıfta İngilizce öğretir.	The teacher teaches English in this classroom every day.
Taksiler her gece buraya gelir.	The taxis come here every night.
Manav her sabah dükkânına gelir.	The greengrocer comes to his shop every morning.
Her gün sandviç yeriz.	We eat sandwich every day.
Her sabah müdürle konuşurum.	I talk to the manager every morning.
Bu otele her gün çok turist gelir.	A lot of tourists come to this hotel every day.
Her akşam kız arkadaşına telefon eder.	He telephones to his girl friend every evening.
Ayhan her akşam odasında müzik dinler.	Ayhan listens to music in his room every evening.

294

Her sabah bize çay getirir.	She brings tea to us every morning.
Yaşlı kadın her gece bir bardak süt ister.	The old woman wants a glass of milk every night.
Her hafta o lokantaya gideriz.	We go to that restaurant every week.
Sabri Bey araba satar.	Sabri Bey sells cars.
Amcası bu evde oturur.	Her uncle lives in this house.
Öğrenciler Fransızca öğrenirler.	The students learn French.
Bu odada sigara içeriz.	We smoke in this room.
Kedileri severim.	I like cats.
Çantasını sandalyeye koyar.	She puts her bag on the chair.
Sabahleyin yumurta yersin.	You eat eggs in the morning.
Akşamleyin salonda televizyon seyrederler.	They watch TV in the hall in the evening.
Babam bu otobüs durağında bekler.	My father waits at this bus-stop.

Here are examples to compare the present continuous with simple.

Yürüyorum.	I am walking.
Yürürüm.	I walk.
Gidiyoruz.	We are going.
Gideriz.	We go.
Yapıyor.	He is doing/making.
Yapar.	He does/makes.
Satıyorsun.	You are selling.
Satarsın.	You sell.
Veriyorsunuz.	You are giving.
Verirsiniz.	You give.
Alıyorlar.	They are taking.
Alırlar.	They take.
Sabri Bey bir araba satıyor.	Sabri Bey is selling a car.
Sabri Bey araba satar.	Sabri Bey sells car.
Kız şimdi otobüs durağında bekliyor.	The girl is waiting at the bus-stop now.
Kız her sabah otobüs durağında bekler.	The girl waits at the bus-stop every morning.
Annem şimdi bu hastanede çalışıyor.	My mother is working in this hospital now.
Annem bu hastanede çalışır.	My mother works in this hospital.
Şimdi mutfakta yemek yapıyorum.	I am cooking in the kitchen now.
Her akşam mutfakta yemek yaparım.	I cook in the kitchen every evening.

Şimdi kafeteryada çay içiyoruz.	We are drinking tea in the cafeteria now.
Her hafta kafeteryada çay içeriz.	We drink tea in the cafeteria every week.
Patron şimdi fabrikaya geliyor.	The boss is coming to the factory now.
Patron her sabah fabrikaya gelir.	The boss comes to the factory every morning.
Şimdi bize çay getiriyor.	He is bringing tea to us now.
Her sabah bize çay getirir.	He brings tea to us every morning.
Şimdi yatak odasını temizliyorum.	I am cleaning the bedroom now.
Her gün yatak odasını temizlerim.	I clean the bedroom every day.
Bu odada sigara içiyoruz.	We are smoking in this room.
Bu odada sigara içeriz.	We smoke in this room.

Words Used in the Reading Passage

erken	early
kahvaltı	breakfast
hazırlamak	to prepare
kahvaltı etmek	to have breakfast
bal	honey
reklam şirketi	advertising agency
geç	late
dönmek	come back, return
götürmek	to take (to)
daire	flat
bazen	sometimes
ziyaret etmek	to visit

BİR GÜN

ONE DAY

Ben sabahleyin erken kalkarım. Mutfakta kahvaltı hazırlarım. Eşim de erken kalkar. Onunla	I get up early in the morning. I prepare breakfast in the kitchen. My husband also gets up early. I have

kahvaltı ederim. Kahvaltıda peynir, yumurta, tereyağ ve bal yeriz. Çay ya da süt içeriz.

breakfast with him. We eat cheese, eggs, butter and honey for breakfast. We drink tea or milk.

Ben bir hemşireyim. Amerikan Hastanesi'nde çalışıyorum. İşim çok zor. Eşim bir reklam şirketinde müdür. Onun işi de çok zor. Eve çok geç dönüyor.

I am a nurse. I am working in American Hospital. My work is very difficult. My husband is a manager in an advertising agency. His work is also very difficult. He is coming back home very late.

Sabahleyin arabamıza bineriz. Eşim beni hastaneye götürür. Onun ofisi Taksim'dedir. O iyi bir şirkettir.

We get into our car in the morning. My husband drives me to hospital. His office is in Taksim. It's a good company.

Evimiz Levent'tedir. Küçük bir dairede oturuyoruz. Dairede iki oda, bir salon, mutfak ve banyo var. Denize yakındır.

My house is in Levent. We are living in a small flat. There are two rooms, one hall, kitchen and bathroom. It is near the sea.

Akşamleyin mutfakta yemek yaparım. Eşim geç gelir. Mutfakta küçük bir masa var. Eşimle orada yemek yerim. Kitap, gazete okur ve televizyon seyrederiz. Geç yatarız.

In the evening, I cook in the kitchen. My husband comes late. There is a small table in the kitchen. I eat on it with my husband. We read books, newspapers and watch TV. We go to bed late.

Cumartesi günleri çalışırız ama pazar günleri evdeyiz. O gün sinemaya gideriz, lokantada yemek yeriz. Bazen arkadaşları ziyaret ederiz.

We work on Saturdays but we are at home on Sundays. That day, we go to the cinema, eat in the restaurant. Sometimes we visit friends.

Questions and Answers to the Reading Passage

Sabahleyin erken mi yoksa geç mi kalkarsın?
Do you get up early or late?

Erken kalkarım.
I get up early.

Kiminle kahvaltı edersin?
Who do you have breakfast with?

Eşimle kahvaltı ederim.
I have breakfast with my husband.

Kahvaltıda ne yersiniz?
What do you eat for breakfast?

Peynir, tereyağı ve bal yiyoruz.
We eat cheese, butter and honey.

Ne içersiniz?
What do you drink?

Çay ya da süt içeriz.
We drink tea or milk.

Ne iş yaparsın?
What is your job?

Hemşireyim.
I am a nurse.

Nerede çalışıyorsun?
Where are you working?

Amerikan Hastanesi'nde çalışıyorum.
I am working in American Hospital.

Eşiniz ne iş yapıyor?
What is your husband's job?

O bir müdür.
He is a manager.

Eşin nerede çalışıyor?
Where ise your husband working?

Bir reklam şirketinde çalışıyor.
He is working in an advertising agency.

İşe ne ile gidersiniz?
How do you go to work?

Arabayla gideriz.
We go by car.

Eşinin işyeri nerededir?
Where is your husband's office?

Taksim'dedir.
It is in Taksim.

Eviniz nerededir?
Where is your house?

Levent'tedir.
It is in Levent.

Evde kaç oda var?
How many rooms are there in the house?

İki oda var.
There are two rooms.

Ev denize yakın mı?
Is the house near the sea?

Evet, yakın.
Yes, it is.

Eşin geç mi yoksa erken mi gelir?
Does your husband come late or early?

Geç gelir.
He comes late.

Mutfakta ne var?
What is there in the kitchen?

Küçük bir masa var.
There is a small table.

Ne okursunuz?
What do you read?

Gazete ve kitap okuruz.
We read newspapers and books.

Cumartesi günleri ne yapıyorsunuz?
What are you doing on Saturdays?

Çalışıyoruz.
We are working.

Pazar günleri ne yaparsınız?
What do you do on Sundays?

Sinemaya gideriz, lokantada yemek yeriz, bazen arkadaşları ziyaret ederiz.
We go to the cinema, we eat in the restaurant, sometimes we visit friends.

PRACTICE 30

A

Make sentences with the verb in present simple (using appropriate personal suffix).

1. **Onlar - oda - kahvaltı etmek**
2. **Adam - radyo - dinlemek**
3. **Öğretmen - İngilizce - öğretmek**
4. **O - her sabah - yürümek**
5. **Arkadaşım - otobüs durağı - beklemek**
6. **Ben - siz - her akşam - telefon etmek**
7. **Annesi - her gün - yemek yapmak**
8. **Kadın - elbiseler - biz - vermek**

B

Change into present simple.

1. **Çocuk süt içiyor.**
2. **Ayşe Hanım Antalya'ya gidiyor.**
3. **Bize kahve getiriyor.**
4. **Arkadaşlarımızı ziyaret ediyoruz.**
5. **Bahçede kahvaltı ediyorlar.**
6. **Öğretmen sorulara cevap veriyor.**
7. **Öğrencilerin hiçbiri kitapları okumuyor.**
8. **Bu kızlar üniversiteye gidiyorlar.**

C

Change into present simple, adding the words in brackets.

Example : **Biz şimdi mutfakta kahvaltı ediyoruz. (her sabah)**
Biz her sabah mutfakta kahvaltı ederiz.

1. **Turistler şimdi müzeleri ziyaret ediyorlar. (her gün)**
2. **Bu akşam otelde yatıyoruz. (her hafta)**
3. **Bu sabah bahçede futbol oynuyorsunuz. (her sabah)**
4. **Bugün şirkette çalışıyorum. (her gün)**
5. **Kadın şimdi banyodaki sabunu kullanıyor. (her sabah)**
6. **Canan şimdi bu manavdan portakal alıyor. (her hafta)**

D

Change into present continuous.

1. **Erkek arkadaşıyla parkta oturur.**
2. **Bazen erken yatarız.**
3. **Onlar akşamleyin bir bardak şarap içerler.**
4. **Siz bu evi satarsınız.**

5. Sebzeyi bu marketten alırım.
6. Sen bu odada uyumazsın.

E

Translate into English.

1. Sekreter her gün ona telefon eder.
2. Bu ayakkabılar İtalyadan gelir.
3. Biz bazen bu lokantada yemek yeriz.
4. Sebzelerin hepsi tazedir.
5. Her sabah bu otobüse binerler.

F

Translate into Turkish.

1. You teach him Turkish.
2. The teacher goes to bed early.
3. I go to the cinema with my friend every week.
4. The student studies lesson in this room.
5. I work on Saturdays and Sundays.

PRACTICE 30 - ANSWERS

A. 1. Onlar odada kahvaltı ederler. 2. Adam radyo dinler. 3. Öğretmen İngilizce öğretir. 4. O her sabah yürür. 5. Arkadaşım otobüs durağında bekler. 6. Ben size her akşam telefon ederim. 7. Annesi her gün yemek yapar. 8. Kadın elbiseleri bize verir.

B. 1. Çocuk süt içer. 2. Ayşe Hanım Antalya'ya gider. 3. Bize kahve getirir. 4. Arkadaşlarımızı ziyaret ederiz. 5. Bahçede kahvaltı ederler. 6. Öğretmen sorulara cevap verir. 7. Öğrencilerin hiçbiri kitapları okumaz. 8. Bu kızlar üniversiteye giderler.

C. 1. Turistler her gün müzeleri ziyaret ederler. 2. Her hafta otelde yatarız. 3. Her sabah bahçede futbol oynarsınız. 4. Her gün şirkette çalışırız. 5. Kadın her sabah banyodaki sabunu kullanır. 6. Canan her hafta bu manavdan portakal alır.

D. 1. Erkek arkadaşıyla parkta oturuyor. 2. Bazen erken yatıyoruz. 3. Onlar akşamleyin bir bardak şarap içiyorlar. 4. Siz bu evi satıyorsunuz. 5. Sebzeyi bu marketten alıyorum. 6. Sen bu odada uyumuyorsun.

E. 1. The secretary telephones her every day. 2. These shoes come from Italy. 3. We sometimes eat at this restaurant. 4. All of the vegetables are fresh. 5. They get on this bus every morning.

F. 1. Ona Türkçe öğretirsiniz. 2. Öğretmen erken yatar. 3. Her hafta arkadaşımla sinemaya giderim. 4. Öğrenci bu odada çalışır. 5. Cumartesi ve pazar günleri çalışırım. 6. Bu kasaptan et alırız. 7. Bebek bal yiyor. 8. Sandviç severler.

temel
TÜRKÇE
k u r s u

**DERS
31**

VOCABULARY

POSTACI

Postacı bir mektup getiriyor.

POSTMAN

The postman is bringing a letter.

DAİMA, HER ZAMAN

Daima (her zaman) bu lokantada yemek yer.

ALWAYS

She always eats at this restaurant.

ÇİZMEK

Arkadaşım bir resim çiziyor.

TO DRAW

My friend is drawing a picture.

KEK

Her gün bir dilim kek yeriz.

CAKE

We eat a slice of cake every day.

ÇİKOLATA

Çocuklar çikolata sever.

CHOCOLATE

Children like chocolate.

PRESENT SIMPLE (Continued)

In the last lesson the present simple was introduced with positive forms. Let's look at this again, along with negative and question forms.

As previously stated, the present simple is made by adding **r** + personal suffix with buffer letters **a, e, ı, i, u, ü**.

Alırım.	I take.
Görürüm.	I see.
Öğrenirim.	I learn.
Gidersin.	You go.
Konuşursun.	You speak.
Beklersin.	You wait.
Yapar.	He does.
Seyreder.	She watches.
Öğrenir.	He learns.
Oynarız.	We play.
Yeriz.	We eat.
Yatarsınız.	You go to bed.
Kalkarsınız.	You get up./stand up.
Bekler(ler).	They wait.
Çizer(ler).	They draw.

Her gün bir dilim kek yerim.	I eat a slice of cake every day.
Annem çikolata sever.	My mother likes chocolate.
Her zaman bu sandalyede oturur.	She always sits on this chair.
Her hafta evi temizleriz.	We clean the house every week.
Bu odada sigara içersin.	You smoke in this room.
Müdür şirkete geç gelir.	The manager comes late to the company.
Burada çalışırsınız.	You work here.

Present Simple - Question Form

The same combination of question marker + personal suffix used to make questions in the present continuous is used for the present simple.

(Ben)	yap	-	a	-	r	-	mıyım?
(Sen)	yap	-	a	-	r	-	mısın?
(O)	yap	-	a	-	r	-	mı?
(Biz)	yap	-	a	-	r	-	mıyız?
(Siz)	yap	-	a	-	r	-	mısınız?
(Onlar)	yap	-	a	-	r	-	(lar) mı?

(Ben)	bekle	-	r	-	miyim?
(Sen)	bekle	-	r	-	misin?
(O)	bekle	-	r	-	mi?
(Biz)	bekle	-	r	-	miyiz?
(Siz)	bekle	-	r	-	misiniz?
(Onlar)	bekle	-	r	-	(ler) mi?

Alır mıyım?	Do I take?
Kalkar mıyım?	Do I get up/stand up?
Girer miyim?	Do I enter?
Öğrenir miyim?	Do I learn?
Gider miyim?	Do I go?
Konuşur muyum?	Do I speak?
Görür müyüm?	Do I see?

Yürür müyüm?	Do I walk?
Uyur muyum?	Do I sleep?
Yer miyim?	Do I eat?

Alır mısın?	Do you take?
Kalkar mısın?	Do you get up/stand up?
Girer misin?	Do you enter?
Öğrenir misin?	Do you learn?
Gider misin?	Do you go?
Konuşur musun?	Do you speak?
Görür müsün?	Do you see?

Yürür müsün?	Do you walk?
Uyur musun?	Do you sleep?
Yer misin?	Do you eat?

Alır mı?	Does he take?
Kalkar mı?	Does he get up/stand up?
Girer mi?	Does he enter?
Öğrenir mi?	Does he learn?
Gider mi?	Does he go?
Konuşur mu?	Does he speak?
Görür mü?	Does he see?

Yürür mü?	Does he walk?
Uyur mu?	Does he sleep?
Yer mi?	Does he eat?

Alır mıyız?	Do we take?
Kalkar mıyız?	Do we get up/stand up?
Girer miyiz?	Do we enter?
Öğrenir miyiz?	Do we learn?
Gider miyiz?	Do we go?
Konuşur muyuz?	Do we speak?
Görür müyüz?	Do we see?

Yürür müyüz?	Do we walk?
Uyur muyuz?	Do we sleep?
Yer miyiz?	Do we eat?
Alır mısınız?	Do you take?
Kalkar mısınız?	Do you get up/stand up?
Girer misiniz?	Do you enter?
Öğrenir misiniz?	Do you learn?
Gider misiniz?	Do you go?
Konuşur musunuz?	Do you speak?
Görür müsünüz?	Do you see?
Yürür müsünüz?	Do you walk?
Uyur musunuz?	Do you sleep?
Yer misiniz?	Do you eat?
Alır(lar) mı?	Do they talk?
Kalkar(lar) mı?	Do they get up/stand up?
Girer(ler) mi?	Do they enter?
Öğrenir(ler) mi?	Do they learn?
Gider(ler) mi?	Do they go?
Konuşur(lar mi?	Do they speak?
Görür(ler) mi?	Do they see?
Yürür(ler) mi?	Do they walk?
Uyur(lar) mı?	Do they sleep?
Yer(ler) mi?	Do they eat?
Bir fincan kahve içer misin?	Do you drink a cup of coffee?
Bu odada uyur musun?	Do you sleep in this room?
İstanbul'daki üniversiteye gider mi?	Does she go to the university in Istanbul?
Mutfakta yemek yapar mıyız?	Do we cook in the kitchen?
Masada mektup yazar mısınız?	Do you write letter on the table?
Bahçede otururlar mı?	Do they sit in the garden?
Çocuk ve annesi her gün parka giderler mi?	Do the child and his mother go to the park every day?
Her gün kitap okur musun?	Do you read book every day?
Her sabah bu otobüse biner miyim?	Do I get on this bus every morning?
Her hafta evi temizler miyiz?	Do we clean the house every week?
Aysel her gece bu odada uyur mu?	Does Aysel sleep in this room every night?
İşçiler her gün fabrikaya gelir mi?	Do the workers come to the factory every day?
Her gün futbol oynar mısın?	Do you play football every day?

304

Ali her akşam bir bardak bira içer mi?	Does Ali drink a glass of beer every evening?
Öğretmen her gün bu sınıfta İngilizce öğretir mi?	Does the teacher teach English in this classroom every day?
Manav her sabah dükkânına gelir mi?	Does the greengrocer come to his shop every morning?
Her sabah müdürle konuşur musun?	Do you talk to the manager every morning?
Her sabah bize çay getirir mi?	Does she bring tea to us every morning?
Yaşlı kadın her gece bir bardak süt ister mi?	Does the old woman want a glass of milk every night?
Her hafta o lokantaya gider miyiz?	Do we go to that restaurant every week?
Sabri Bey araba satar mı?	Does Sabri Bey sell cars?
Amcası bu evde oturur mu?	Does her uncle live in this house?
Bu odada sigara içer misiniz?	Do you smoke in this room?
Kedileri sever misin?	Do you like cats?
Sabahleyin yumurta yer miyiz?	Do we eat eggs in the morning?
Akşamleyin salonda televizyon seyrederler mi?	Do they watch TV in the hall in the evening?

Now let us compare questions using the present simple and continuous.

Yürüyor muyum?	Am I walking?
Yürür müyüm?	Do I walk?
Gidiyor muyuz?	Are we going?
Gider miyiz?	Do we go?
Yapıyor mu?	Is he doing/making?
Yapar mı?	Does he do/make?
Satıyor musun?	Are you selling?
Satar mısın?	Do you sell?
Kız şimdi otobüs durağında bekliyor mu?	Is the girl waiting at the bus-stop now?
Kız her sabah otobüs durağında bekler mi?	Does the girl wait at the bus-stop every morning?
Annem şimdi bu hastanede çalışıyor mu?	Is my mother working in this hospital now?
Annem bu hastanede çalışır mı?	Does my mother work in this hospital?

Şimdi mutfakta yemek yapıyor musun?	Are you cooking in the kitchen now?
Her akşam mutfakta yemek yapar mısın?	Do you cook in the kitchen every evening?
Şimdi kafeteryada çay içiyor muyuz?	Are we drinking tea in the cafeteria now?
Her hafta kafeteryada çay içer miyiz?	Do we drink tea in the cafeteria every week?
Patron şimdi fabrikaya geliyor mu?	Is the boss coming to the factory now?
Patron her sabah fabrikaya gelir mi?	Does the boss come to the factory every morning?
Şimdi yatak odasını temizliyor musunuz?	Are you cleaning the bedroom now?
Her gün yatak odasını temizler misiniz?	Do you clean the bedroom every day?
Bu odada sigara içiyor muyuz?	Are we smoking in this room?
Bu odada sigara içer miyiz?	Do we smoke in this room?

Present Simple - Negative Form

To make a verb in the present simple negative, to the verb root add the negative suffix **-ma, -me, -maz, -mez** and then the personal suffix, as shown below.

(Ben)	yap	- ma	-	m.
(Sen)	yap	- maz	-	sın.
(O)	yap	- maz	-	-.
(Biz)	yap	- ma	-	yız.
(Siz)	yap	- maz	-	sınız.
(Onlar)	yap	- maz	-	(lar).

(Ben)	bekle	- me	-	m.
(Sen)	bekle	- mez	-	sin.
(O)	bekle	- mez	-	-.
(Biz)	bekle	- me	-	yiz.
(Siz)	bekle	- mez	-	siniz.
(Onlar)	bekle	- mez	-	(ler).

Almam.	I don't take.
Kalkmam.	I don't get up/stand up.
Girmem.	I don't enter.
Gitmem.	I don't go.
Yürümem.	I don't walk.
Almazsın.	You dont' take.
Kalkmazsın.	You don't get up/stand up.
Girmezsin.	You don't enter.
Gitmezsin.	You don't go.
Yürümezsin.	You don't walk.

306

Almaz.	She doesn't take.
Kalkmaz.	She doesn't get up/stand up.
Girmez.	She doesn't enter.
Gitmez.	She doesn't go.
Yürümez.	She doesn't walk.

Almayız.	We don't take.
Kalkmayız.	We don't get up/stand up.
Girmeyiz.	We don't enter.
Gitmeyiz.	We don't go.
Yürümeyiz.	We don't walk.

Almazsınız.	You don't take.
Kalkazsınız.	You don't get up/stand up?
Girmezsiniz.	You don't enter.
Gitmezsiniz.	You don't go.
Yürümezsiniz.	You dont' walk.

Almaz(lar).	They don't take.
Kalkmaz(lar).	They don't get up/stand up.
Girmez(ler).	They don't enter.
Gitmez(ler).	They don't go.
Yürümezler).	They don't walk.

Bir fincan kahve içmezsin.	You don't drink a cup of coffee.
Bu odada uyumam.	I don't sleep in this room.
İstanbul'daki üniversiteye gitmez.	She doesn't go to the university in Istanbul.
Mutfakta yemek yapmayız.	We don't cook in the kitchen.
Masada mektup yazmazsın.	You don't write a letter on the table.
Bahçede oturmazlar.	They don't sit in the garden.

Çocuk ve annesi her gün parka gitmezler.	The child and his mother don't go to the park every day.
Her gün kitap okumam.	I don't read a book every day.
Her sabah bu otobüse binmezsin.	You don't get on this bus every morning.
Her hafta evi temizlemeyiz.	We don't clean the house every week.
Aysel her gece bu odada uyumaz.	Aysel doesn't sleep in this room every night.
İşçiler her gün fabrikaya gelmez.	The workers don't come to the factory every day.
Öğretmen her gün bu sınıfta İngilizce öğretmez.	The teacher doesn't teach English in this classroom every day.
Her sabah müdürle konuşmam.	I don't talk to the manager every morning.
Her sabah bize çay getirmez.	She doesn't bring tea to us every morning.
Yaşlı kadın her gece bir bardak süt istemez.	The old woman doesn't want a glass of milk every night.
Her hafta o lokantaya gitmezsiniz.	We don't go to that restaurant every week.

Sabri Bey araba satmaz.	Sabri Bey doesn't sell car.
Amcası bu evde oturmaz.	Her uncle doesn't live in this house.
Bu odada sigara içmeyiz.	We don't smoke in this room.
Kedileri sevmem.	I don't like cats.
Sabahleyin yumurta yemezsin.	You don't eat egg in the morning.
Akşamleyin salonda televizyon seyretmezler.	They don't watch TV in the hall in the evening.

Here we compare negative sentences in the present simple and continuous.

Yürümüyorum.	I am not walking.
Yürümem.	I don't walk.
Gitmiyoruz.	We aren't go.
Gitmeyiz.	We don't go.
Yapmıyor.	He isn't doing/making.
Yapmaz.	He doesn't do/make.
Satmıyorsun.	You aren't selling.
Satmazsın.	You don't sell.
Kız şimdi otobüs durağında beklemiyor.	The girl isn't waiting at the bus-stop now.
Kız her sabah otobüs durağında beklemez.	The girl doesn't wait at the bus-stop every morning.
Annem şimdi bu hastanede çalışmıyor.	My mother isn't working in this hospital now.
Annem bu hastanede çalışmaz.	My mother doesn't work in this hospital.
Şimdi mutfakta yemek yapmıyorum.	I am not cooking in the kitchen now.
Her akşam mutfakta yemek yapmam.	I don't cook in the kitchen every evening.
Şimdi kafeteryada çay içmiyoruz.	We aren't drinking tea in the cafeteria now.
Her hafta kafeteryada çay içmeyiz.	We don't drink tea in the cafeteria every week.
Patron şimdi fabrikaya gelmiyor.	The boss isn't coming to the factory now.
Patron her sabah fabrikaya gelmez.	The boss doesn't come to the factory every morning.
Şimdi yatak odasını temizlemiyorsunuz.	You aren't cleaning the bedroom now.
Her gün yatak odasını temizlemezsiniz.	You don't clean the bedroom every day.
Bu odada sigara içmiyorsun.	You aren't smoking in this room.
Bu odada sigara içmezsin.	You don't smoke in this room.

A

Change into negative form.

1. Annesi her gün gelir.
2. Daima bu süpermarkete gideriz.
3. Her sabah erken kalkarım.
4. Ona Türkçe öğretirsiniz.
5. Babam odasında gazete okur.
6. Her hafta bankaya telefon ederler.
7. Cumartesi günü okula gideriz.
8. Bu odada resim çizer.

B

Change into question form.

1. Her hafta arkadaşımla sinemaya giderim.
2. Öğrenci o odada ders çalışır.
3. Annem bu kasaptan et alır.
4. Bu fabrikada çalışırız.
5. Patron her gün fabrikaya gelir.
6. Bu odada uyursun.
7. Bu otobüs durağında beklersiniz.
8. Köpekleri severim.

C

Change to present simple.

1. Turistler otelde bekliyorlar.
2. Çocuklar çikolata yiyorlar.
3. Postacı size geliyor.
4. Ahmet bu şirkette çalışmıyor.
5. Şarap içmiyoruz.
6. Kitabı okuyor musun?

D

Change to present continuous.

1. Annesi bu hastanede çalışır.
2. O kız okula gitmez.
3. Bu filmi seyreder misin?
4. Evi temizleriz.
5. O lokantada yemek yerim.
6. Aynı şirkette çalışırlar.

E

Translate into English.

1. **Cumartesi ve Pazar günü okula gitmez.**
2. **Sebzeyi daima bu manavdan alırım.**
3. **Her hafta annesine mektup yazar.**
4. **Her gün bize iki dilim kek verir.**
5. **Çocuklar bu filmi severler.**
6. **Pazar günü erken kalkmazlar.**

F

Translate into Turkish.

1. She buys a newspaper every day.
2. The men walk to the bus-stop every morning.
3. The baby drinks a bottle of milk every day.
4. I always get on this bus but now I am not.
5. Selma teaches Japanese.
6. We drink coffee every morning.
7. He uses this knife in the kitchen.

PRACTICE 31 - ANSWERS

A. 1. Annesi her gün gelmez. 2. Daima bu süpermarkete gitmeyiz. 3. Her sabah erken kalkmam. 4. Ona Türkçe öğretmezsiniz. 5. Babam odasında gazete okumaz. 6. Her hafta bankaya telefon etmez. 7. Cumartesi günü okula gitmez. 8. Bu odada resim çizmez.

B. 1. Her hafta arkadaşlarımla sinemaya gider miyim? 2. Öğrenci o odada ders çalışır mı? 3. Annem bu kasaptan et alır mı? 4. Bu fabrikada çalışır mıyız? 5. Patron her gün fabrikaya gelir mi? 6. Bu odada uyur musun? 7. Bu otobüs durağında bekler misiniz? 8. Köpekleri sever miyim?

C. 1. Turistler otelde beklerler. 2. Çocuklar çikolata yerler. 3. Postacı size gelir. 4. Ahmet bu şirkette çalışmaz. 5. Şarap içmeyiz. 6. Kitabı okur musun?

D. 1. Annesi bu hastanede çalışıyor. 2. O kız okula gitmiyor. 3. Bu filmi seyrediyor musun? 4. Evi temizliyoruz. 5. O lokantada yemek yiyorum. 6. Aynı şirkette çalışıyorlar.

E. 1. He doesn't go to school on Saturday and Sunday. 2. I always buy vegetable from this greengrocer. 3. She writes letters to her mother every week. 4. You come again tomorrow. 5. He gives us two slices of cake every day. 6. The children like this film. 7. They don't get up early on Sunday.

F. 1. Her gün bir gazete alır. 2. Adamlar her sabah otobüs durağına yürürler. 3. Bebek her gün bir şişe süt içer. 4. Daima bu otobüse binerim ama şimdi binmiyorum. 5. Selma Japonca öğretir. 6. Her sabah kahve içeriz. 7. Bu bıçağı mutfakta kullanır.

temel
TÜRKÇE
kursu

DERS 32

VOCABULARY

AY

Bu dergiyi her ay alırız.

MONTH

We buy this magazine every month.

YIL, SENE

Bu yıl evi satıyoruz.

YEAR

We are selling the house this year.

CEP

Adamın cebinde ne var?

POCKET

What is there in the man's pocket?

İLGİNÇ

Bu film çok ilginç.

INTERESTING

This film is very interesting.

REÇEL

Reçel sever misin?

JAM

Do you like jam?

YÜZMEK

Hava soğuk. Denizde yüzme.

TO SWIM

It is cold. Don't swim in the sea.

Question Words with the Present Simple

Let us see the present simple used with the question words **ne, nerede, ne zaman, nereye, kim**.

Çocuk ne yapar?	What does the child do?
Marketten ne alırsın?	What do you buy from the supermarket?
Adam bize ne verir?	What does the man give us?
Kızına ne getirir?	What does she bring to her daughter?
Lokantada ne yersiniz?	What do you eat at the restaurant?
Bebek nerede uyur?	Where does the baby sleep?
Sekreter nerede oturur?	Where does the secretary sit?
İngilizceyi nerede öğrenirsin?	Where do you learn English?
Adam nerede sigara içer?	Where does the man smoke?
Çocuklar nerede oynarlar?	Where do the children play?
Müdür ne zaman gelir?	When does the manager come?
Şirketten ne zaman çıkarsın?	When do you leave the company?
Baban ne zaman yatar?	When does your father go to bed?
Evi ne zaman temizlersiniz?	When do you clean the house?
Ne zaman televizyon seyrederler?	When do they watch TV?
Kadın her gün nereye gider?	Where does the woman go every day?
Arkadaşın her sabah nereye telefon eder?	Where does your friend telephone every morning?
Her gün nereye yürürsünüz?	Where do you walk every day?
Kitapları nereye getirir?	Where does she bring the book?
Nereye bakarsın?	Where do you look at?
Evinize kim gelir?	Who comes to your house?
Filmi kim seyreder?	Who watches the film?
Bu evde kim oturur?	Who lives in this house?
Yemeği kim yapar?	Who cooks the food?
İngilizceyi kim öğretir?	Who teaches English?

Here are answers to some of those questions.

Çocuk ne yapar?	**Bahçede oynar.**
What does the child do?	He plays in the garden.
Kızına ne getirir?	**Çikolata getirir.**
What does she bring to her sister?	She brings chocolate.
Bebek nerede uyur?	**Yatak odasında uyur.**
Where does the baby sleep?	She sleeps in the bedroom.

İngilizceyi nerede öğrenirsin?
Where do you learn English?

İngiltere'de öğrenirim.
I learn it in England.

Müdür ne zaman gelir?
When does the manager come?

Sabahleyin gelir.
He comes in the morning.

Ne zaman televizyon seyrederler?
When do they watch TV?

Akşamleyin seyrederler.
They watch TV in the evening.

Kitapları nereye getirir?
Where does he bring the books?

Okula getirir.
He brings them to school.

Her gün nereye yürürsünüz?
Where do you walk every day?

Otobüs durağına yürürüz.
We walk to the bus-stop every day.

Filmi kim seyreder?
Who watches the film?

Ahmet Bey seyreder.
Ahmet Bey watches.

Yemeği kim yapar?
Who cooks the food?

Annem yapar.
My mother cooks.

The question words can be used in different sentence positions (especially **ne zaman** and **kim**).

Şirketten ne zaman çıkarsın?
Ne zaman şirketten çıkarsın?

Evi ne zaman temizlersiniz?
Ne zaman evi temizlersiniz?

Filmi kim seyreder?
Kim filmi seyreder?

Yemeği kim yapar?
Kim yemeği yapar?

The Question Marker "Mı"

The question marker -**mı**, -**mi**, -**mu**, -**mü** is usually placed at the end of a sentence after the verb, and the personal suffix added.

Burası okul mu?
Şu etek güzel mi?
Adam kapıda mı?

Is this (place) a school?
Is that skirt beautiful?
Is the man at the door?

Yarın bize geliyor musun?
Adam resim çiziyor mu?
Yemek yapıyor musunuz?

Are you coming to us tomorrow?
Is the man drawing a picture?
Are you cooking?

313

Ofise yürüyorlar mı?	Are they walking to the office?
Bu bıçağı kullanıyor muyuz?	Are we using this knife?
Almanca öğretir mi?	Does she teach German?
Müzik dinler misin?	Do you listen to music?
Babasını görür mü?	Does he see his father?
Bu odada uyur muyuz?	Do we sleep in this room?
Şu arabayı alır mısınız?	Do you buy this car?

The question marker might be placed elsewhere, however, ie other than after the verb. In this case the word preceding the question marker is emphasized, or, in other words, becomes the subject of the question. In English this idea is expressed by stressing the relevant word (saying it louder and in a higher pitch). This is indicated in the English translations below by an apostrophe " ' " before the relevant (stressed) word.

Babası Sumru'yu akşam sinemaya götürür mü?	Does her father take Sumru to the cinema in the evening?
Babası Sumru'yu akşam sinemaya mı götürür?	Does her father take Sumru to the 'cinema in the evening? (Is it the cinema that her father takes Sumru in the evening?)
Babası Sumru'yu akşam mı sinemaya götürür?	Does her father take Sumru to the cinema in the 'evening? (Is it in the evening that her father takes Sumru to the cinema?)
Babası Sumru'yu mu akşam sinemaya götürür?	Does her father take 'Sumru to the cinema in the evening? (Is it Sumru that her father takes to the cinema in the evening?)
Babası mı Sumru'yu akşam sinemaya götürür?	Does 'her father take Sumru to the cinema in the evening? (Is it her father that takes Sumru to the cinema in the evening?)

As explained earlier, the question marker changes according to vowel harmony. As we have just seen, it changes sentence position according to the information requested. Here are some more examples.

Adam resim çiziyor mu?	Is the man drawing a picture?
Adam resim mi çiziyor?	Is the man drawing 'a picture?
Adam mı resim çiziyor?	Is 'the man drawing a picture?

Sekreter Japonca biliyor mu?	Does the secretary speak Japanese?
Sekreter Japonca mı biliyor?	Does the secretary speak 'Japanese?
Sekreter mi Japonca biliyor?	Does 'the secretary speak Japanese?

Bu bıçağı kullanıyor muyuz?	Are we using this knife?
Bu bıçağı mı kullanıyoruz?	Are we using 'this knife?
Biz mi bu bıçağı kullanıyoruz?	Are 'we using this knife?

Almanca öğretir mi?	Does he teach German?
Almanca mı öğretir?	Does he teach 'German?
O mu Almanca öğretir?	Does 'he teach German?

Babasını görür mü?	Does she see her father?
Babasını mı görür?	Does she see 'her father?
O mu babasını görür?	Does 'she see her father?

Baban gazete okur mu?	Does your father read newspaper?
Baban gazete mi okur?	Does your father read 'newspaper?
Baban mı gazete okur?	Does 'your father read newspaper?

SENTENCE STRUCTURE

All languages have a certain sentence structure. In Turkish the subject comes at the beginning and the verb at the end.

Ben iyiyim.
Sen evdesin.
O zengindir.

Biz gidiyoruz.
Onlar bakıyorlar.
Adam konuşuyor.

Manav satar.
Çocuklar oynar.
Ben yüzerim.

The object, which may be definate or indefinate, comes after the subject.

Manav portakal satar.
Kadın evi temizler.

315

Bebek sütü içer.
Adam kitabı okumuyor.
Annem kek yapmıyor.
Çocuk kapıyı açıyor.

Sentences can have two objects, direct and indirect.

Adam kitabı çocuğa veriyor.
Meyveyi masaya koy.
Kitapları arkadaşıma getiriyorum.

The subject may be followed by an indirect object.

Kadın mutfağa gidiyor.
İşadamı Ankara'ya gider.
Otobüs durağına yürürler.
Ağaçlara koşuyoruz.

Expressions of time and place may be placed early in a sentence, immediately after the subject.

Annem yarın buraya geliyor.
Kadın her gün parka gider.
Mühendis bugün şirkette çalışıyor.

They may also be placed elsewhere.

Annem buraya yarın geliyor.
Yaşlı adam mutfakta her sabah
kahvaltı eder.
Kadın parka her gün gider.

Expressions of time can also begin sentences.

Yarın annem buraya geliyor.
Her gün kadın parka gider.
Bugün sinemaya gidiyoruz.

Words Used in the Reading Passage

hafta sonu	week-end
muhasebeci	accountant
turizm şirketi	tourism company
birlikte	together
Hukuk Fakültesi	the Law Faculty
portakal suyu	orange juice

BİR HAFTA SONU

A WEEK-END

Bugün Pazar. Mehmet Bey ve ailesi evde. Onlar pazar günleri geç kalkar.

Today is Sunday. Mehmet Bey and his family are at home. They get up late on Sundays.

Mehmet Bey bir muhasebecidir. O çok çalışır. Cumartesi günleri de çalışır. Onun şirketi Şişli'dedir. Bir turizm şirketidir.

Mehmet Bey is an accountant. He works very hard. He also works on Saturdays. His company is in Şişli. It is a tourism company.

Onun karısı Canan Hanım bir bankada çalışır. Banka da Şişli'dedir. Canan Hanım ve Mehmet Bey sabahleyin birlikte işe giderler.

His wife Canan Hanım works in a bank. The bank is also in Şişli. Canan Hanım and Mehmet Bey go to the work together in the morning.

Mehmet Bey'in oğlu Sinan Hukuk Fakültesine gider. O iyi bir öğrencidir. Bugün evde ders çalışıyor.

Mehmet Bey's son Sinan goes to the Law Faculty. He is a good student. Today he is studying at home.

Onlar şimdi salonda kahvaltı ediyorlar. Masada peynir, zeytin, ekmek, reçel, bal ve tereyağı var. Kek de var. Mehmet Bey ve Canan Hanım çay içiyor. Sinan çay sevmiyor. O portakal suyu içiyor.

They are having breakfast in the hall now. There is cheese, olive, bread, jam, honey and butter on the table. There is also cake. Mehmet Bey and Canan Hanım are drinking tea. Sinan doesn't like tea. He is drinking orange juice.

Mehmet Bey ve Canan Hanım bu akşam tiyatroya gidiyorlar. Onlar tiyatroyu severler.

Mehmet Bey and Canan Hanım are going to theatre this evening. They like theatre.

Yarın pazartesi. Mehmet Bey ve Canan Hanım işe gidiyor. Sinan okula gidiyor.

Tomorrow is Monday. Mehmet Bey and Canan Hanım are going to the work, Sinan is going to school.

Questions and Answers to the Reading Passage

Mehmet Bey ve ailesi nerededir?
Where are Mehmet Bey and his family?

Onlar evdedir.
They are at home.

Onlar pazar günü geç mi yoksa erken mi kalkar?
Do they get up late or early on Sunday?

Geç kalkarlar.
They get up late.

Mehmet Bey'in işi nedir?
What is Mehmet Bey's job?

O bir muhasebecidir.
He is an accountant.

Cumartesi günleri çalışır mı?
Does he work on Saturdays?

Evet, çalışır.
Yes, he does.

Onun şirketi nerededir?
Where is his company?

Şişli'dedir.
It is in Şişli.

Canan Hanım nerede çalışır?
Where does Canan Hanım work?

Bir bankada çalışır.
She works in a bank.

Sinan hangi fakülteye gidiyor?
Which faculty is Sinan going?

Hukuk Fakültesine gidiyor.
He is going to the Law Faculty.

O kötü bir öğrenci midir?
Is he a bad student?

Hayır, iyi bir öğrencidir.
No, he is a good student.

Onlar nerede kahvaltı ediyorlar?
Where are they having breakfast?

Salonda kahvaltı ediyorlar.
They are having breakfast in the hall.

Masada kek var mı?
Is there any cake on the table?

Evet, var.
Yes, there is.

Mehmet Bey ne içiyor?
What is Mehmet Bey drinking?

O çay içiyor.
He is drinking tea.

Sinan ne içiyor?
What is Sinan drinking?

O portakal suyu içiyor.
He is drinking orange juice.

Mehmet Bey ve Canan Hanım akşam nereye gidiyorlar?
Where are Mehmet Bey and Canan Hanım going in the evening?

Tiyatroya gidiyorlar.
They are going to theatre.

Onlar tiyatroyu seviyorlar mı?
Do they like theatre?

Evet, seviyorlar.
Yes, they do.

Sinan pazartesi günü nereye gidiyor?
Where is Sinan going on Monday?

O okula gidiyor.
He is going to school.

318

A

Answer the questions using the information given in brackets.

Example : **O kadın ne yapar? (tren - binmek)   ---> O kadın trene biner.**

1. **Çocuk ne yapar? (çikolata - yemek)**
2. **O nereye gider? (postane)**
3. **Ahmet Bey ne zaman çalışır? (her gün)**
4. **Her akşam nerede ders çalışırlar? (bu oda)**
5. **Şu öğretmen ne öğretir? (Fransızca)**
6. **Polis nereye bakar? (o taksi)**
7. **Yemeği kim yapar? (Aysel Hanım)**

B

Make appropriate questions which could by answered by the words in brackets.

Example : **O (Ankaraya) gider.   ---> O nereye gider?**

1. **Adam (her akşam) seni bekler.**
2. **Sebzeyi bu (süpermarketten) alırım.**
3. **Biz her zaman (bu lokantada) yemek yeriz.**
4. **Burada (ayakkabı) satarlar.**
5. **O evde (amcam) oturur.**
6. **Annesine (mektup) yazar.**
7. **Her yıl (Bodrum'a) giderler.**

C

Add the word in brackets and change to the present continuous.

Example : **Adam her akşam seni bekler. (şimdi) ---> Adam şimdi seni bekliyor.**

1. **O daima annesine gider. (şimdi)**
2. **Bazen sinemaya gideriz. (şimdi)**
3. **Her zaman bu otobüse binerler. (şimdi)**
4. **Daima bu kasaptan et alırım. (şimdi)**
5. **Öğrenci daima odada ders çalışır. (şimdi)**

D

Make question and negative forms.

1. **Her gün ofise yürürüz.**
2. **Sekreter mektupları okuyor.**
3. **Her akşam balkonda otururlar.**

319

4. Patron her gün fabrikaya gelir.
5. Annem erken yatar.
6. Garson portakal suyu getiriyor.

E

Translate into English.

1. **Bu akşam nereye gidiyoruz?**
2. **Doktorlar her sabah ne yaparlar?**
3. **Bu sabunu kim kullanır?**
4. **Her gün erkek arkadaşına telefon eder.**
5. **Bu yıl Giresun'a gidiyor musun?**
6. **Adam her ay şirketten para alır.**
7. **Bu filmi seyreder misiniz?**

F

Translate into Turkish.

1. The girl comes to her uncle's house every year.
2. Are they walking to the office?
3. What are you doing in this big room?
4. Where does she wait for us?
5. The engineer is working in his office today.
6. When does the waiter bring the food?
7. She doesn't like football.

PRACTICE 32 - ANSWERS

A. 1. Çocuk çikolata yer. 2. O postaneye gider. 3. Ahmet Bey her gün çalışır. 4. Her akşam bu odada ders çalışırlar. 5. Şu öğretmen Fransızca öğretir. 6. Polis o taksiye bakar. 7. Yemeği Aysel Hanım yapar.

B. 1. Adam ne zaman seni bekler? 2. Sebzeyi nereden alırsın? 3. Siz nerede yemek yersiniz? 4. Burada ne satarlar? 5. O evde kim oturur? 6. Annesine ne yazar? 7. Her yıl nereye giderler?

C. 1. O şimdi annesine gidiyor. 2. Şimdi sinemaya gidiyoruz. 3. Şimdi bu otobüse biniyorlar. 4. Şimdi bu kasaptan et alıyorum. 5. Öğrenci şimdi odada ders çalışıyor.

D. 1. Her gün ofise yürür müyüz? Her gün ofise yürümeyiz. 2. Sekreter mektupları okuyor mu? Sekreter mektupları okumuyor. 3. Her akşam balkonda oturuyorlar mı? Her akşam balkonda oturmuyorlar. 4. Patron her gün fabrikaya gelir mi? Patron her gün fabrikaya gelmez. 5. Annem erken yatar mı? Annem erken yatmaz. 6. Garson portakal suyu getiriyor mu? Garson portakal suyu getirmiyor.

E. 1. Where are we going this evening? 2. What do the doctors do every morning? 3. Who uses this soap? 4. She telephones her boy friend every day. 5. Are you going to Giresun this year? 6. The man takes money from the company every month. 7. Do you watch this film?

F. 1. Kız her yıl amcasının evine gelir. 2. Ofise yürüyorlar mı? 3. Bu büyük odada ne yapıyorsun? 4. Bizi nerede bekler? 5. Mühendis bugün ofisinde çalışıyor. 6. Garson yemeği ne zaman getirir? 7. O futbol sevmez. (Futboldan hoşlanmaz.)